普通高等学校应用型教材·会计与财务

政府会计

李　雷◎编著

GOVERNMENT ACCOUNTING

中国人民大学出版社
·北京·

图书在版编目（CIP）数据

政府会计 / 李雷编著. -- 北京 : 中国人民大学出版社，2022. 2
普通高等学校应用型教材 . 会计与财务
ISBN 978-7-300-30241-6

Ⅰ. ①政… Ⅱ. ①李… Ⅲ. ①预算会计－高等学校－教材 Ⅳ. ①F810. 6

中国版本图书馆 CIP 数据核字（2022）第 011108 号

普通高等学校应用型教材 · 会计与财务
政府会计
李 雷 编著
Zhengfu Kuaiji

出版发行	中国人民大学出版社		
社　　址	北京中关村大街 31 号	**邮政编码**	100080
电　　话	010－62511242（总编室）		010－62511770（质管部）
	010－82501766（邮购部）		010－62514148（门市部）
	010－62511173（发行公司）		010－62515275（盗版举报）
网　　址	http://www. crup. com. cn		
经　　销	新华书店		
印　　刷	固安县铭成印刷有限公司		
开　　本	787 mm×1092 mm　1/16	**版　　次**	2022 年 2 月第 1 版
印　　张	21. 75 插页 1	**印　　次**	2025 年 8 月第 4 次印刷
字　　数	457 000	**定　　价**	49. 00 元

前　言

为全面贯彻落实党的十八届三中全会提出的“建立权责发生制的政府综合财务报告制度”重大改革举措，2017 年 10 月，财政部印发《政府会计制度——行政事业单位会计科目和报表》(财会〔2017〕25 号)，自 2019 年 1 月 1 日起施行。执行该制度的单位，不再执行《行政单位会计制度》《事业单位会计准则》《事业单位会计制度》《医院会计制度》《高等学校会计制度》《中小学校会计制度》《科学事业单位会计制度》等制度。基于此，本教材提出全面修订现有政府会计课程架构，重塑应用型本科政府会计学教材知识体系，以现行政府会计主体实务核算中的要点、重点、难点、热点为突破口，通过实操演练方式总结提炼政府会计“双功能、双基础、双报告”核算的理念及理论。具体特色如下：

（一）时效性强

本教材将 2017 年以来财政部出台的《政府会计准则——基本准则》和 10 项具体准则、《政府会计准则制度解释第 1 号》、《政府会计准则制度解释第 2 号》、《政府会计准则制度解释第 3 号》、《政府会计制度——行政事业单位会计科目和报表》、行业补充规定等累计 100 余万字的政策规定全部精心提炼融入内容中，彰显了政府会计改革的最新理论成果和实践探索经验。本教材中详细介绍了多种易混淆业务，如单位通过第三方支付平台账户结算的会计处理；单位收取出差人员（含上级检查、审计、巡视期间等）伙食费的会计处理；政府举借债务的借款利息费用化还是资本化；政府单位购买固定资产时扣留的质保金的会计处理；公务卡核算；高校科研经费核算；等等。

（二）凸显课程思政元素挖掘

本教材注重对课程思政元素的挖掘，分析了很多实践问题，如政府单位取得的非税收入是否按规定及时足额上缴国库或财政专户，是否严格执行“收支两条线”规定，恪守职业操守；行政事业单位对于行政经费的支出，特别是招待费、办公费、会议费、水电费等，是否普遍缺乏严格的控制标准，财务人员即使制定了内部经费开支标准，但仍较多采用实报实销制怎么解决；财务人员是否做到将各部门的预算外收入全部纳入财政专户管理还是有条件地纳入预算管理，任何部门不得“坐收”“坐支”；等等。这些思政元素全部来自长期不懈的实践调研积累，这无疑对推动会计类课程思政改革具有重要参考价值。

（三）理实一体化、业财融合式的理论表述

本教材理论表述完全镶嵌在实务案例中，通过鲜活的业务倒推促使我们思考将以什么样的会计思想处理日常业务，深刻领悟会计科目的内涵。每个案例分析都配以对应的理论依据和内涵解读，打破传统会计教学思维顺序阐述平行记账规则的灵活应用。

（四）凸显应用型本科会计教学特点，编写体例实用新颖

本教材章节架构设计上主要有以下几个版块：

1. 教学导向

遵循知识与能力相匹配、岗课证融合的理念将教学要点分为了解、理解、领悟、重点掌握、熟练掌握几个等级进行知识重要性区分，便于学生把握重点、难点、疑点。

2. 延伸思考

此版块设计主要体现对教学内容的理解深度及举一反三、融会贯通的拓展。

3. 实操案例

本教材每章均设计了大量的经典实操案例，取材于“十三五”期间政府会计改革实践的成果，从《中国会计报》《中国税务报》等专业期刊、专业工具书、专业网站中汲取的典型案例，近三年全国注册会计师、注册资产评估师、全国税务师、中级会计师等执业资格考试相关考题改造，以及作者日常教学、社会讲学、企业调研中积累的大量教学案例。这些案例最大的特点在于具有一定的深度和综合性，可以鲜活立体地解读准则中乏味的理论阐述，破解阻碍学生动手实操的“最后一公里”障碍。

4. 热点思考

本教材每章最后附有 5 个会计热点思考题，均是企业日常会计实操中易混淆、易模糊的实务难点。

5. 数字资源

本教材积极探索线上与线下教学互动机制，教师可登录中国人民大学出版社网站注册并获取网上资源，内容包括：教材课后习题参考解析、教学大纲、教学课件、实务热点答疑、政府会计改革动态及模拟试卷。

本教材分为三大专题篇共 10 章内容，分别是政府会计的基本理论篇、政府会计的实务操作篇、政府会计报表的编制列报篇，另外还有两个附录“民间非营利组织会计实务概览”“‘十四五’时期政府会计改革展望”作为后续补充。

全书由巢湖学院的李雷教授总体策划并编著，铜陵学院的朱丽老师参与了部分章节的编写。具体编写分工如下：李雷教授负责第一至十章，朱丽老师负责附录。本教材系安徽省教育厅2020年度省级质量工程一流教材建设立项项目，也是巢湖学院2018年度校级质量工程一流教材建设项目。本教材成书过程中几易其稿，精选了大量一线政府会计人员提出的问题，并以“延伸思考”专栏的方式做了分析解读。

会计学科属于解释世界并要身体力行改造世界的学科，不仅要提供思想，还要提供具体的方法。会计学科的实践性不仅决定了会计教材要解释世界、改造世界，还要接受社会实践的检验。在实践检验环节，教材内容的好坏一目了然。所以，会计教学对会计教材的最基本要求，就是要随着社会实践的发展不断更新完善，以保证教材内容的正确性，决不能把会计教材看作一成不变的“圣经”。会计准则的修订、财税新政的出台节奏、业财融合和课程思政的教学改革理念使得政府会计教材编写成为一项与时俱进的系统工程，我们真心希望通过这样一种探索，为政府会计改革切实落地生根尽些绵薄之力。限于政策的陆续出台、个人精力能力阅历，书中尚有不尽完善甚至错误之处，敬请广大会计同仁不吝赐教，共同推进政府会计学走深走实走远。

李雷

目 录

第一篇 政府会计的基本理论

第二篇 政府会计的实务操作

第一篇

政府会计的基本理论

第一章

政府会计的基本原理

教学导向

（一）理解政府会计的基本概念与目标

（二）领悟政府会计要素与会计等式

（三）重点掌握政府会计平行记账规则

本章结合《政府会计准则——基本准则》和《政府会计制度》中的“总说明”，系统介绍政府会计的基本概念与目标、政府会计要素与会计等式以及政府会计平行记账规则。

第一节　政府会计的基本概念与目标

一、政府会计的基本概念

政府会计是会计体系的重要分支，它是运用会计专门方法对政府及其组成主体的财务状况、运行情况（含运行成本）、现金流量、预算执行等情况进行全面的核算、监督和报告，从而综合反映政府会计主体预算收支的年度执行结果和公共责任受托履行情况的专业会计。我国会计规范体系的构成如图 1-1 所示。

政府——宏观层面：财政总预算会计制度
　　——微观层面：行政单位会计
非营利组织——姓“国”：事业单位会计
　　　　　——姓“民”：民间非营利组织会计
企业：企业会计准则==》应用指南==》解释
　　　小企业会计准则

图 1-1　我国会计规范体系构成

我国的政府会计标准体系由政府会计基本准则、具体准则及应用指南和政府会计制度等组成。

(1)《政府会计准则——基本准则》适用于各级政府、各部门、各单位(下称“政府会计主体”)。各部门、各单位是指与本级政府财政部门直接或者间接发生预算拨款关系的国家机关、政党组织、社会团体、事业单位和其他单位。军队、已纳入企业财务管理体系的单位和执行《民间非营利组织会计制度》的社会团体不适用该准则。本教材所指政府会计核算范围仅针对行政、事业单位会计核算加以专题论述,暂不涉及财政总预算会计。民间非营利组织会计将以附录形式做专题介绍。

(2)《政府会计准则制度解释第 2 号》规定纳入部门预决算管理的社会组织,原执行《事业单位会计制度》的,应当执行政府会计准则制度;原执行《民间非营利组织会计制度》的,仍然执行《民间非营利组织会计制度》。

(3)《政府会计准则制度解释第 2 号》规定县级及以上总工会和基层工会组织应当执行《工会会计制度》,工会所属事业单位应当执行政府会计准则制度,挂靠工会管理的社会团体应当按规定执行《民间非营利组织会计制度》。

二、政府会计的目标

会计目标是指会计主体对外提供会计信息的目的。会计目标会影响会计主体会计报表体系的设计、提供信息的范围和质量规范,进而影响会计要素确认和计量等会计政策的选择。因此,它是会计行为首先要解决的重要理论问题,是会计工作的风向标,是政府会计工作的出发点、落脚点。许多国家都把它列为会计准则理论框架的首要问题。

(一)我国政府会计目标的演变路径

过去——以反映预算执行情况为主要目标;

现在——反映预算执行情况和财务状况的目标并重;

未来——建立多重会计目标,包括反映预算执行情况、反映财务状况、提供反映政府活动绩效所需要的会计信息。

(二)政府会计报告架构

1. 决算报告

报告目标:反映政府预算收支执行结果,分为中期报告和年度报告(年度报告又称决算报告);

报告内容:包括收入预算执行情况、支出预算执行情况和预算结余的执行结果;

报告范围:包括财政预算执行和部门预算执行;

报表数据:包括预算数和实际执行数。

2. 权责发生制财务报告

报告目标:反映政府及政府单位财务状况;

报告内容:包括资产负债情况、收入费用情况和现金流量;

报告范围：包括政府单位、政府部门和政府整体；

3. 绩效报告

报告目标：反映政府单位活动的绩效，结合政府提供的服务（产出）对比政府单位活动消耗的资源（投入），如行政运行成本、公共服务成本、政府采购成本。

（三）满足政府会计报告目标应当提供的会计信息

1. 政府预算执行情况信息

政府会计要反映政府的预算执行情况。从总的方面看，政府会计要提供会计主体的预算资金收入、预算资金支出和预算资金结余情况。在预算收入、预算支出和预算结余中，政府会计要报告法定预算的情况，实际执行的收、支、余情况，实际收支与预算的偏差情况。从细分的方面看，政府会计要分别提供各种预算资金的情况（如一般公共预算、政府性基金预算和国有资本经营预算等），还要提供每种预算资金收、支、余的细分情况。从时间上看，政府会计要提供会计主体在预算期间预算执行的情况，以及预算期末预算执行最终结果（又称为决算）。

2. 政府财务状况信息

政府会计要反映政府的财务状况。从总的方面看，政府会计要提供会计主体掌控的全部资产情况、全部负债情况和资产扣除负债后的资产净额（又称为净资产）情况。从细分的方面看，政府会计要提供各种资产的细分情况、各种负债的细分情况以及资产净额的细分情况。从时间上看，政府会计要提供会计主体在某一时点资产、负债、资产净额的存量情况，以及会计期间资产、负债变动导致的收入、费用情况。

3. 评价政府活动绩效的信息

政府会计要提供有助于评价会计主体工作绩效的信息。政府组织的工作绩效主要通过政府提供服务的投入和产出的对比来反映。由于政府提供公共服务不收费或低于成本收费，所以政府不能像企业那样通过价值指标（利润）反映工作绩效，而是通过提供公共服务的数量以及为此消耗的经济资源来反映。鉴于政府提供的公共服务难以通过价值计量来表达，难以通过会计手段来反映，政府会计提供的有助于评价政府工作绩效的会计信息，一般是报告各单位公共服务的成本、购置各单位公共财产的资金消耗等。

【延伸思考】政府会计成本核算尚未全面推行。

《事业单位成本核算基本指引》自2021年1月1日起施行，但目前存在积极性不高的现象，多数单位尚未开展成本核算，不能客观反映政府运行成本，无法为绩效评价提供正确、完整的成本数据。

因各行业业务性质不同，成本核算的需求、核算对象、范围和方法各不相同，需要分别制定行业成本核算规范。2021年初，国家卫生健康委、国家中医药管理局印发《公立医院成本核算规范》，明确医院成本核算单元应当按照科室单元和服务单元进行设置，但其他行业尚未出台具体规范和统一的成本核算规定。

第二节　政府会计的核算模式

一、政府预算会计和财务会计的“适度分离”

(一)“双功能”(体现政府会计核算目标的选择)

即在同一会计核算系统中实现财务会计和预算会计双重功能，通过资产、负债、净资产、收入、费用五个要素进行财务会计核算，通过预算收入、预算支出和预算结余三个要素进行预算会计核算。在完善预算会计功能的基础上，强化财务会计功能，更加完整地反映政府会计信息。

(二)“双基础”(对政府会计核算基础的选择)

对预算会计实行收付实现制，国务院另有规定的，从其规定；对财务会计实行权责发生制。

1. 对预算会计核算主要采用收付实现制基础

在政府会计中，将反映和监督政府或政府单位预算执行情况的会计管理活动称为政府预算会计，以提供预算执行情况会计信息为目的的会计核算属于预算会计核算。根据第一节所述内容可知，预算会计的核算对象属于现金资源，该资源对应的核算基础是收付实现制。因此，预算会计采用的核算基础应当是收付实现制。

在预算期末，有些受收支预算控制的政府活动已经发生，但是相应的现金尚未流入或流出会计主体，形成应计收入或应计支付。为了更详细地反映预算执行情况，预算会计核算中往往在预算期末对这种应计收入或应计支付采用权责发生制确认并予以报告。因此，在预算期末，预算会计对预算收支采用的核算基础可以是修正的收付实现制。

2. 对财务会计核算主要采用权责发生制基础

在政府会计中，将反映和监督政府或政府单位财务状况的会计管理活动称为政府财务会计，其核算对象属于经济资源，该资源对应的核算基础是权责发生制。因此，财务会计采用的核算基础应当是权责发生制。

在政府财务会计中，对有些经济活动的会计事项（如财政部门对预算单位的拨款），为了减少会计核算工作量，在会计期间会采用收付实现制进行确认；有些活动形成的资产（如文物文化资产和自然资源资产等）由于很难计量，也会对其导致的收支采用收付实现制进行确认。因此，财务会计采用的核算基础往往不是完全的权责发生制。

3. 对政府成本会计核算采用权责发生制基础

在政府会计中，将反映和监督政府单位提供服务的成本的会计管理活动称为政府成本会计，以提供服务成本会计信息为目的的会计核算属于成本会计核算。成本会计的核算对象也属于经济资源，该资源对应的核算基础自然是权责发生制。因此，成本会计采用的核算基础也应当是权责发生制。

【延伸思考】需要注意的是，单位对于纳入部门预算管理的现金收支业务，在采用财务会计核算的同时应当进行预算会计核算；对于其他业务，仅需进行财务会计核算。对于单位受托代理的现金以及应上缴财政的现金所涉及的收支业务，仅需要进行财务会计处理，不需要进行预算会计处理。对于财政拨款收入，按照收付实现制核算。预算会计中对于质量保证金、专用基金的核算部分采用权责发生制基础。这是兼顾了当前实际情况和长远改革方向的制度安排，使得政府会计核算既能反映预算收支等预算管理所需信息，又能反映资产、负债、运行成本等财务管理所需信息。

（三）“双报告”（实现政府会计核算目标的选择）

即通过财务会计核算形成财务报告，通过预算会计核算形成决算报告。

财务报告的目标是向财务报告使用者提供与政府财务状况、运行情况（含运行成本，下同）和现金流量等有关的信息，反映政府偿债能力和受托责任履行情况，有助于财务报告使用者做出决策或进行监督和管理。政府财务报告使用者包括债权人、政府自身和其他利益相关者。

决算报告的目标是向决算报告使用者提供与政府预算执行情况有关的信息，综合反映政府预算收支的年度执行结果，有助于决算报告使用者进行监督和管理，并为编制后续年度预算提供参考和依据。政府决算报告使用者包括政府自身和其他利益相关者。

二、政府预算会计和财务会计的“相互衔接”

“相互衔接”是指同一政府会计主体预算会计要素和财务会计要素相互协调、决算报告与财务报告相互补充，共同反映政府会计主体预算执行和财务信息。为了有效实现相互衔接的功能，新制度引入“平行记账”核算方法，避免了部门和单位采用两套会计信息进行核算的复杂性。

（一）平行记账方法的基本原理

平行记账属于政府会计制度改革之后提出的一项应用在新政府会计制度中的记账方式，如果是同一笔经济业务，那么不但要登记权责发生，还需要结合收付实现制登记，将之前的只是依照收付实现制的登记形式进行更新。具体来说，如果有原始凭证，便不用再对其复印。相同的记账凭证，可一起实施财务会计工作以及实施预算会计的记账处理。这样的突出优势便是，可针对单位当中的预算执行情况给予反映，并精准反映出政府内部的资产状况和运行成本的情况。

平行记账是政府财务会计和预算会计功能适度分离又相互衔接核算模式的典型特征，相对于原行政事业单位会计制度中“双分录”核算模式，更能全面准确反映行政事业单位的财务信息和预算执行信息，可以说是新政府会计制度制定和颁布过程中的一大创新亮点。举例说明如下：

【例题 1-1·实操题】为开展事业活动，某事业单位采用国库授权支付方式购买了一项固定资产，价值为 120 万元，预计使用 10 年，每月计提折旧 1 万元。

【解析 1】预算会计（收付实现制）

（1）收到代理银行授权支付到账通知单时（会计分录单位为万元，下同）。

借：零余额账户用款额度 120

　贷：财政补助收入 120

（2）购入固定资产时。

借：事业支出——财政补助支出 120

　贷：零余额账户用款额度 120

（3）按月计提折旧时。

不做会计处理。

【延伸思考】固定资产去了哪里？

【解析 2】财务会计（权责发生制）

（1）收到代理银行授权支付到账通知单时。

借：零余额账户用款额度 120

　贷：财政补助收入 120

（2）购入固定资产时。

借：固定资产 120

　贷：零余额账户用款额度 120

（3）按月计提折旧时。

借：某某费用 1

　贷：累计折旧 1

【延伸思考】预算支出去了哪里？

【解析 3】预算会计和财务会计相融合

（1）收到代理银行授权支付到账通知单时。

借：零余额账户用款额度 120

　贷：财政补助收入 120

（2）购入固定资产时。

借：固定资产 120

贷：非流动资产基金——固定资产 120

借：事业支出——财政补助支出 120

贷：零余额账户用款额度 120

（3）按月计提折旧时。

借：非流动资产基金——固定资产 1

贷：累计折旧 1

【延伸思考】折旧费用去了哪里？

【解析4】预算会计和财务会计适度分离（平行记账）

财务会计分录：

（1）收到代理银行授权支付到账通知单时。

借：零余额账户用款额度 120

贷：财政补助收入 120

（2）购入固定资产时。

借：固定资产 120

贷：零余额账户用款额度 120

（3）按月计提折旧时。

借：业务活动费用等 1

贷：累计折旧 1

预算会计分录：

借：事业支出/行政支出/经营支出 120

贷：财政拨款预算收入/资金结存 120

【延伸思考】固定资产、预算支出、折旧费用均得到了充分记录，会计信息质量大为提升。

（二）平行记账方法的应用意义

1. 能够很好地满足不同部门的需求

平行记账方法同现行会计制度所采取的会计核算方式存在一定的差异，它不仅能使财务会计与预算会计二者紧密结合，而且能使财务信息更为完整、规范。财务会计与预算会计既相互独立，又存在一定的关联性，对行政事业单位经济业务的所有内容进行充分的反映，有效确保政府会计主体更加高效地使用财务信息，从多个角度对财务信息加以分析和利用，财务信息利用率显著提高。

2. 有效提高政府会计的功能地位

平行记账方法要求各个相关单位按照原始业务数据对财务会计与预算会计凭证进行

填制，然后结合会计信息编制政府财务报告与决算报告，不仅满足了政府运营成本的财务管理信息的基本需求，还强化了政府会计的功能地位。

3. 推动传统会计核算朝智能化的方向发展

平行记账方法实现了应用同一数据源，对财务会计与预算会计分别加以处理，以实现数据与技术集成双重功能。新政府会计制度的全面实施与开展，应该将强大的财务信息系统作为基础，如果无财务信息系统作为基本支撑，就会大大增加财会人员的工作量。信息化是政府开展会计改革的前提条件，能够促使会计数据分析及应用效果显著提升。

（三）平行记账方法的基本原则

1. 预算会计需要处理的业务有两种类型

第一种是涉及现金收支且纳入预算管理的经济业务，即只要财务会计分录中出现现金、银行存款类科目的一般性收支业务基本上就要考虑进行平行记账。

第二种是未涉及现金收支的特殊经济业务。

例如，单位通过授权支付方式购买固定资产时，在财务会计下，借记“固定资产”科目，贷记“零余额账户用款额度”科目；同时，在预算会计下，借记相关支出类科目，贷记“资金结存”相关明细科目。固定资产后续计量仅需要进行财务会计处理，如计提折旧时，借记相关费用科目，贷记“累计折旧”科目。

2. 预算会计不需处理的业务有三种类型

第一种是涉及现金收支但不纳入预算的收支业务，例如收到应当上缴财政的款项、收到应当转拨其他单位的款项、收到受托代理的款项。

第二种是现金非收支业务，例如提现、存现、职工出差借出现金、暂时代职工垫付费用、支付的备用金及能收回的押金等。

第三种是非现金收支业务，即不涉及现金、银行存款的经济业务，例如应收款确认的收入、领用物资支出等。

【例题 1－2·单选题】政府会计由预算会计和财务会计构成，下列关于政府会计的表述中，错误的是（　　）。

A. 预算会计实行收付实现制，财务会计实行权责发生制

B. 政府会计主体应当建立预算会计和财务会计两套账，分别反映政府会计主体的预算执行信息和财务信息

C. 政府会计应当实现预算会计和财务会计双重功能

D. 政府会计主体应当以预算会计核算生成的数据为基础编制政府决算报告，以财务会计核算生成的数据为基础编制政府财务报告

【正确答案】B

【答案解析】政府会计需要按照预算会计与财务会计适度分离且相互衔接方式来进

行账务处理，企业需要设置一个账套对预算会计和财务会计进行平行的账务处理而不是要求政府会计主体分别建立预算会计和财务会计两套账。因此，选项 B 错误。

【例题 1－3·多选题】下列各项关于政府单位特定业务会计核算的一般原则中，正确的有（　　）。

A. 除另有规定外，单位预算会计采用收付实现制

B. 对于单位应上缴财政的现金所涉及的收支业务，进行预算会计处理

C. 政府单位财务会计实行权责发生制

D. 对于纳入部门预算管理的现金收支业务，同时进行财务会计和预算会计核算

【正确答案】ACD

【答案解析】对于单位应上缴财政的现金所涉及的收支业务不纳入预算管理，只进行财务会计处理，选项 B 错误。

第三节　政府会计要素与会计等式

一、政府预算会计要素

政府预算会计要素包括预算收入、预算支出与预算结余。

（一）预算收入

预算收入是指政府会计主体在预算年度内依法取得的并纳入预算管理的现金流入。预算收入一般在实际收到时予以确认，以实际收到的金额计量。

预算收入的构成如表 1－1 所示。

表 1－1　预算收入支出表——预算收入部分

项目	本年数	上年数
一、本年预算收入		
（一）财政拨款预算收入		
其中：政府性基金收入		
（二）事业预算收入		
（三）上级补助预算收入		
（四）附属单位上缴预算收入		
（五）经营预算收入		
（六）债务预算收入		
（七）非同级财政拨款预算收入		
（八）投资预算收益		

续表

项目	本年数	上年数
（九）其他预算收入		
其中：利息预算收入		
捐赠预算收入		
租金预算收入		

（二）预算支出

预算支出是指政府会计主体在预算年度内依法发生并纳入预算管理的现金流出。

预算支出一般在实际支付时予以确认，以实际支付的金额计量。

预算收入的构成如表 1-2 所示。

表 1-2 预收收入支出表——预算支出部分

项目	本年数	上年数
二、本年预算支出		
（一）行政支出		
（二）事业支出		
（三）经营支出		
（四）上缴上级支出		
（五）对附属单位补助支出		
（六）投资支出		
（七）债务还本支出		
（八）其他支出		
其中：利息支出		
捐赠支出		

（三）预算结余

预算结余是指政府会计主体预算年度内预算收入扣除预算支出后的资金余额，以及历年滚存的资金余额。预算结余包括结余资金和结转资金。结余资金是指年度预算执行终了，预算收入实际完成数扣除预算支出和结转资金后剩余的资金。结转资金是指预算安排项目的支出年终尚未执行完毕或者因故未执行，且下年需要按原用途继续使用的资金。

预算结余具体有：资金结存、财政拨款结转、财政拨款结余、非财政拨款结转、非财政拨款结余、专用结余、经营结余、其他结余、非财政拨款结余分配。

二、政府财务会计要素

政府财务会计要素包括资产、负债、净资产、收入和费用。

（一）资产

1. 资产的定义

资产是指政府会计主体过去的经济业务或者事项形成的，由政府会计主体控制的，预期能够产生服务潜力或者带来经济利益流入的经济资源。

【延伸思考】对资产的理解主要包括以下几个方面：

（1）政府会计主体获得资产的政府活动包括：依法占有、依法征收、预算分配、交易、其他事项等。这些活动是报告日已经发生的活动，不包括尚未发生的活动。

（2）作为资产的资源的本质特征是预期会为会计主体带来服务能力和经济利益。其中服务能力主要是指提供与政府及政府单位成立目标相一致的服务的能力，如公共管理服务、公益服务等。

（3）确认为资产的资源是由政府会计主体掌握或控制的。掌握或控制是指会计主体能够利用资源达到其目标或获得经济利益，并能够防止或监管其他主体利用这些资源得到经济利益。

（4）资产是政府掌握或控制的经济资源，包括现金和最终能够转化为现金的资源，以及持续运营条件下不能转化为现金、只能为会计主体提供服务能力的资源。后者包括预付款项、存货、长期股权投资、固定资产、无形资产等。

（5）资产只包括会计主体相对于主体外部持有的资产，不包括会计主体内部不同单独记账或报告的子主体之间对应对方负债形成的资产。

2. 资产的计量

政府资产的计量属性主要包括历史成本、重置成本、现值、公允价值和名义金额。

政府会计主体在对资产进行计量时，一般应当采用历史成本。采用重置成本、现值、公允价值计量的，应当保证所确定的资产金额能够持续、可靠计量。无法采用历史成本、重置成本、现值和公允价值计量属性的，采用名义金额（即人民币 1 元）计量。

（二）负债

负债是指政府会计主体过去的经济业务或者事项形成的，预期会导致经济资源流出政府会计主体的现时义务。

【延伸思考】对负债的理解主要包括以下3方面：

（1）负债是一种政府会计主体承担的现时义务，未来需要政府会计主体履行该义务，不包括会计主体尚未承担具体法定责任的潜在义务。

（2）未来会计主体履行义务预期会导致会计主体掌握或控制的资源减少。该资源主要是能够给政府会计主体带来经济利益的资源。

（3）负债只包括会计主体相对于主体外部承担的负债，不包括会计主体内部不同单独记账或报告的子主体之间对应对方资产形成的负债。

（三）净资产（基金余额）

净资产是指政府会计主体的资产扣除负债后的净额。如果是基金会计主体，净资产又称基金余额，是基金资产扣除基金负债后的净额。

由于负债代表会计主体未来的资产减少，净资产在数量上等于资产扣除负债后的余额，所以从资产的角度看，净资产又是会计主体拥有的资产净额。政府会计主体拥有的净资产，在一定程度上代表政府在以后期间可持续提供公共服务能力的物质基础。

资产负债表会计要素项目确认的基础主要采用权责发生制。其结构如表1-3所示。

表1-3　资产负债表

资产	期末余额	年初余额	负债和净资产	期末余额	年初余额
流动资产：			流动负债：		
货币资金			短期借款		
短期投资			应交增值税		
财政应返还额度			其他应交税费		
应收票据			应缴财政款		
应收账款净额			应付职工薪酬		
预付账款			应付票据		
应收股利			应付账款		
应收利息			应付政府补贴款		
其他应收款净额			应付利息		
存货			预收账款		
待摊费用			其他应付款		
一年内到期的非流动资产			预提费用		
其他流动资产			一年内到期的非流动负债		
流动资产合计			其他流动负债		

续表

资产	期末余额	年初余额	负债和净资产	期末余额	年初余额
非流动资产：			流动负债合计		
长期股权投资			非流动负债：		
长期债券投资			长期借款		
固定资产原值			长期应付款		
减：固定资产累计折旧			预计负债		
固定资产净值			其他非流动负债		
工程物资			非流动负债合计		
在建工程			受托代理负债		
无形资产原值			负债合计		
减：无形资产累计摊销					
无形资产净值					
研发支出					
公共基础设施原值					
减：公共基础设施累计折旧（摊销）					
公共基础设施净值					
政府储备物资					
文物文化资产					
保障性住房原值					
减：保障性住房累计折旧			净资产：		
保障性住房净值			累计盈余		
长期待摊费用			专用基金		
待处理财产损溢			权益法调整		
其他非流动资产			无偿调拨净资产		
非流动资产合计			本期盈余		
受托代理资产			净资产合计		
资产总计			负债和净资产总计		

（四）收入

收入是指报告期内导致政府会计主体净资产增加的、含有服务潜力或者经济利益的经济资源的流入。

【延伸思考】对收入的理解主要包括以下几个方面：

（1）收入是会计主体的经济资源的总流入。流入的经济资源包括现金资源和各种非现金资源。

（2）收入的发生会导致会计主体资产增加或者负债减少，从而导致会计主体净资产增加。

（3）收入是指会计主体在一定会计期间内的经济资源总流入。

（4）收入只包括会计主体相对于主体外部的收入，不包括会计主体内部不同单独记账或报告的子主体之间形成的转移收入。

（五）费用

费用是指报告期内导致政府会计主体净资产减少的、含有服务潜力或者经济利益的经济资源的流出。

【延伸思考】对费用的理解主要包括以下几个方面。

（1）费用是会计主体的经济资源的总流出。流出的经济资源包括现金资源和各种非现金资源。

（2）费用的发生会导致会计主体资产减少或者负债增加，从而导致会计主体净资产减少。

（3）费用是指会计主体在一定会计期间内的经济资源总流出。

（4）费用只包括会计主体相对于主体外部的费用，不包括会计主体内部不同单独记账或报告的子主体之间形成的转移费用。

收入费用表会计要素项目确认的基础与资产负债表会计要素项目一致，主要采用权责发生制，其结构如表 1－4 所示。

表 1－4　收入费用表

会政财 02 表

编制单位：　　　　________年________月　　　　单位：元

项目	本月数	本年累计数
一、本期收入		
（一）财政拨款收入		
其中：政府性基金收入		
（二）事业收入		
（三）上级补助收入		
（四）附属单位上缴收入		

续表

项目	本月数	本年累计数
（五）经营收入		
（六）非同级财政拨款收入		
（七）投资收益		
（八）捐赠收入		
（九）利息收入		
（十）租金收入		
（十一）其他收入		
二、本期费用		
（一）业务活动费用		
（二）单位管理费用		
（三）经营费用		
（四）资产处置费用		
（五）上缴上级费用		
（六）对附属单位补助费用		
（七）所得税费用		
（八）其他费用		
三、本期盈余		

【延伸思考】财务会计收入与预算会计收入的区别如图 1－2 所示。

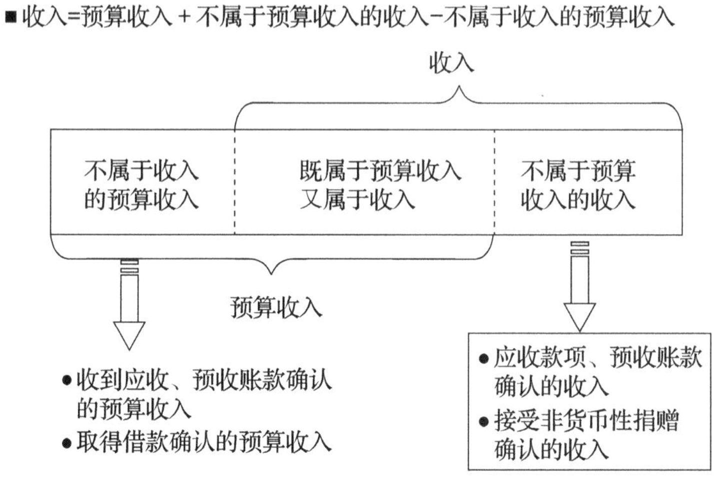

图 1－2　财务会计收入与预算会计收入的区别示意图

【延伸思考】 财务会计费用与预算会计支出的区别如图 1－3 所示。

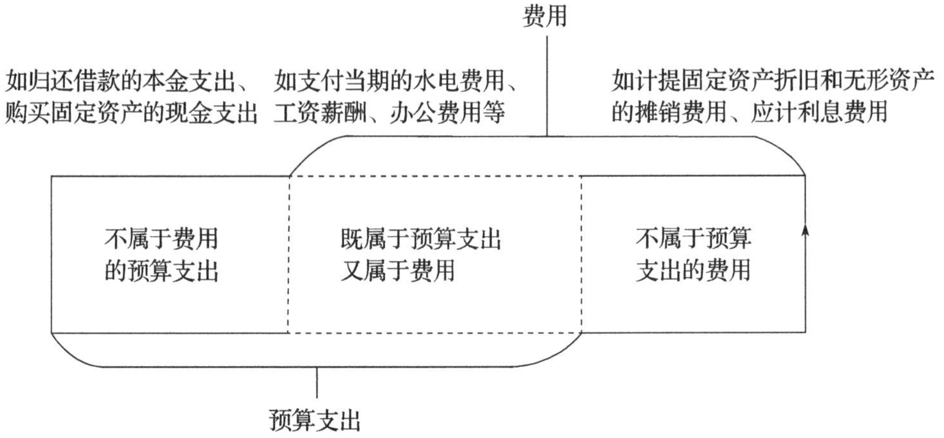

图 1－3　财务会计费用与预算会计支出的区别示意图

三、政府会计等式

（一）单位预算会计等式

单位预算会计通过预算收入、预算支出和预算结余三个要素，全面反映单位预算收支执行情况。预算会计恒等式为"预算收入－预算支出＝预算结余"。

（二）单位财务会计等式

单位财务会计通过资产、负债、净资产、收入、费用五个要素，全面反映单位财务状况、运行情况和现金流量情况。反映单位财务状况的等式为"资产－负债＝净资产"，反映运行情况的等式为"收入－费用＝本期盈余"。本期盈余经分配后最终转入净资产（累计盈余）。

课程思政

1. 政府会计定义的思政元素

培养文化自信与爱国情怀。

2. 政府会计目标的思政元素

强化财务人员的责任担当意识。

3. 政府会计要素的思政元素

诚信为本，不做假账。

4. 政府会计核算模式的思政元素

如实记账，诚信记账。

热点思考题

1. 政府会计要素中的收入与预算收入的联系与区别是什么?

2. 政府会计要素中的费用与预算支出的联系与区别是什么?

3. 为什么说新政府会计制度引入“平行记账”核算方法，避免了部门和单位采用两套会计信息进行核算的复杂性?

4. 如何理解政府会计的名义金额计量属性?

5. 举例说明如何理解政府会计目标中提出的提供评价政府活动绩效方面的信息。

课后习题

一、单项选择题

1. 政府会计由预算会计和财务会计构成，下列关于政府会计的表述中，错误的是(　　)。

A. 预算会计实行收付实现制，财务会计实行权责发生制

B. 政府会计主体应当建立预算会计和财务会计两套账，分别反映政府会计主体的预算执行信息和财务信息

C. 政府会计应当实现预算会计和财务会计双重功能

D. 政府会计主体应当以预算会计核算生成的数据为基础编制政府决算报告，以财务会计核算生成的数据为基础编制政府财务报告

2. 关于政府会计的负债要素，下列表述不正确的是(　　)。

A. 负债是政府会计主体过去的经济业务或者事项所形成的

B. 负债是预期会导致经济资源流出政府会计主体的潜在义务

C. 负债不包括政府会计主体未来发生的经济业务或事项形成的义务

D. 相关义务的金额能够可靠计量才可以确认为负债

二、多项选择题

1. 下列各项中，不属于政府单位财务会计要素的有(　　)。

A. 资产　　B. 预算收入　　C. 利润　　D. 所有者权益

2. 下列各项中，属于政府会计主体净资产的有(　　)。

A. 累计盈余　　B. 资本公积　　C. 盈余公积　　D. 权益法调整

三、判断题

1. 政府单位支付当期的水电费、工资费用、办公费用既属于预算支出又属于费用。(　　)

2. 新冠肺炎疫情期间政府单位收到一批疫情物资捐赠应纳入预算收入而非收入核算。(　　)

第二篇

政府会计的实务操作

第二章

政府单位收入的核算

教学导向

（一）理解政府单位各项收入的内涵

（二）了解政府单位各项收入的界限

（三）重点掌握政府单位各项收入的核算操作

财务会计和预算会计中均有收入业务核算，财务会计中的收入是指报告期内导致政府会计主体净资产增加的、含有服务潜力或者经济利益的经济资源的流入，包括 11 个收入科目。本章在政府会计基本准则的基础上，结合《政府会计制度——行政事业单位会计科目和报表》、7 个行业补充规定，通过对财务会计收入类科目核算要点和案例精讲，强化对财务会计收入类科目的理解，熟悉其在实务中的应用。

第一节　财政拨款收入核算

一、财政拨款收入的概念

“财政拨款收入”科目核算单位从同级政府财政部门取得的各类财政拨款。财政拨款收入的概念强调“同级政府”“财政部门”“财政拨款”这三个方面。同级政府是指行政事业单位和拨款的财政部门在政府层级上属于同一级，即实务中的“本级”，财政部门强调的是财政部门而非其他政府部门，财政拨款强调的是纳入预算的财政资金。上述概念归纳起来，财政拨款收入即纳入本级部门预算的财政资金。

下列两种特殊情形不属于财政拨款收入：

1. 同级财政预拨的下期预算款和没有纳入预算的暂付款项

【例题 2-1·实操题】A 市事业单位 2021 年末预收到当地财政部门以实有资金的形式拨付的 2022 年度的财政拨款 2 000 000 元，是否应计入 2021 年度财政拨款收入？2021 年 12 月 21 日使用预拨经费 8 000 元购买一批办公用品，应如何进行会计处理？

【解析】 不属于 2021 年度财政拨款收入。会计处理如下：

(1) 事业单位 2021 年末预收 2022 年度预拨经费时。

财务会计分录：

借：银行存款——财政拨款资金	2 000 000	
贷：其他应付款		2 000 000

预算会计分录：不记账。

(2) 2021 年 12 月 21 日使用预拨经费 8 000 元购买一批办公用品时。

财务会计分录：

借：其他应收款	8 000	
贷：银行存款——财政拨款资金		8 000

预算会计分录：不记账。

(3) 年底注销额度，由于该预拨经费为实有资金形式下拨，不涉及零余额账户用款额度，不需要注销额度。

财务会计分录：不记账；

预算会计分录：不记账。

(4) 2022 年确认财政拨款收入时。

财务会计分录：

借：其他应付款	2 000 000	
贷：财政拨款收入		2 000 000

预算会计分录：

借：资金结存——货币资金	2 000 000	
贷：财政拨款预算收入		2 000 000

(5) 2022 年确认支出时。

财务会计分录：

借：业务活动经费	8 000	
贷：其他应收款		8 000

预算会计分录：

借：事业支出	8 000	
贷：资金结存——货币资金		8 000

2. 同级财政采用实拨资金方式通过本单位转拨下属单位的财政拨款

【例题 2-2 · 实操题】 A 单位年底收到从当地财政部门拨付的下属 B 单位的财政拨款 10 万元，A 单位是否应计入财政拨款收入？A 单位或 B 单位如何进行账务处理？

【解析】 此种情形属于实拨资金方式拨款。A 单位不确认财政拨款收入，B 单位应确认财政拨款收入。上级行政事业单位收到的同级财政部门拨款中包含下级单位的财政拨款，不在收到拨款的上级单位预算之中。所以，上级行政事业单位不能作为本单位收入，财务会计通过往来科目核算，预算会计不记账。下级单位收到的款项应确认财政拨款收入。

(1) A 单位收到此款项时。

财务会计分录：

借：银行存款　100 000

　贷：其他应付款　100 000

预算会计分录：不记账。

(2) A 单位转拨此款项时。

财务会计分录：

借：其他应付款　100 000

　贷：银行存款　100 000

预算会计分录：不记账。

(3) B 单位收到此款项时。

财务会计分录：

借：银行存款　100 000

　贷：财政拨款收入　100 000

借：资金结存——货币资金　100 000

　贷：财政拨款预算收入　100 000

二、主要业务处理举例

（一）财政直接支付方式下取得财政拨款收入

【例题 2-3·实操题】2021 年 8 月 1 日，A 行政单位发生如下业务：

(1) X 项目通过财政直接支付购置计算机一批，已验收交付使用，总价款 50 000 元已全部支付。

(2) 通过财政直接支付发放在职人员工资 50 000 元。

(3) 财政直接支付负责 X 项目的业务部门办公费 3 000 元。

(4) 12 月 31 日，当年财政直接支付年初预算指标 1 000 000 元（基本经费 800 000 元、项目经费 200 000 元），财政直接支付实际发生数 950 000 元（基本经费 800 000 元、项目经费 150 000 元）。

上述业务的财政直接支付入账通知书及相关原始凭证已收到。

【解析】账务处理如下：

会计分录		核算要点精讲
(1) 购置计算机		
财务会计	借：固定资产 50 000 贷：财政拨款收入——项目支出 50 000	财政直接支付下，根据财政直接支付入账通知书及相关原始凭证，按照通知书中直接支付入账金额，直接确认财政拨款收入。
预算会计	借：行政支出 50 000 贷：财政拨款预算收入 50 000	视同收到“现金”(该款项没有经过单位账户，但是经过在财政直接支付下的账户，视同经过单位账户核算)，确认财政拨款预算收入；财政拨款预算收入与财务会计下的财政拨款收入相互对应。
(2) 支付在职人员工资		
财务会计	借：应付职工薪酬 50 000 贷：财政拨款收入——基本支出 ——人员经费 50 000	计提应付职工薪酬账务处理省略，直接发放工资；本案例参照预算会计科目的明细科目设置原则，在财务会计“财政拨款收入”科目下设置相关明细科目；下同。
预算会计	借：行政支出 50 000 贷：财政拨款预算收入 50 000	视同“现金”流入。
(3) 支付办公费		
财务会计	借：业务活动费用 3 000 贷：财政拨款收入——项目支出 3 000	X项目发生的办公费；本案例为行政单位，行政单位各类业务活动所有的费用均在“业务活动费用”科目核算，不得使用“单位管理费用”科目。
预算会计	借：行政支出 3 000 贷：财政拨款预算收入 3 000	本案例为行政单位，行政单位各类业务活动所有的支出均在“行政支出”科目核算，不得使用“事业支出”科目。
(4) 收回预算指标		
财务会计	借：财政应返还额度——财政直接支付 50 000 贷：财政拨款收入——项目支出 50 000	直接支付预算指标数与当年财政直接支付实际支付数的差额，借记“财政应返还额度”科目；本案例为项目经费未执行完毕。
预算会计	借：资金结存——财政应返还额度 50 000 贷：财政拨款预算收入 50 000	

(二) 财政授权支付方式下取得财政拨款收入

财政授权支付方式下，根据收到的财政授权支付额度到账通知书，按照通知书中的授权支付额度，借记“零余额账户用款额度”科目，贷记“财政拨款收入”科目。

年末，本年度财政授权支付预算指标数大于零余额账户用款额度下达数的，根据未下达用款额度，借记“财政应返还额度——财政授权支付”科目，贷记“财政拨款收入”科目。

（三）其他方式下收到财政拨款收入

其他方式下收到财政拨款收入时，按照实际收到的金额，借记“银行存款”等科目，贷记“财政拨款收入”科目。

（四）因差错更正或购货退回等发生国库直接支付款项退回

因差错更正或购货退回等发生国库直接支付款项退回的，属于以前年度支付的款项，按照退回金额，借记“财政应返还额度——财政直接支付”科目，贷记“以前年度盈余调整”“库存物品”等科目；属于本年度支付的款项，按照退回金额，借记“财政拨款收入”科目，贷记“业务活动费用”“库存物品”等科目。

（五）期末账务处理

期末，将“财政拨款收入”科目本期发生额转入本期盈余，借记“财政拨款收入”科目，贷记“本期盈余”科目。

【例题 2－4·实操题】2021 年 8 月 1 日，B 事业单位有关业务如下：

（1）收到零余额账户开户银行财政授权支付额度到账通知书，基本支出额度为 100 000 元。

（2）收到上级主管部门拨付的基本经费财政拨款 50 000 元，上述款项拨付至单位基本户。

（3）因差错更正，收回上年度财政直接支付的项目支出办公费 3 000 元；本年度项目支出因购置的库存物品存在质量问题，按合同予以退回款项 5 000 元，上述合同款项由财政直接支付。

（4）12 月 31 日，当年财政授权支付年初预算指标为 800 000 元，财政授权支付发生数为 750 000 元，上述额度均为 X 项目资金。

（5）12 月 31 日，“财政拨款收入”科目余额为 1 200 000 元。

【解析】账务处理如下：

会计分录		核算要点精讲
（1）收到额度到账通知书		
财务会计	借：零余额账户用款额度　100 000 　贷：财政拨款收入——基本支出　100 000	收到财政授权支付额度到账通知书后确认收入。
预算会计	借：资金结存——零余额账户用款额度　100 000 　贷：财政拨款预算收入　100 000	财政拨款预算收入与财务会计的财政拨款收入相对应。
（2）收到上级主管部门拨款		
财务会计	借：银行存款　50 000 　贷：财政拨款收入——基本支出　50 000	在国库集中支付制度下，上述业务越来越少，在收到拨付至单位基本户的资金时，注意是不是财政拨款收入，注意与其他科目的区别；部门预算时对财政拨款收入核对非常严格。

会计分录		核算要点精讲
预算会计	借：资金结存——货币资金 50 000 贷：财政拨款预算收入 50 000	
(3) 收回上年度财政直接支付的办公费		
财务会计	借：财政应返还额度——财政直接支付 3 000 贷：以前年度盈余调整 3 000	上年度支付的办公费，年末结转至累计盈余；发生收回上年度业务时，应通过“以前年度盈余调整”科目处理。
预算会计	借：资金结存——财政应返还额度 3 000 贷：财政拨款结转——上年余额调整 3 000	本案例为退回的项目支出办公费，视同财政拨款结转资金，年末时结转至“财政拨款结转”科目。
(4) 收回本年度财政直接支付的购置库存物品款		
财务会计	借：财政拨款收入——项目支出 5 000 贷：库存物品 5 000	支付时确认为收入，退回时应冲减当年收入。
预算会计	借：财政拨款预算收入 5 000 贷：事业支出 5 000	退回时同时冲减收入、支出。
(5) 预算指标大于下达的额度直接确认收入		
财务会计	借：财政应返还额度——财政授权支付 50 000 贷：财政拨款收入——项目支出 50 000	确认财政应返还额度和财政拨款收入；计算过程：800 000－750 000＝50 000（元）。
预算会计	借：资金结存——财政应返还额度 50 000 贷：财政拨款预算收入 50 000	
(6) 期末结转		
财务会计	借：财政拨款收入 1 200 000 贷：本期盈余 1 200 000	转入本期盈余。
预算会计	借：财政拨款预算收入 1 200 000 贷：财政拨款结转 1 200 000	先转入财政补助结转，再根据各明细项目执行情况进行分析。

第二节　事业收入核算

一、事业收入的概念

“事业收入——非同级财政拨款”科目核算因开展与事业单位业务活动相关及其辅助活动从非同级政府财政部门取得的经费拨款。该科目强调的业务活动，即签署合同或协议后开展的业务活动，可以根据接受资金的事业单位是否为拨款提供对等专项服务进行判断，有对等交换要求的就属于事业收入——非同级财政拨款，没有对等交换要求的就是非同级财政拨款收入。

【例题 2-5·实操题】假设 A 事业单位收到其主管部门 B 行政单位的一笔财政拨款，A 事业单位应该计入财政拨款收入、非同级财政拨款收入还是事业收入？

情形 1：如果该笔财政拨款属于 A 事业单位的预算，由同级财政部门拨给 B 行政单位，再由 B 行政单位通过实拨资金的方式转拨给 A 事业单位，并不在 B 行政单位的预算中。

结论：A 事业单位确认财政拨款收入，B 行政单位收到该笔财政拨款时确认其他应付款。

情形 2：如果该笔财政拨款属于 B 行政单位的预算，拨给 A 事业单位，并且与 A 事业单位的业务活动并不相关，A 事业单位没有提供对等服务。

结论：A 事业单位确认非同级财政拨款收入，B 行政单位收到该拨款时确认财政拨款收入。

情形 3：如果该笔财政拨款属于 B 行政单位的预算，拨给 A 事业单位，与 A 事业单位签订相关合同，明确需要 A 事业单位提供某些对等服务。

结论：A 事业单位确认事业收入——非同级财政拨款，B 行政单位收到该拨款时确认财政拨款收入。

二、主要业务处理举例

（一）采用财政专户返还方式管理的事业收入

【例题 2-6·实操题】B 事业单位为高等教育机构，执行“收支两条线”管理，2021 年 8 月共收到学生缴纳的学费计 1 000 000 元，存入学校银行账户。月末将上述学费缴入财政专户。次月收到财政部门返还的学费收入 1 000 000 元，存入单位银行账户。

【解析】账务处理如下：

会计分录		核算要点精讲
（1）收到学生缴纳的学费		
财务会计	借：银行存款　100 000 　贷：应缴财政款　100 000	通过“应缴财政款”科目核算。
预算会计	不做账务处理	应缴财政款不属于纳入部门预算管理的资金。
（2）将收到的学费缴入财政专户		
财务会计	借：应缴财政款　100 000 　贷：银行存款　100 000	通过“应缴财政款”科目核算。
预算会计	不做账务处理	应缴财政款不属于纳入部门预算管理的资金。

会计分录		核算要点精讲
(3) 收到财政部门返还的学费收入		
财务会计	借：银行存款 100 000 　贷：事业收入——学费收入 100 000	应缴财政款，在收到财政返还时确认收入。
预算会计	借：资金结存——货币资金 100 000 　贷：事业预算收入——学费收入 100 000	应缴财政款，在收到财政返还时纳入预算管理，确认预算会计收入。

（二）采用预收款方式确认的事业收入

【例题2－7·实操题】某高校于2021年8月1日承接×公司委托研究的科研课题，按合同规定预收对方单位款项500 000元，款项已存入银行。2021年12月31日，按照合同进度完成70％。假设暂不考虑增值税。

【解析】账务处理如下：

会计分录		核算要点精讲
(1) 收到预付账款		
财务会计	借：银行存款 500 000 　贷：预收账款——X公司 500 000	按照权责发生制原则，单位尚未完成合同，收到款项时不直接确认收入。
预算会计	借：资金结存——货币资金 500 000 　贷：事业预算收入 500 000	预算会计确认为事业预算收入。
(2) 按进度确认收入		
财务会计	借：预收账款——X公司 350 000 　贷：事业收入——X公司 350 000	参考合同进度的四种方法确认财务会计收入；计算过程：500 000×70％＝350 000（元）。
预算会计	不做账务处理	

（三）采用应收账款方式确认的事业收入

【例题2－8·实操题】某事业单位采用应收账款方式核算事业收入。2021年10月履行某服务合同向客户提供服务，当月合同完工进度为40％，该合同标的为2 00 000元。款项暂未收到。

【解析】账务处理如下：

会计分录		核算要点精讲
(1) 10月末确认服务收入时		
财务会计	借：应收账款 84 800 　贷：事业收入 80 000 　　　应交增值税——待转销项税额 4 800	根据收入确认时间和纳税义务时间不相同，收入先确认，纳税义务后确认，将销售金额中包含的销项税额计入待转销项税额。

会计分录		核算要点精讲
预算会计	不做账务处理	未发生现金收支业务。
(2) 11月份收到客户支付的合同进度款时		
财务会计	借：应交增值税——待转销项税额　4 800 　贷：应交增值税——应交税金（销项税额）　4 800 借：银行存款　84 800 　贷：应收账款　84 800	实际发生纳税义务发生时将待转销项税额转入销项税额。
预算会计	借：资金结存——货币资金　84 800 　贷：事业预算收入　84 800	
(3) 12月期末结转时：		
财务会计	借：事业收入　80 000 　贷：本期盈余　80 000	
预算会计	借：事业预算收入　80 000 　贷：非财政拨款结转　30 000 　　　其他结余　50 000	事业预算收入中的专项资金收入转入“非财政拨款结转”科目；非专项资金收入转入“其他结余”科目（注意：不是直接转入“非财政拨款结余”科目）。

第三节　非同级财政拨款收入核算

一、非同级财政拨款收入的概念

非同级财政拨款收入核算的是单位从非同级政府财政部门取得的经费拨款，包括从同级政府其他部门取得的横向转拨财政款、从上级或下级政府财政部门取得的经费拨款等。该收入强调的是从同级的政府部门（预算关系同级）而非财政部门，或是从上级或下级而非同级的财政部门取得的财政资金，要注意与财政补助收入的显著区别。

【延伸思考】事业单位因开展业务活动及其辅助活动从非同级政府财政部门取得的经费拨款，应当通过“事业收入——非同级财政拨款”科目核算，不属于“非同级财政拨款收入”，不通过本科目核算。

二、主要业务处理举例

【例题2-9·实操题】B事业单位为省级预算单位，2021年8月1日发生如下业务：

(1) 收到国家文物局（中央级预算单位）通知，将于9月1日举办全国会议，拟拨付财政资金 30 000 元用于会议前期筹备工作，已开展前期准备工作，款项尚未收到。

（2）9 月 30 日，收到上述款项。

（3）收到同为省级预算单位文物局拨付的文物保护基本运行经费 80 000 元。

（4）12 月 31 日，“非同级财政拨款收入”科目余额为 110 000 元（专项收入 30 000 元、非专项收入 80 000 元）。

【解析】账务处理如下：

	会计分录	核算要点精讲
（1）确认非同级财政拨款收入		
财务会计	借：其他应收款 30 000 贷：非同级财政拨款收入——非本级财政拨款——国家文物局 30 000	按照权责发生制原则，确认非同级财政拨款收入（非同级、财政资金），同时确认其他应收款；上级补助收入为非财政性资金，此案例为财政资金。
预算会计	不做账务处理	
（2）收到上述款项		
财务会计	借：银行存款 30 000 贷：其他应收款 30 000	
预算会计	借：资金结转——货币资金 30 000 贷：非同级财政拨款预算收入 30 000	
（3）收到本级横向拨款		
财务会计	借：银行存款 80 000 贷：非同级财政拨款收入——本级横向转拨财政拨款——省文物局 80 000	强调的是同级单位但非财政部门拨付的财政资金。
预算会计	借：资金结存——货币资金 80 000 贷：非同级财政拨款预算收入 80 000	
（4）期末结转		
财务会计	借：非同级财政拨款预算收入 110 000 贷：本期盈余 110 000	
预算会计	借：非同级财政拨款预算收入 110 000 贷：非同级财政拨款结转——本年收支结转 30 000 其他结余 80 000	专项资金转入“非同级财政拨款结转”科目；非专项资金转入“其他结余”科目；非同级财政拨款视同非财政性资金，如为非专项资金可转入其他结余进行分配。

第四节　上级补助收入核算

一、上级补助收入的概念

上级补助收入核算的是事业单位从主管部门和上级单位取得的非财政拨款收入。上级补助收入概念强调两个方面，一是来源于主管部门和上级单位；二是资金为非财政拨款收入。通过上述概念可区分“上级补助收入”和“非同级财政拨款收入”两个科目的内容。

【例题 2-10·实操题】假设 A 事业单位收到其主管部门 B 单位的一笔拨款，A 事业单位应该计入非同级财政拨款收入还是上级补助收入？

【解析】两者主要区别在于资金性质：如果是财政拨款资金，A 事业单位确认非同级财政拨款收入；如果是非财政性资金，属于 B 单位的自有资金补助款，A 事业单位确认上级补助收入。

【延伸思考】上级补助收入与事业收入的区别，主要在于事业单位是否向主管部门和上级单位提供相应的服务。如果通过合同或协议的形式提供相应的服务，提供对等的服务，则应该认定为事业收入。上级补助收入是事业单位收到的无偿的补助收入，没有对等交换的要求。

二、主要业务处理举例

【例题 2-11·实操题】2021 年 8 月 1 日，B 事业单位发生如下业务：

（1）上级主管部门下达相关文件，X 大型会议由 B 事业单位承担并提前开展相关准备工作，主管部门使用自用资金补助 100 000 元，款项尚未收到。

（2）9 月 1 日，收到上述补助款项。

（3）9 月 30 日，收到上级主管部门使用自用资金拨付的医疗费缺口补助 50 000 元。

（4）12 月 31 日，“上级补助收入”科目余额为 150 000 元（专项收入 100 000 元、非专项收入 50 000 元）。

【解析】账务处理如下：

会计分录		核算要点精讲
（1）确认其他应收款		
财务会计	借：其他应收款　100 000 　贷：上级补助收入——专项——X 会议 100 000	按照权责发生制原则，确认上级补助收入（上级主管部门、非财政性资金），同时确认其他应收款。
预算会计	不做账务处理	
（2）收到应收的款项		
财务会计	借：银行存款　100 000 　贷：其他应收款　100 000	
预算会计	借：资金结存——货币资金　100 000 　贷：上级补助预算收入　100 000	

【延伸思考】“经营收入”科目与其他科目有何区别?

解读：属于专业业务活动取得的收入在“事业收入”科目核算，属于非专业业务活动取得的收入在“经营收入”科目核算。如事业单位内部非独立核算的单位食堂对外提供市场定价的餐饮服务，或事业单位按照市场价格出售单位生产的产品或服务等。事业单位开展这些活动不是为了完成事业任务，而是为了获得收益，补充事业单位的资金来源。实务中，在判定活动是否为专业业务活动有困难的情况下，可以判定该活动是否具有营利性。如果事业单位开展该活动的目的不是完成单位的事业任务，而是为了获取高于活动成本的收入，那就属于以营利为目的的经营活动，从而取得的现金流入就属于经营收入；否则，就属于事业收入。

此外，经营收入还强调非独立核算经营活动，独立核算的经营活动不在本单位会计主体进行核算。如果事业单位从事经营活动的单位是完全独立核算的单位，那就是独立于事业单位的另一个会计主体，则该单位将经营活动取得的收入上缴给事业单位，属于“附属单位上缴收入”科目核算的范围。

二、主要业务处理举例

【例题 2-13·实操题】 B 事业单位为一家高校，2021 年 8 月 1 日发生如下业务：

(1) 高校某实验中心对外加工一批零件，以市场价出售，与 C 单位签订的合同总价为 50 000 元（不含税价），货物已发出，款项未收到。

(2) 9 月 1 日，收到 C 单位支付的款项。

(3) 12 月 31 日，“经营收入”科目余额为 80 000 元（专项收入 60 000 元、非专项收入 20 000 元）。

【解析】 账务处理如下：

会计分录		核算要点精讲
(1) 确认 C 单位应收款项		
财务会计	借：应收账款 56 500 贷：经营收入——C 单位 50 000 应交增值税——应交税金（销项税额） 6 500	按照权责发生制原则，确认经营收入（非独立核算、非专业业务活动），同时确认应收账款；与上级补助收入、附属单位上缴收入不同。
预算会计	不做账务处理	
(2) 收到 C 单位款项		
财务会计	借：银行存款 56 500 贷：应收账款 56 500	
预算会计	借：资金结存——货币资金 56 500 贷：经营预算收入 56 500	

会计分录		核算要点精讲
（3）期末结转		
财务会计	借：经营收入　　80 000 　贷：本期盈余　　80 000	转入本期盈余。
预算会计	借：经营预算收入　　80 000 　贷：经营结余　　80 000	预算会计下专设经营结余，用于核算经营收入支出的结余情况，不转入“其他结余”科目。

第七节　投资收益核算

一、投资收益的概念

投资收益核算的是事业单位股权投资和债券投资所实现的收益或发生的损失。事业单位取得的按照规定纳入部门预算管理的投资收益，包括股权投资收益、出售或收回债券投资所取得的收益和债券投资利息收入。

“投资收益”是政府财务会计收入类科目名称中唯一不带“收入”两字的科目，学习时应结合本书“政府单位资产的核算”一章中的“应收利息”“应收股利”“短期投资”“长期股权投资”“长期债券投资”等科目共同学习。

【延伸思考】投资收益与附属单位上缴收入有何区别？

解读：投资收益在核算中与附属单位上缴收入界定时存在一定的困难。事业单位附属单位转为企业法人，其上缴事业单位的收入是附属单位上缴收入还是投资收益，要看事业单位与其所属的企业法人之间的产权关系及经济关系。如果事业单位与所属企业法人在产权、资产、职工福利等方面没有厘清，事业单位还承担着所属企业的职工福利、负债偿还，或者还由所属企业化单位免费使用事业单位资产等，那么事业单位所属的企业上缴的这部分收入就是事业单位的附属单位上缴收入；如果事业单位与其举办的企业化单位之间产权明晰，事业单位与所属单位是投资与被投资的关系，事业单位所属单位上缴收入的性质是因为投资关系而向投资者分配的企业利润，就属于事业单位的投资收益。

二、主要业务处理举例

【例题 2－14·实操题】B 事业单位 2021 年有关科目业务如下：

2021 年 8 月 1 日，经批准后使用非财政性资金取得短期投资 X 债券一项，按月付息，共支付价款300 000元；2021年9月1日收到持有期间利息2 000元；2021年11月30日，以305 000元出售该短期投资，款项已收到。

【解析】账务处理如下：

会计分录		核算要点精讲
（1）经批准取得短期投资		
财务会计	借：短期投资——X债券 300 000 　贷：银行存款 300 000	对外投资应报经批准，使用非财政性资金进行投资。
预算会计	借：投资支出 300 000 　贷：资金结存——货币资金 300 000	使用货币资金进行投资，现金流出，进行预算会计账务处理，预算会计下专设“投资支出”科目进行核算。
（2）收到持有期间利息		
财务会计	借：银行存款 2 000 　贷：投资收益 2 000	确认投资收益，本案例假设投资收益纳入单位预算，不上缴财政。
预算会计	借：资金结存——货币资金 2 000 　贷：投资预算收益 2 000	确认投资预算收益。
（3）出售短期投资		
财务会计	借：银行存款 305 000 　贷：短期投资——X债券 300 000 　　　投资收益 5 000	
预算会计	借：资金结存——货币资金 305 000 　贷：投资支出 300 000 　　　投资预算收益 5 000	出售、对外转让或到期收回以前年度以货币资金取得的对外投资的，如果按规定将投资收益纳入单位预算，按照实际收到的金额，借记“资金结存”科目，按照取得投资时“投资支出”科目的发生额，贷记“其他结余”科目，按照其差额，贷记或借记“投资预算收益”科目；如果为当年的投资则冲减投资支出；如果为以前年度的投资，则计入其他结余，本案例为当年投资，计入投资支出。

【例题2－15·实操题】B事业单位2021年12月31日有关科目情况如下：

（1）假设1：投资收益为贷方20 000元。

（2）假设2：投资收益为借方30 000元。

【解析】账务处理如下：

会计分录		核算要点精讲
（1）期末结转（贷方余额）		
财务会计	借：投资收益 20 000 　贷：本期盈余 20 000	贷方余额，表示当年投资收益表现为正。

会计分录		核算要点精讲
预算会计	借：投资预算收益 20 000 　贷：其他结余 20 000	预算会计投资预算收益均转入“其他结余”科目，而非“非财政拨款结余”科目。
（2）期末结转（借方余额）		
财务会计	借：本期盈余 30 000 　贷：投资收益 30 000	借方余额，表示当年投资收益为负。
预算会计	借：其他结余 30 000 　贷：投资预算收益 30 000	

第八节　捐赠收入核算

一、捐赠收入的概念

捐赠收入，顾名思义核算的是行政事业单位接受其他单位或个人捐赠取得的收入。

【延伸思考】单位收到、支付捐赠资金应如何进行会计处理？

情形一：单位收到的是指定转赠方的转赠资金，即单位需要将捐赠资金转拨到其他单位使用。

【例题 2-16·实操题】A 事业单位 2021 年 3 月 2 日收到转赠贫困地区 C 事业单位的捐款 50 000 元。2021 年 3 月 10 日，A 事业单位将转赠的捐款通过银行账户汇往 C 事业单位。

【解析】A 事业单位会计处理如下：

（1）收到转赠捐款时。

财务会计分录：

借：银行存款——受托代理资产　　50 000

　贷：受托代理负债　　50 000

预算会计分录：不记账。

（2）转拨转赠资金时。

财务会计分录：

借：受托代理负债　　50 000

　贷：银行存款——受托代理资产　　50 000

预算会计分录：不记账。

情形二：单位收到捐赠资金且发生现金捐赠支出。

【例题 2-17·实操题】南京市某疫情定点医院，2021 年 7 月 30 日接受新冠肺炎疫情社会捐赠资金 1 000 000 元，用于抗击新冠肺炎疫情相关领域的公共卫生服务等公益性支出。2021 年 8 月 10 日，该医院以实有资金购买了医护防疫人员防疫用的 N95 口罩和防护眼镜，价款共计 45000 元。

【解析】（1）2021 年 7 月 30 日接受捐赠资金时。

财务会计分录：

借：银行存款　　1 000 000

　贷：捐赠收入　　1 000 000

预算会计分录：

借：资金结存——货币资金　　1 000 000

　贷：其他预算收入——捐赠收入　　1 000 000

（2）2021 年 8 月 10 日购买防疫用品时。

财务会计分录：

借：业务活动费用——商品服务费——专用材料费　　45 000

　贷：银行存款　　45 000

预算会计分录：

借：事业支出——其他货币支出——商品和服务支出　　45 000

　贷：资金结存——货币资金　　45 000

情形三：单位以政府名义接受的非定向捐赠货币收入，应当根据当地财政部门非税收入管理要求上缴同级财政国库。

【例题 2－18・实操题】南京疾控中心 2021 年 8 月 20 日收到中国慈善总会转来新冠肺炎疫情非定向捐赠资金 6 000 000 元，用于该市疫情防控。该笔款项属于以政府名义接受的非定向捐赠货币收入，需根据当地财政部门非税收入管理要求上缴同级财政国库。2021 年 8 月 25 日，通过单位银行存款上缴该笔资金。

【解析】（1）2021 年 8 月 20 收到捐赠款时。

财务会计分录：

借：银行存款　　6 000 000

　贷：应缴财政款——应缴国库款　　6 000 000

预算会计分录：不记账。

（2）2021 年 8 月 25 日通过单位银行存款上缴该笔资金时。

财务会计分录：

借：应缴财政款——应缴国库款　　6 000 000

　贷：银行存款　　6 000 000

预算会计分录：不记账。

二、主要业务处理举例

【例题 2－19・实操题】B 事业单位为省级预算单位，2021 年 8 月 1 日有关科目发生如下业务：

（1）收到X公司现金捐款50 000元，其中30 000元专项用于设备购置，20 000元用于日常开支，款项已收到。

（2）接受Y公司捐赠包装材料一批，价值30 000元，支付运输费1 000元。

（3）接受Z公司捐赠不需要安装的固定资产G，价值无法确定，暂按名义金额入账，发生相关税费等3 000元。

12月31日，假设捐赠收入科目余额为81 001元（专项资金30 000元、非专项资金20 000元、库存物品形成非现金捐赠收入31 000元、固定资产捐赠形成非现金捐赠名义金额为1元）。

【解析】B事业单位2021年有关科目业务处理如下：

	会计分录	核算要点精讲
（1）接受现金捐赠		
财务会计	借：银行存款　50 000 　贷：捐赠收入——X公司　50 000	
预算会计	借：资金结存——货币资金　50 000 　贷：其他预算收入　50 000	财务会计下的“捐赠收入”科目，在预算会计下对应科目为“其他预算收入”。
（2）接受捐赠库存物品		
财务会计	借：库存物品　31 000 　贷：银行存款　1 000 　　捐赠收入——Y公司　30 000	
预算会计	借：其他支出　1 000 　贷：资金结存——货币资金　1 000	捐赠过程中发生的相关税费，按照实际支付金额，借记“其他支出”科目。
（3）接受捐赠固定资产（名义金额）		
财务会计	借：固定资产　1（名义金额） 　其他费用　3 000 　贷：银行存款　3 000 　　捐赠收入——Z公司　1（名义金额）	按照发生的相关税费、运输费等，借记“其他费用”科目，与捐赠物品（非名义金额）账务处理不同，直接予以费用化而非资本化。
预算会计	借：其他支出　3 000 　贷：资金结存——货币资金　3 000	捐赠过程中发生的相关税费，按照实际支付金额，借记“其他支出”科目。
（4）期末结转		
财务会计	借：捐赠收入——X公司　50 000 　　——Y公司　30 000 　　——Z公司　1（名义金额） 　贷：本期盈余　80 001	
预算会计	借：其他预算收入　50 000 　贷：非财政补助结转——本年收支结转　30 000 　　其他结余　20 000	预算会计仅结转货币资金捐赠部分，即“其他预算收入”科目中捐赠收入形成的部分；同时根据是否为专项资金区分“非财政补助结转”或“其他结余”科目。

第九节　租金收入核算

一、租金收入的概念

租金收入核算的是行政事业单位经批准利用国有资产出租取得的并按照规定纳入本单位预算管理的租金收入。

根据国家有关资产管理制度，行政事业单位应严格控制出租、出借国有资产行为，确需出租、出借资产的，应当按照规定程序履行报批手续，原则上实行公开竞价招租，必要时可以采取评审或者资产评估等方式确定出租价格，确保出租、出借过程的公正透明。

行政单位国有资产处置收入和出租、出借收入，应当在扣除相关税费后及时、足额上缴财政国库，严禁隐瞒、截留、坐支和挪用。

事业单位出租、出借收入和对外投资收益，应当纳入单位预算，统一核算、统一管理。地方各级事业单位出租、出借收入和对外投资收益，应当依据国家和本级财政部门的有关规定加以管理。

【延伸思考】租金收入核算的内容为按照规定纳入本单位预算管理的租金收入，不纳入预算管理的租金收入应按规定上缴财政国库。

二、主要业务处理举例

【例题 2-20·实操题】2021 年 8 月 1 日，B 事业单位有关“租金收入”科目发生如下业务：

（1）经批准对外出租门面数间，与 X 公司签订出租合同后，收到 X 公司一次性支付 2 年租金 120 000 元。

（2）经批准对外出租单位办公楼，与 Y 公司签订 1 年期出租合同，合同总价为 36 000 元，Y 公司采用后付租金方式，按月支付租金。

（3）经批准出租设备一台，与 Z 公司签订出租合同，合同约定按月收取租金，每月支付租金 1 000 元。

12 月 31 日，“租金收入”科目余额为 66 000 元。

B 事业单位按月确认租金收入。

【解析】账务处理如下：

会计分录		核算要点精讲
（1）采用预收租金方式出租		
财务会计	借：银行存款　120 000 　贷：预收账款——X公司　120 000	
预算会计	借：资金结存——货币资金　120 000 　贷：其他预算收入——租金收入　120 000	财务会计下的“租金收入”，在预算会计下对应科目为“其他预算收入”；预收款项时直接确认收入。
（2）预收租金按期确认收入		
财务会计	借：预收账款——X公司　5 000 　贷：租金收入——X公司　5 000	按照直线法分期确认租金收入； 计算过程：120 000/24＝5 000（元）。
预算会计	不做账务处理	
（3）采用后付租金方式		
财务会计	借：应收账款——Y公司　36 000 　贷：租金收入——Y公司　36 000	确认租金收入。
预算会计	不做账务处理	
（4）后付租金按期确认收入		
财务会计	借：银行存款　3 000 　贷：应收账款——Y公司　3 000	收到租金； 计算过程：36 000/12＝3 000（元）。
预算会计	借：资金结存——货币资金　3 000 　贷：其他预算收入——租金收入　3 000	财务会计下的“租金收入”，在预算会计下对应科目为“其他预算收入”；收到租金时确认其他预算收入。
（5）分期收取租金		
财务会计	借：银行存款　1 000 　贷：租金收入——Z公司　1 000	
预算会计	借：资金结存——货币资金　1 000 　贷：其他预算收入——租金收入　1 000	
（6）期末结转		
财务会计	借：租金收入　66 000 　贷：本期盈余　66 000	
预算会计	借：其他预算收入——租金收入　66 000 　贷：其他结余　66 000	租金收入在预算会计核算时不区分专项资金还是非专项资金，结转时不再区分非财政拨款结转和其他结余。

第十节　其他收入类核算

一、利息收入的核算

【例题2-21·实操题】2021年8月1日，B事业单位收到第二季度银行存款利息收入2 500元；12月31日“利息收入”科目余额为8 000元。

【解析】账务处理如下：

会计分录		核算要点精讲
（1）收到利息收入		
财务会计	借：银行存款 2 500 贷：利息收入 2 500	
预算会计	借：资金结存——货币资金 2 500 贷：其他预算收入 2 500	财务会计下的“利息收入”，在预算会计下对应科目为“其他预算收入”。
（2）期末结转		
财务会计	借：利息收入 8 000 贷：本期盈余 8 000	
预算会计	借：其他预算收入 8 000 贷：其他结余 8 000	利息收入在预算会计核算时不区分专项资金还是非专项资金，结转时不再区分非财政拨款结转和其他结余。

二、现金盘盈收入的核算

【例题2－22·实操题】2021年8月1日，B事业单位在进行现金账款核对时发现现金溢余600元，无法查明原因，报经批准后确认收入。

【解析】账务处理如下：

会计分录		核算要点精讲
（1）发生现金溢余		
财务会计	借：库存现金 600 贷：待处理财产损溢——现金 600	“待处理财产损溢”下设置明细科目。
预算会计	借：资金结存——货币资金 600 贷：其他预算收入 600	每日现金账款核对中如发现现金溢余，按照溢余的现金金额，贷记“其他预算收入”科目。
（2）无法查明原因的报经批准后		
财务会计	借：待处理财产损溢——现金 600 贷：其他收入 600	属于无法查明原因的，报经批准后，借记“待处理财产损溢”科目，贷记“其他收入”科目。
预算会计	不做账务处理	

三、科技成果转化收入的核算

【例题2－23·实操题】B事业单位转让科技成果一项，取得转让收入20 000元，相关税费2 000元，按照相关规定转让收入留归本单位。

【解析】账务处理如下：

科技成果转化收入会计分录		核算要点精讲
财务会计	借：银行存款 18 000 　贷：其他收入 18 000	科技成果转化收入与部分行业事业单位的科研经费有一定的区别，此处核算的是科技成果转化收入；按照所取得收入扣除相关费用之后的净收益入账。
预算会计	借：资金结存——货币资金 18 000 　贷：其他预算收入 18 000	

四、收回已核销的其他应收款的核算

【例题 2－24·实操题】2021 年 12 月 31 日，A 行政单位对“其他应收款”科目检查时，发现 5 年前一笔应收 B 职工 5 000 元的其他应收款无法收回，按程序报批后予以核销；2022 年 7 月 1 日，该款项又正常收回。

【解析】账务处理如下：

会计分录		核算要点精讲
（1）报批后核销其他应收款		
财务会计	借：资产处置费用 5 000 　贷：其他应收款——B 职工 5 000	本案例是行政单位的账务处理，事业单位通过“坏账准备”科目进行核算。
预算会计	不做账务处理	财务会计银行存款减少（发生借款时），核销时预算会计没有进行账务处理，将会导致财务会计“银行存款”和预算会计“资金结存”产生永久性差异。
（2）核销后收回		
财务会计	借：银行存款 5 000 　贷：其他收入 5 000	核销后收回的，直接确认其他收入。
预算会计	借：资金结存——货币资金 5 000 　贷：其他预算收入 5 000	本案例是行政单位的账务处理，与事业单位的账务处理不一致。

五、无法偿付的应付及预收款项的核算

【例题 2－25·实操题】2021 年 12 月 31 日，A 行政单位 3 年前一笔应付账款（或其他应付款）3 000 元，合同已履行完成，债权人出示有关材料，豁免该应付账款。

【解析】账务处理如下：

无法偿付的应付款项会计分录		核算要点精讲
财务会计	借：应付账款/其他应付款 3 000 　贷：其他收入 3 000	本案例是行政单位的账务处理。
预算会计	不做账务处理	

六、代扣个税手续费返还的核算

【例题 2－26・实操题】B 事业单位为增值税一般纳税人（适用的增值税税率为 6%），2021 年度收到 2020 年 1—12 月个税返还款 2 700 883 元，银行已收到该款项。

【解析】账务处理如下：

收到个税手续费返还款会计分录		核算要点精讲
财务会计	借：银行存款 2 700 883 　贷：其他收入 2 548 002.83 　　　应交税金——应交增值税 152 880.17	本案例是事业单位的账务处理。
预算会计	借：资金结存——银行存款 2 700 883 　贷：其他预算收入 2 700 883	

七、置换换出资产评估增值的核算

【例题 2－27・实操题】B 事业单位 2021 年有关科目核算时存在如下情形：

（1）8 月 1 日，以未入账的无形资产取得 Y 公司长期股权投资，评估价值为 300 000 元，相关其他支出为 10 000 元。

（2）12 月 31 日，“其他收入”科目余额为 400 000 元（其中专项资金 300 000 元、非专项资金 100 000 元）。

【解析】账务处理如下：

会计分录		核算要点精讲
（1）以未入账的无形资产取得股权		
财务会计	借：长期股权投资——Y 公司 310 000 　贷：银行存款 10 000 　　　其他收入 300 000	无形资产投资形成财务会计的“其他收入”，制度中规定“未入账”视同资产置换过程的增值；如以入账的资产置换取得长期股权投资，与置换取得的“库存物品”核算相同。
预算会计	借：其他支出 10 000 　贷：资金结存——货币资金 10 000	

会计分录		核算要点精讲
（2）期末结转		
财务会计	借：其他收入　400 000 　贷：本期盈余　400 000	
预算会计	借：其他预算收入　400 000 　贷：非财政补助结转——本年收支结转　300 000 　　　其他结余　100 000	专项资金转入“非财政补助结转”科目，非专项资金转入“其他结余”科目。

课程思政

1. 政府单位取得租金收入的思政元素

受新冠肺炎疫情影响，政府部门、高校、研究院所等行政事业单位对出现困难的服务业小微企业和个体工商户免除房屋租金体现了社会责任意识的切实履行，彰显了特殊时期积极奉献的可贵精神。

2. 政府单位取得财政拨款收入的思政元素

教育、基层医疗等部分事业单位主要依靠财政拨款收入，自身事业收入比例极低，剖析该类单位财务结构，我们可以直观感受政府财政拨款的去向及改善民生的基本任务，引导财务人员关注百姓民生、关心人民生活幸福感，从价值观和人生志向上获得教育。

热点思考题

1. 单位收到上级单位一笔经费，应该记入哪个收入科目？是记入“财政拨款收入”“非同级财政拨款收入”，还是“事业收入——非同级财政拨款”或者“上级补助收入”？

2. 单位收到当地财政部门拨付下属单位的财政拨款应如何进行账务处理？

3. 事业收入与经营收入有什么区别？

4. 单位收到、支付捐赠资金应如何进行会计处理？

5. 举例说明如何理解采用预收租金方式、后付租金方式、分期收取租金方式在确认租金收入时点上的不同。

课后习题

一、单项选择题

1. 2×19 年 12 月 31 日，某事业单位本年度财政授权支付预算指标数大于零余额账户用款额度下达数，未下达的用款额度为 480 万元。2×20 年度，该单位收到财政部门批复的上年末未下达零余额账户用款额度。该事业单位不正确的会计处理是（　　）。

A. 2×19 年末，在预算会计中确认财政拨款预算收入 480 万元

B. 2×19 年末，在财务会计中确认财政拨款收入 480 万元

C. 2×20 年收到财政部门批复的上年末未下达零余额账户用款额度时，在预算会计中增加零余额账户用款额度 480 万元

D. 2×20 年收到财政部门批复的上年末未下达零余额账户用款额度时，在财务会计中增加零余额账户用款额度 480 万元

2. 某科研所实行国库集中收付制度，2×21 年 1 月 1 日，根据经过批准的部门预算和用款计划，向财政部门申请财政授权支付用款额度 500 万元。3 月 6 日，财政部门经过审核后，采用财政授权支付方式下达了 500 万元用款额度。3 月 10 日，收到代理银行盖章的财政授权支付额度到账通知书。3 月 20 日，购入不需要安装的科研设备一台，实际成本为 300 万元。下列关于该科研所会计处理的表述中，不正确的是（　　）。

A. 3 月 10 日在预算会计中确认财政拨款预算收入增加 500 万元

B. 3 月 10 日在财务会计中确认财政拨款收入增加 500 万元

C. 3 月 20 日在预算会计中确认事业支出增加 300 万元

D. 3 月 20 日在财务会计中确认银行存款减少 300 万元

二、多项选择题

1. 下列有关政府会计中的事业收入表述正确的有（　　）。

A. 事业收入是指事业单位开展专业业务活动及其辅助活动实现的收入，不包括从同级政府财政部门取得的各类财政拨款

B. 为了核算事业收入，在预算会计中应当设置“事业预算收入”科目，采用收付实现制核算

C. 在财务会计中应当设置“事业收入”科目，采用权责发生制核算

D. 事业活动中涉及增值税业务的，事业收入按照实际收到的金额扣除增值税销项税额之后的金额入账，事业预算收入按照实际收到的金额入账

2. 下列关于政府单位国库集中收付制度的说法中，正确的有（　　）。

A. 对于以财政直接支付方式发生的支出，政府单位一般应将其确认为财政拨款收入

B. 财政授权支付方式下，政府单位应设置“零余额账户用款额度”科目进行核算

C. 财政授权支付方式下，政府单位在年终依据代理银行提供的对账单注销额度时，应借记“财政应返还额度”科目

D. 财政直接支付方式下，政府单位在年终不需要针对本年度财政直接支付预算指标数大于当年财政直接支付实际支出数的差额做账务处理

三、判断题

1. 租金收入核算的内容为按照规定纳入本单位预算管理的租金收入，不纳入预算管理的租金收入应按规定上缴财政国库。（　　）

2. 事业单位因开展业务活动及其辅助活动从非同级政府财政部门取得的经费拨款，

应当通过“非同级财政拨款收入”科目核算。（　　）

四、实务操作题

资料：2×21 年 12 月 31 日，甲单位经与代理银行提供的对账单核对无误后，将 50 万元零余额账户用款额度予以注销。另外，2×21 年度财政授权支付预算指标数大于零余额账户用款额度下达数，未下达的用款额度为 200 万元。2×22 年初，甲单位收到代理银行转来的额度恢复到账通知书及财政部门批复的上年末未下达零余额账户用款额度。

要求：根据上述资料编制下列相关会计分录。

（1）注销额度时；

（2）补记指标数时；

（3）恢复额度时；

（4）收到财政部门批复的上年末未下达的额度时。

第三章

政府单位费用的核算

教学导向

（一）理解政府单位各项费用的内涵

（二）领悟政府单位各项费用的界限

（三）重点掌握政府单位各项费用的核算操作

财务会计中设置了费用科目，预算会计中设置了支出科目。财务会计的费用是指报告期内导致政府会计主体净资产减少的、含有服务潜力或者经济利益的经济资源的流出，共计 8 个费用科目。本章在政府会计基本准则的基础上，结合《政府会计制度——行政事业单位会计科目和报表》、7 个行业补充规定，通过对财务会计费用类科目核算要点和案例精讲，强化对财务会计费用类科目的理解，熟悉其在实务中的应用。

第一节　业务活动费用核算

一、业务活动费用的概念

业务活动费用通常是指行政、事业单位为实现其职能目标，依法履职或开展专业业务活动及其辅助活动所发生的各项费用，包括行政、事业单位所使用的固定资产、无形资产以及为所控制的公共基础设施、保障性住房计提的折旧、摊销等费用。

【延伸思考】业务活动费用与单位管理费用如何区分？

解读：业务活动费用同时适用于行政单位和事业单位，而行政单位不适用单位管理费用，因为行政单位没有单位管理费用。单位管理费用强调的是事业单位的行政和后勤管理部门开展管理活动发生的人员经费、公用经费、折旧（摊销）费、工会经费、诉讼费、中介费、离退休办发生的办公费、组织离退休人员活动费等。

因事业单位规模较小或业务单一等难以拆分业务活动费用和单位管理费用的，可以不单独设置“单位管理费用”科目，一并统一在“业务活动费用”科目核算。

【**例题 3－1·实操题**】事业单位的人员工资需要分为管理人员和业务人员分别核算吗?

【**解析**】需要。开展专业业务活动及其辅助活动的各业务部门人员工资记入“业务活动费用”科目，行政后勤部门发生的人员工资记入“单位管理费用”科目。

二、主要业务处理举例

(一) 薪酬、劳务费的核算

【**例题 3－2·实操题**】B事业单位为一家高校，2021年有关会计业务如下:

(1) 8月31日，计提教学学院职工工资400 000元(基本工资100 000元、绩效工资300 000元)，行政处室工资150 000元(基本工资40 000元、绩效工资110 000元)；同时计提为职工缴纳的住房公积金(假设比例为12%)和社会保险费(假设比例为28%) 220 000元(教学学院160 000元、行政处室60 000元)。

(2) 8月31日，计提教学学院发生的外部人员劳务费30 000元(非长期聘用的外聘教师)。

(3) 9月5日，通过银行账户发放上述计提的工资，并代扣代缴个人所得税(假设整体税率为3%，暂不考虑起征点及专项扣除)；同时代扣个人应负担的住房公积金(假设比例为5%)、个人应负担的机关事业单位基本养老保险费(假设比例为12%)。外部人员不代扣住房公积金和养老保险。

(4) 9月10日，向税务局缴纳个人代扣的个人所得税。

(5) 9月25日，将代扣的个人住房公积金、社会保险费和单位应负担的部分上缴至相关部门。

【**解析**】账务处理如下:

<table>
<tr><th colspan="2">会计分录</th><th>核算要点精讲</th></tr>
<tr><td colspan="3">(1) 计提应付职工薪酬</td></tr>
<tr><td>财务会计</td><td>借：业务活动费用——工资福利费用　560 000
单位管理费用——工资福利费用　210 000
贷：应付职工薪酬——基本工资　140 000
——绩效工资　410 000
——住房公积金　66 000
——社会保险费　154 000</td><td>计提应付职工薪酬时，行政单位统一在“业务活动费用”中核算；事业单位应根据概念区分“业务活动费用”和“单位管理费用”。本案例行政处室的工资应记入“单位管理费用”核算；单位为职工缴纳的社会保险费、住房公积金在“应付职工薪酬”中核算，应在计提工资的同时予以计提；“应付职工薪酬”明细科目设置情况请参考本教材负债类科目内容。</td></tr>
<tr><td>预算会计</td><td>不做账务处理</td><td></td></tr>
</table>

会计分录		核算要点精讲
（2）计提外部人员劳务费		
财务会计	借：业务活动费用——商品和服务费用 30 000 　贷：其他应付款 30 000	计提外部人员劳务费，不属于工资福利费用，属于商品和服务费用，本案例为专业业务活动计提劳务费，在“业务活动费用”核算；贷方科目为“其他应付款”，不是“应付职工薪酬”，“应付职工薪酬”为在职人员（包括长期聘用人员）计提工资福利时使用。
预算会计	不做账务处理	
（3）支付职工工资并代扣扣款		
财务会计	借：应付职工薪酬——基本工资 140 000 　　　　　　　——绩效工资 410 000 　贷：其他应交税费——应交个人所得税 13 695 　　　应付职工薪酬——社会保险费 66 000 　　　　　　　　　——住房公积金 27 500 　　　银行存款 442 805	代扣的个人所得税在“其他应交税费”核算；代扣的个人负担的住房公积金、社会保险费在“应付职工薪酬”科目核算；计算过程： 住房公积金＝工资×5%＝550 000×5%＝27 500（元）； 社会保险费＝工资×12%＝66 000（元）； 个人所得税＝（工资－住房公积金－社会保险费）×3%＝（550 000－27 500－66 000）×3%＝13 695（元）； 实发工资总额＝442 805（元）； 个人所得税的另外一种处理方式请参考“其他应交税费”科目。
预算会计	借：事业支出 442 805 　贷：资金结存——货币资金 442 805	以实际的现金流出确认预算会计支出。
（4）支付外部人员劳务费		
财务会计	借：其他应付款 30 000 　贷：银行存款 29 100 　　　其他应交税费——应交个人所得税 900	外部人员（非长期聘用人员）不扣住房公积金和社会保险费，按规定代扣代缴个人所得税。
预算会计	借：事业支出 29 100 　贷：资金结存——货币资金 29 100	以实际的现金流出确认预算会计支出。
（5）缴纳个人所得税		
财务会计	借：其他应交税费——应交个人所得税 14 595 　贷：银行存款 14 595	在职职工个人所得税及外部人员劳务费代扣的个人所得税合计为14 595元。
预算会计	借：事业支出 14 595 　贷：资金结存——货币资金 14 595	以实际的现金流出确认预算会计支出。

会计分录		核算要点精讲
（6）缴纳住房公积金及社会保险费		
财务会计	借：应付职工薪酬——住房公积金　93 500 ——社会保险费　220 000 贷：银行存款　313 500	缴纳时包括个人扣缴部分和单位负担部分。
预算会计	借：事业支出　313 500 贷：资金结存——货币资金　313 500	以实际的现金流出确认预算会计支出。

【延伸思考】单位在年末以财政直接支付方式发放下年度1月份的职工薪酬应如何进行账务处理？

解读：根据《政府会计准则制度解释第1号》“三、关于单位年末暂收暂付非财政性资金的会计处理”规定进行处理。

【例题3-3·实操题】2021年12月25日，A单位预支2022年度1月份的职工工资600 000元，通过财政直接支付方式支付。

【解析】账务处理为：

（1）2021年12月25日预支职工工资时。

财务会计分录：

借：其他应收款　600 000

　贷：其他应付款　600 000

预算会计分录：不记账。

（2）2022年1月确认职工薪酬时。

财务会计分录：

借：业务活动费用　600 000

　贷：应付职工薪酬　600 000

借：应付职工薪酬　600 000

　贷：财政拨款收入　600 000

借：其他应付款　600 000

　贷：其他应收款　600 000

预算会计分录：

借：事业支出　600 000

　贷：财政拨款预算收入　600 000

【延伸思考】单位代发由社保负担的退休人员养老金应如何进行账务处理？

【例题3-4·实操题】某事业单位2021年8月5日收到社保局转来的退休人员养老

金 47 000 元，并于 8 月 7 日发至退休人员储蓄卡中。

【解析】账务处理为：

（1）收到资金时。

财务会计分录：

借：银行存款　47 000

　贷：其他应付款　47 000

预算会计分录：不记账。

（2）发放养老金时。

借：其他应付款　47 000

　贷：银行存款　47 000

预算会计分录：不记账。

【延伸思考】单位支付离退休人员特需费应如何进行账务处理？

解读：离退休人员的特需费主要用于解决离休干部的特殊困难和必要的活动经费开支，不得平均发放给个人或挪作他用，当年结余可跨年使用。

【例题 3－5・实操题】某行政单位 2021 年授权支付离退休人员特需费 200 000 元。

【解析】账务处理如下：

财务会计分录：

借：业务活动费用　200 000

　贷：零余额账户用款额度　200 000

预算会计分录：

借：行政支出——基本支出——商品和服务支出——其他商品和服务支出　200 000

　贷：资金结存——零余额账户用款额度　200 000

【延伸思考】对单位在职职工发放未休假补贴应如何进行账务处理？

解读：对单位在职职工发放未休假补贴，不属于单方面的无偿补助，应作为工资福利支出列支。

【例题 3－6・实操题】某行政单位 2021 年对上年未休完年假的在职职工发放未休假补贴 200 000 元，以授权支付方式支付。

【解析】账务处理为：

财务会计分录：

借：业务活动费用　200 000

　贷：零余额账户用款额度　200 000

预算会计分录：

借：行政支出——基本支出——工资福利支出——其他工资福利支出 200 000
　贷：资金结存——零余额账户用款额度 200 000

【延伸思考】公车改革后，行政单位向在职人员发放的公车补贴应如何进行账务处理？

【例题3-7·实操题】2015年公车改革后，某行政单位每月向在职人员发放公车补贴共计200 000元，以授权支付方式支付。

【解析】账务处理为：

财务会计分录：

借：业务活动费用 200 000
　贷：零余额账户用款额度 200 000

预算会计分录：

借：行政支出——基本支出——商品和服务支出——其他交通费用 200 000
　贷：资金结存——零余额账户用款额度 200 000

【延伸思考】单位支付外部人员讲课费、劳务费以及涉及的代扣个税应如何进行会计处理？

【例题3-8·实操题】B事业单位为小规模纳税人，2021年4月，组织党史学习聘请专家做学术报告，支付税后劳务费4 000元，假定个税前的劳务费为4 761.9元。2021年4月，该单位去当地税务局为专家代开了劳务费发票并用实有资金支付了相关税费。

【解析】会计处理如下：

(1) 支付劳务费时。

财务会计分录：

借：业务活动费用——商品和服务支出——培训费 4 761.90
　贷：银行存款 4 000.00
　　其他应交税费——代扣个税 761.90

预算会计分录：

借：事业支出——其他资金支出——基本支出 4 000
　贷：资金结存——货币资金 4 000

(2) 缴纳个税时。

借：其他应交税费——代扣个税 761.90
　贷：银行存款 761.90

预算会计分录：

借：事业支出——其他资金支出——基本支出 761.90
　贷：资金结存——货币资金 761.90

（二）领用库存物品、计提折旧（摊销）、发生相关税费等其他各项费用的核算

【例题 3－9·实操题】2021 年 8—9 月，B 事业单位有关会计业务如下：

（1）为完成年度工作任务，业务部门领用办公用品一批，价值 3 000 元。

（2）按照上级主管部门要求，发出无须收回的政府储备物资一批，总价值 40 000 元。

（3）8 月末，资产管理部门归属于业务部门的固定资产折旧 4 000 元、无形资产摊销 2 000 元、本单位控制的公共基础设施折旧 6 000 元。

（4）该单位为增值税小规模纳税人，因开展科研活动，开出增值税普通发票一张，销售收入 100 000 元，增值税 3 000 元（假设税率为 3%），款项已收到；同时按规定计提城市维护建设税 210 元（假设税率为 7%）、教育费附加 90 元（假设税率为 3%）、地方教育费附加 60 元（假设税率为 2%）。

（5）业务部门发生印刷费 5 000 元，款项已通过银行支付。

（6）9 月 10 日，将上述科研活动的税费通过银行转账交至税务机关。

【解析】账务处理如下：

会计分录		核算要点精讲
（1）领用办公用品		
财务会计	借：业务活动费用——商品和服务费用　3 000 　贷：库存物品　3 000	
预算会计	不做账务处理	
（2）发出政府储备物资		
财务会计	借：业务活动费用——商品和服务费用　40 000 　贷：政府储备物资　40 000	政府储备物资发出时在“业务活动费用”核算，不在“单位管理费用”核算；政府储备物资应视同专业业务活动；发出政府储备物资，不视同销售，不缴纳相关税费。
预算会计	不在账务处理	
（3）月末计提折旧		
财务会计	借：业务活动费用——固定资产折旧费　4 000 　　——无形资产摊销费　2 000 　　——公共基础设施折旧（摊销）费　6 000 　贷：固定资产累计折旧　4 000 　　无形资产累计摊销　2 000 　　公共基础设备折旧（摊销）　6 000	“业务活动费用”明细科目设置应按照制度规定执行。
预算会计	不做账务处理	
（4）确认科研事业收入		
财务会计	借：银行存款　103 000 　贷：事业收入　100 000 　　应交增值税　3 000	

会计分录		核算要点精讲
预算会计	借：资金结存——货币资金　103 000 　贷：事业预算收入　103 000	预算会计和财务会计确认收入时，应交增值税不确认财务会计收入，预算会计确认收入，这将会形成永久差异。
(5) 计提其他应交税费		
财务会计	借：业务活动费用——商品和服务费用　360 　贷：其他应交税费——城市维护建设税　210 　　——教育费附加　90 　　——地方教育费附加　60	其他应交税费发生时在“业务活动费用”下的“商品和服务费用”科目中核算。
预算会计	不做账务处理	
(6) 业务部门发生印刷费		
财务会计	借：业务活动费用——商品和服务费用　5 000 　贷：银行存款　5 000	
预算会计	借：事业支出　5 000 　贷：资金结存——货币资金　5 000	
(7) 缴纳相关税费		
财务会计	借：应交增值税　3 000 　其他应交税费——城市维护建设税　210 　　——教育费附加　90 　　——地方教育附加　60 　贷：银行存款　3 360	
预算会计	借：事业支出　3 360 　贷：资金结存——货币资金　3 360	因应交增值税发生的财务会计和预算会计收入确认的差异在支出时达到平衡（预算会计多确认了 3 000 元收入，支出时多确认了 3 000 元支出）。

（三）事业单位提取、设置和使用专用基金的核算

【例题 3-10·实操题】 B 事业单位为高校，2021 年 8 月 31 日，按照规定从学费收入中提取学生奖助学金，提取的比例为 6%，提取的基数为实际收到的学费收入 9 000 000 元。

【解析】 账务处理如下：

提取专用基金会计分录		核算要点精讲
财务会计	借：业务活动费用——计提专用基金　540 000 　贷：专用基金　540 000	专用基金提取时，一般按照预算会计下基于预算收入计算提取的金额，即收付实现制下实现的收入，而非权责发生制下确认的收入。计算过程：9 000 000×6%=540 000（元）。

提取专用基金会计分录		核算要点精讲
预算会计	不做账务处理	专用基金是指事业单位按照规定提取和设置的有专门用途的资金，包括职工福利基金和其他基金。专用基金来源有三种，一是从收入中计提，不进行预算会计账务处理，如科技成果转化基金；二是从年末非财政拨款结余或经营结余中提取，应按规定进行预算会计账务处理，如职工福利基金；三是根据特殊目的按规定设置的，如高校设置的留本基金。详细情况请参考本教材净资产及预算会计部分内容。

【延伸思考1】事业单位提取的专用基金，是否一律计入费用科目？预算会计都不需要进行账务处理吗？

解读：不一定。

【例题3-11·实操题】2021年末，A科研院所从非财政拨款结余中按比例提取职工福利基金50 000元，同时从事业收入中提取科技成果转化基金8 000元。2022年2月21日，单位购进2 000只医用外科口罩，从职工福利基金中支付900元。2022年5月20日，从科技成果转化基金中支付科研用途的设备款2 000元。

【解析】账务处理为：

(1) 计提时。

财务会计分录：

借：本年盈余分配	50 000	
业务活动费用	8 000	
贷：专用基金		58 000

预算会计分录：

借：非财政拨款结余分配	50 000	
贷：专用结余		50 000

(2) 2022年2月21日购买口罩时。

财务会计分录：

借：专用基金	900	
贷：银行存款		900

预算会计分录：

借：专用结余	900	
贷：资金结存——货币资金		900

(3) 2022 年 5 月 20 日购买设备时。

财务会计分录：

借：固定资产　　2 000

　贷：银行存款　　2 000

借：专用基金　　2 000

　贷：累计盈余　　2 000

预算会计分录：

借：事业支出　　2 000

　贷：资金结存——货币资金　　2 000

【延伸思考】 事业单位从横向课题（项目）经费中提取的间接费用或管理费如何进行账务处理？

解读：横向课题（项目）一般都是具体部门为解决工作中的难题和技术难关制定的项目，通过提供项目经费与研发酬劳实现的项目委托方与受托方的直接合作。做课题的单位和企事业单位是平等协商的合同关系。横向课题（项目）经费来源性质一般为非财政性资金。

按规定提取项目间接费用或管理费时，按照提取的金额，财务会计借记“单位管理费用”科目，贷记“预提费用”科目（项目间接费用或管理费）。预算会计借记“非财政拨款结转——项目间接费用或管理费”科目，贷记“非财政拨款结余——项目间接费用或管理费”科目。

实际使用计提的项目间接费用或管理费时，按照实际支付的金额，财务会计借记“预提费用”科目（项目间接费用或管理费），贷记“银行存款”“库存现金”等科目。预算会计借记“事业支出”等科目，贷记“资金结存——货币资金”科目。

【例题 3-12 · 实操题】 A 市农业科学研究院从某大学取得一项农业技术规划项目课题收入（横向课题），按单位规定提取项目管理费 40 000 元。

【解析】 账务处理为：

财务会计分录：

借：业务活动费用/单位管理费用　　40 000

　贷：预提费用——项目间接费用或管理费　　40 000

预算会计分录：

借：非财政拨款结转——项目间接费用或管理费　　40 000

　贷：资金结存——货币资金　　40 000

【延伸思考】 事业单位从财政科研项目（课题）中提取的项目间接费用或管理费如何进行账务处理？

解读：根据《政府会计准则制度解释第2号》“三、关于从财政科研项目中计提项目间接费用或管理费的账务处理”，单位按规定从财政科研项目中计提项目间接费用或管理费的，应当按照以下规定进行账务处理：

（1）从财政科研项目中提取项目间接费用或管理费时。

按照计提的金额，财务会计借记“业务活动费用”“单位管理费用”等科目，贷记“预提费用——项目间接用或管理费”科目；预算会计不做处理。

（2）将计提的项目间接费用或管理费从本单位零余额账户划转到实有资金账户时。

按照划转的资金金额，财务会计借记“银行存款”科目，贷记“零余额账户用款额度”科目；预算会计借记“资金结存——货币资金”科目，贷记“资金结存——零余额账户用款额度”科目。

（3）使用计提的项目间接费用或管理费时。

按照实际支付的金额，财务会计借记“预提费用——项目间接费用或管理费”科目，贷记“银行存款——财政拨款资金”科目；预算会计借记“行政支出”“事业支出”等科目，贷记“资金结存——货币资金”科目。

【例题3-13·实操题】某气象规划设计院2021年6月24日收到中央财政拨来的计划课题大气检测科研项目经费100 000元，单位按照规定的比例5%提取项目管理费5 000元用于单位管理活动，截至2021年12月21日，累计使用项目管理费支付院内水电费4 000元。

【解析】账务处理为：

（1）收到项目资金时。

财务会计分录：

借：零余额账户用款额度　　100 000

　贷：财政拨款收入　　100 000

预算会计分录：

借：资金结存——零余额账户用款额度　　100 000

　贷：财政拨款预算收入　　100 000

（2）计提项目管理费时。

财务会计分录：

借：单位管理费用/业务活动费用　　5 000

　贷：预提费用——项目间接费用或管理费　　5 000

预算会计分录：不记账。

（3）划转资金。

财务会计分录：

借：银行存款　　5 000

　贷：零余额账户用款额度　　5 000

预算会计分录：

借：资金结存——货币资金 5 000

贷：资金结存——零余额账户用款额度 5 000

(4) 使用项目管理费时。

财务会计分录：

借：预提费用——项目间接费用或管理费 4 000

贷：银行存款 4 000

预算会计分录：

借：事业支出 4 000

贷：资金结存——货币资金 4 000

(四) 新冠肺炎疫情防控期间由业务活动费用负担的购买防疫物资、支付相关费用、支付奖励的核算

【例题 3-14·实操题】 2021 年 2 月，某疾控中心使用中央财政拨款资金购买了一批防护服用于疫情防控，金额为 50 000 元，当天入库。次日，工作人员领用防护服 3 000 元。

【解析】 会计处理如下：

(1) 购买防护服时。

财务会计分录：

借：库存物品 50 000

贷：零余额账户用款额度 50 000

预算会计分录：

借：事业支出 50 000

贷：资金结存——零余额账户用款额度 50 000

(2) 领用防护服时。

财务会计分录：

借：业务活动费用 50 000

贷：库存物品 50 000

预算会计分录：不记账。

【例题 3-15·实操题】 某医院为奋斗在一线救治新冠肺炎患者的医护人员发放临时性补助，2021 年 3 月应发放补助 250 000 元。该笔补助于 4 月 5 日通过财政直接支付方式发放。

【解析】 会计处理如下：

(1) 3 月底计提时。

财务会计分录：

借：业务活动费用——工资福利费用 250 000

贷：应付职工薪酬——国家统一津贴 250 000

预算会计分录：不记账。

(2) 4月5日发放时。

财务会计分录：

借：应付职工薪酬——国家统一津贴　　250 000

　贷：财政拨款收入　　250 000

预算会计分录：

借：事业支出——工资福利支出　　250 000

　贷：财政拨款预算收入　　250 000

【例题3-16·实操题】某事业单位为在疫情防控中做出突出贡献的工作人员进行奖励，对获得记功、记大功表彰的人员给予一次性奖金共计100 000元，计提后予以发放，采用财政授权支付方式支付。

【解析】会计处理如下：

(1) 计提时。

财务会计分录：

借：业务活动费用——工资福利费用　　100 000

　贷：应付职工薪酬——规范性津补贴　　100 000

预算会计分录：不记账。

(2) 发放时。

财务会计分录：

借：应付职工薪酬——规范性津补贴　　100 000

　贷：零余额账户用款额度　　100 000

预算会计分录：

借：事业支出——工资福利支出　　100 000

　贷：资金结存——零余额账户用款额度　　100 000

(五) 单位收取出差人员（含上级检查、审计、巡视期间等）伙食费的核算

【例题3-17·实操题】2021年12月，某行政单位特设专户（银行存款）收取市审计局授权支付付款交来在单位审计期间的3个工作人员伙食费2 250元。审计期间，审计人员在该行政单位食堂就餐。

【解析】对于此笔伙食费，对方单位市审计局是作为审计人员的个人差旅伙食补助费予以计算并支付的；该行政单位每天职工中餐伙食的经费补贴标准为15元，3人×50天×15元=2 250元。

方法一：通过“其他应付款——收取差旅伙食费”科目核算。

理由为：在单位食堂与职工一起用餐，单位并没有因此额外承担支出责任，收到伙食费时，贷记“其他应付款”科目，后期结算支付食堂相关经费支出时，借记“其他应付款”科目；预算会计不做处理。

(1) 单位收到审计局转来的伙食补助费 2 250 元。

财务会计分录：

借：银行存款　　2 250

　贷：其他应付款——收取差旅伙食费　　2 250

预算会计分录：不记账。

(2) 2021 年 12 月支付职工食堂菜米油等支出（实际用餐人数 200 人×15 元×22 天＝66 000 元）。

财务会计分录：

借：其他应付款——收取差旅伙食费　　2 250

　贷：银行存款　　2 250

借：业务活动费用——商品和服务费用　　2 250

　贷：财政拨款收入　　2 250

预算会计分录：

借：行政支出——财政拨款支出［功能分类］——基本支出——福利费　2 250

　贷：财政拨款预算收入　　2 250

方法二：收到时冲减相关费用和相关支出。

单位收到审计局转来的伙食补助费 2 250 元。

财务会计分录：

借：银行存款　　2 250

　贷：业务活动费用——商品和服务费用　　2 250（会计凭证在借方红字）

预算会计分录：

借：资金结存——货币资金　　2 250

　贷：行政支出——财政拨款支出［功能分类］——基本支出——福利费

　　2 250（会计凭证在借方红字）

【例题 3－18·实操题】 2021 年 3 月，某事业单位的上级单位来检查指导工作，一行 3 人共计 2 天，单位接待了一餐发生招待费 140 元×4 人×1 餐＝560 元（1 人陪餐）；其余两餐在职工食堂用餐。上级单位出差人员交来伙食费 3 人×40 元×2 餐＝240 元，该事业单位开具行政事业单位往来结算收据。

【解析】 账务处理如下：

(1) 发生招待费时。

财务会计分录：

借：业务活动费用——商品和服务费用　　560

　贷：财政拨款收入　　560

借：事业支出——财政拨款支出［功能分类］——基本支出——公务接待费

　　560

　贷：财政拨款预算收入　　560

（2）收到上级单位出差人员交来伙食费（收现后存入基本户）。

财务会计分录：

借：银行存款　240

　贷：业务活动费用——商品和服务费用　240（会计凭证在借方红字）

预算会计分录：

借：资金结存——货币资金　240

　贷：事业支出——财政拨款支出［功能分类］——基本支出——公务接待费　240（会计凭证在借方红字）

（六）单位发生购货退回及期末结转的核算

【例题3－19·实操题】B事业单位为高校，2021年8月31日，有关会计业务如下：

（1）因质量问题，业务部门退回上月购置的印刷品一批，退回印刷费600元，款项已收到。

（2）月末“业务活动费用”科目余额为4 000 000元；“事业支出”科目余额为3 000 000元（基本支出2 000 000元、专项支出1 000 000元，假设均为非财政性资金）。

【解析】账务处理如下：

会计分录		核算要点精讲
（1）当年发生购货退回		
财务会计	借：银行存款　600 　贷：业务活动费用　600	当年发生的购货退回，冲减当年费用，以前年度的购货退回在“以前年度盈余调整”科目核算；如款项未收到，在“其他应收款”科目核算。
预算会计	借：资金结存——货币资金　600 　贷：事业支出　600	当年发生的购货退回，冲减当年支出，以前年度购货退回在“预算结余”科目核算。
（2）期末结转		
财务会计	借：本期盈余　4 000 000 　贷：业务活动费用　4 000 000	
预算会计	借：非财政拨款结转——本年收支结转　1 000 000 　　其他结余　2 000 000 　贷：事业支出　3 000 000	预算会计期末结转时“事业支出”科目与财务会计的“业务活动费用”科目数据存在差异；应根据资金性质和用途分科目结转。

第二节　单位管理费用核算

一、单位管理费用的概念

单位管理费用仅限于事业单位财务会计核算，与业务活动费用的区别在于是专业业务活动及其辅助活动还是行政及后勤管理部门开展管理活动发生的费用，实务中应根据单位内部结构设置情况，合理区分单位管理费用和业务活动费用的核算内容。

事业单位列支费用时应按照部门设置对应关系，如果发生的费用无法明确计算，应按照一定比例分摊，如公用的水、电、燃气、汽车折旧等费用。单位管理费用的开支范围需要严格按制度列举来执行，即人员经费、公用经费、资产折旧（摊销）等费用，以及由单位统一负担的离退休人员经费、工会经费、诉讼费、中介费等。

【延伸思考】发出政府储备物资时视同开展专业业务活动，其费用在“业务活动费用”科目中核算，不在“单位管理费用”科目核算。

【例题3-20·实操题】甲行政单位负有对国家某类救灾物资的行政管理职责，负责制订相关的收储、动用方案。2×21年8月12日，甲单位按规定动用救灾物资，向灾区发出一批救灾物资。其中，发出的A类物资为一次消耗性物资，发出后不再收回，发出的该类物资账面成本为4 000万元；发出的B类物资为可重复使用物资，预期能够大部分收回，共发出B类物资1 000件，每件账面成本为3万元。至10月20日，甲单位实际收回B类物资900件并按规定的质量标准予以验收，其余的100件在救灾中发生损毁。

【解析】账务处理如下（会计分录单位为万元）：

（1）2×21年8月12日发出救灾物资时。

借：业务活动费用	4 000	
贷：政府储备物资——A类物资		4 000
借：政府储备物资——B类物资（发出）（1 000×3）	3 000	
贷：政府储备物资——B类物资（在库）		3 000

（2）2×21年10月20日收回B类物资时。

借：政府储备物资——B类物资（在库）（900×3）	2 700	
业务活动费用（100×3）	300	
贷：政府储备物资——B类物资（发出）		3 000

【延伸思考】工会经费、诉讼费、中介费等内容统一在“单位管理费用”科目中核算，视同单位开展管理活动发生的各项费用，不在“业务活动费用”科目中核算。

二、主要业务处理举例

（一）事业单位薪酬、劳务费的核算

【例题3-21·实操题】B事业单位为一家高校，2021年8—9月，有关会计业务

如下：

（1）计提8月份行政处室职工工资100 000元（基本工资30 000元、绩效工资70 000元）；同时计提为职工缴纳的住房公积金（假设比例为12%）和社会保险费（假设比例为28%）40 000元。

（2）计提8月份行政处室长期聘用人员工资30 000元（基本工资10 000元、绩效工资20 000元）；计提为职工缴纳的住房公积金（假设比例为12%）和社会保险费（假设比例为28%）12 000元。

（3）计提行政处室临时聘用的外部人员劳务费10 000元（非长期聘用人员）。

（4）9月5日，通过银行账户发放上述计提的工资，并代扣代缴个人所得税（假设整体税率为3%，不考虑起征点及专项扣除）；同时代扣个人应负担的住房公积金（假设比例5%）、个人应负担的机关事业单位基本养老保险费（假设比例为12%）。外部人员不代扣住房公积金和养老保险。

（5）9月10日，向税务局缴纳个人代扣的个人所得税。

（6）9月25日，将代扣的个人住房公积金、社会保险费和单位应负担的费用上缴至相关部门。

【解析】账务处理如下：

会计分录		核算要点精讲
（1）计提应付职工薪酬		
财务会计	借：单位管理费用——工资福利费用 140 000 　贷：应付职工薪酬——基本工资 30 000 　　　　　　　　——绩效工资 70 000 　　　　　　　　——住房公积金 12 000 　　　　　　　　——社会保险费 28 000	计提应付职工薪酬时，行政单位统一在“业务活动费用”科目核算；事业单位应根据概念区分业务活动费用和单位管理费用；本案例行政处室的工资应计入单位管理费用；单位为职工缴纳的社会保险费、住房公积金在“应付职工薪酬”科目核算，应在计提工资的同时予以计提；“应付职工薪酬”明细科目设置情况请参考本教材负债类科目内容。
预算会计	不做账务处理	
（2）计提长期聘用人员工资		
财务会计	借：单位管理费用——工资福利费用 42 000 　贷：应付职工薪酬——基本工资 10 000 　　　　　　　　——绩效工资 20 000 　　　　　　　　——住房公积金 3 600 　　　　　　　　——社会保险费 8 400	“应付职工薪酬”科目核算在职人员（包括长期聘用）计提的工资福利；在实务工作中，根据部门预算支出经济分类科目中的“工资福利支出”有关经济科目的内容，长期聘用人员（不包括劳务派遣人员）劳务报酬及社保缴费在“其他工资福利支出”科目核算，与“应付职工薪酬”科目的二级明细科目不同。

会计分录		核算要点精讲
预算会计	不做账务处理	
(3) 计提外部人员劳务费		
财务会计	借：单位管理费用——商品和服务费用　10 000 　贷：其他应付款　10 000	计提外部人员劳务费，不属于工资福利费用，属于商品和服务费用，经济分类科目为劳务费，本案例为行政部门聘用的外部人员计提劳务费，在“单位管理费用”科目核算；对方科目为“其他应付款”，不是“应付职工薪酬”。
预算会计	不做账务处理	
(4) 支付职工工资并代扣扣款		
财务会计	借：应付职工薪酬——基本工资　40 000 　　　　　　　——绩效工资　90 000 　贷：其他应交税费——应交个人所得税　3 237 　　　应付职工薪酬——社会保险费　15 600 　　　　　　　　　——住房公积金　6 500 　　　银行存款　104 663	代扣的个人所得税在“其他应交税费”科目核算；代扣的个人负担的住房公积金、社会保险费在“应付职工薪酬”科目核算；计算过程如下（在职职工和长期聘用人员）： 住房公积金＝工资×5%＝130 000×5%＝6 500（元）； 社会保险费＝工资×12%＝130 000×12%＝15 600（元）； 个人所得税＝(工资－住房公积金－社会保险费)×3%＝(130 000－6 500－15 600)×3%＝3 237（元）； 实发工资总额＝104 663（元）。
预算会计	借：事业支出　104 663 　贷：资金结存——货币资金　104 663	以实际的现金流出确认预算会计支出。
(5) 支付外部人员劳务费		
财务会计	借：其他应付款　10 000 　贷：银行存款　9 700 　　　其他应交税费——应交个人所得税　300	外部人员（非长期聘用人员）不扣住房公积金和社会保险费，按规定代扣代缴个人所得税。
预算会计	借：事业支出　9 700 　贷：资金结存——货币资金　9 700	以实际的现金流出确认预算会计支出。
(6) 缴纳个人所得税		
财务会计	借：其他应交税费——应交个人所得税　3 537 　贷：银行存款　3 537	在职职工个人所得税及外部人员劳务费代扣的个人所得税合计为3 537元。
预算会计	借：事业支出　3 537 　贷：资金结存——货币资金　3 537	以实际的现金流出确认预算会计支出。

会计分录		核算要点精讲
(7) 缴纳住房公积金及社会保险费		
财务会计	借：应付职工薪酬——住房公积金 22 100 ——社会保险费 52 000 贷：银行存款 74 100	缴纳时包括个人扣缴部分和单位负担部分。
预算会计	借：事业支出 74 100 贷：资金结存——货币资金 74 100	以实际的现金流出确认预算会计支出。

(二) 事业单位领用库存物品，计提折旧（摊销），发生相关税费，支付其他各项费用及购货退回、结转的核算

【例题 3-22·实操题】 2021 年 8 月 31 日，B 事业单位有关会计业务如下：

(1) 为完成年度工作任务，财务部门领用办公用品一批，价值 3 000 元。

(2) 月末，资产管理部门计提归属于行政部门的固定资产折旧 4 000 元、无形资产摊销 2 000 元。

(3) 按规定计提应纳车船税 3 000 元、城镇土地使用税 12 000 元（缴税相关业务略）。

(4) 8 月份共发生水电费 30 000 元，经按规定归集后，业务部门专业业务活动承担 25 000 元，行政部门承担 5 000 元；款项已通过银行支付。

(5) 计提上半年工会经费 6 000 元（其中业务部分 4 000 元、行政部门 2 000 元）并将工会经费转至独立核算的工会。

(6) 发放退休人员取暖补贴 30 000 元。

(7) 因人事部门计算错误，退回多发放的取暖补贴 950 元。

(8) 期末，“单位管理费用”科目余额为 300 000 元，预算会计“事业支出”科目余额为 200 000 元（基本支出 120 000 元、专项支出 80 000 元，假设均为非财政性资金）。

【解析】 账务处理如下：

会计分录		核算要点精讲
(1) 领用办公用品		
财务会计	借：单位管理费用——商品和服务费用 3 000 贷：库存物品 3 000	确认单位管理费用。
预算会计	不做账务处理	
(2) 月末计提折旧		
财务会计	借：单位管理费用——固定资产折旧费 4 000 ——无形资产摊销费 2 000 贷：固定资产累计折旧 4 000 无形资产累计摊销 2 000	“单位管理费用”明细科目设置应按照制度规定执行。
预算会计	不做账务处理	

会计分录		核算要点精讲
（3）按规定计提应纳的税费		
财务会计	借：单位管理费用——商品和服务费用 15 000 贷：其他应交税费——车船税 3 000 其他应交税费——城镇土地使用税 12 000	其他应交税费发生时在“业务活动费用——商品和服务费用”科目核算；本案例假定车船税、城镇土地使用税在“单位管理费用”科目核算，也可根据实际情况在“业务活动费用”和“经营费用”科目核算；缴税业务账务处理略。
预算会计	不做账务处理	
（4）缴纳水电费		
财务会计	借：业务活动费用——商品和服务费用 25 000 单位管理费用——商品和服务费用 5 000 贷：银行存款 30 000	水电费是否区分业务活动费用及单位管理费用应根据单位实际情况考虑。
预算会计	借：事业支出 30 000 贷：资金结存——货币资金 30 000	
（5）计提工会经费		
财务会计	借：单位管理费用——商品和服务费用 6 000 贷：银行存款 6 000	工会经费、诉讼费、中介费等内容统一在“单位管理费用”科目核算，不使用“业务活动费用”科目核算。
预算会计	借：事业支出 6 000 贷：资金结存——货币资金 6 000	
（6）发放退休人员取暖费		
财务会计	借：单位管理费用——对个人和家庭的补贴费用 30 000 贷：银行存款 30 000	离退休人员费用统一在“单位管理费用”科目核算，实务中离退休人员如参加机关事业单位社会养老保险，相应的费用不在本单位核算。
预算会计	借：事业支出 30 000 贷：资金结存——货币资金 30 000	
（7）退回取暖补贴		
财务会计	借：银行存款 950 贷：单位管理费用——对个人和家庭的补贴费用 950	
预算会计	借：资金结存——货币资金 950 贷：事业支出 950	
（8）期末结转		
财务会计	借：本期盈余 300 000 贷：单位管理费用 300 000	
预算会计	借：非财政拨款结转——本年收支结转 80 000 其他结余 120 000 贷：事业支出 200 000	预算会计期末结转时“事业支出”科目与财务会计的“业务活动费用”科目数据存在差异；应根据资金性质和用途分科目结转。

第三节　经营费用核算

一、经营费用的概念

经营费用核算的是事业单位在专业业务活动及其辅助活动之外开展非独立核算经营活动发生的各项费用。经营费用与经营收入相对应，实现经营收入过程中发生的费用在“经营费用”科目核算，实务中应合理区分费用类别，坚持“经营收入－经营费用＝经营结余”这一主线合理区分收入和费用，确保核算准确。

【延伸思考】“经营费用”科目与其他科目有何区别？

解读：“经营费用”科目与“经营收入”科目相对应，实现经营收入过程中发生的费用在“经营费用”科目核算。属于专业业务活动及其辅助活动发生的费用在“业务活动费用”科目核算；单位统一负担的离退休人员经费、工会经费、诉讼费、中介费等在“单位管理费用”科目核算。

经营费用还强调非独立核算经营活动，独立核算的经营活动不在本单位会计主体进行核算。如果事业单位从事经营活动的单位是完全独立核算的单位，那就是独立于事业单位的另一个会计主体。

二、主要业务处理举例

参照业务活动费用、单位管理费用核算举例处理，略。

第四节　资产处置费用核算

一、资产处置费用的概念

资产处置费用核算的是单位经批准处置资产时发生的费用，包括转销的被处置资产价值，以及在处置过程中发生的相关费用或者处置收入小于相关费用形成的净支出。

资产处置的形式通常包括无偿调拨、出售、出让、转让、置换、对外捐赠、报废、毁损以及货币性资产损失核销等。

【延伸思考】“资产处置费用”科目可不按支付对象进行核算，与“业务活动费用”“单位管理费用”“经营费用”科目不同，后者要求按支付对象进行核算。

不同的资产种类，对应的处置方式也不尽相同，短期投资、长期股权投资、长期债券投资的处置，按照相关资产科目的规定进行账务处理，不适用于本科目。

二、主要业务处理举例

（一）不通过“待处理财产损溢”科目核算的资产处置

【例题 3-23 · 实操题】2021 年 8 月 31 日，B 事业单位按照规定报批处置相关资产业务如下：

（1）报经批准出售固定资产一项，原值 200 000 元，已计提折旧 140 000 元，处置费用 4 000 元，处置价款 70 000 元（不含税），增值税税率为 13%，款项已收到。

（2）报经批准对外捐赠无形资产一项，原值 60 000 元，已计提摊销 40 000 元，B 事业单位支付运输费 2 000 元（归属于捐出方）。

（3）报经批准无偿调出保障性住房一套给同级事业单位，原值 1 000 000 元，已计提折旧 400 000 元，B 事业单位支付相关费用 3 000 元（归属于调出方）。

以上资产处置均按规定上缴财政。

【解析】账务处理如下：

会计分录		核算要点精讲
（1）经批准出售固定资产		
财务会计	借：资产处置费用——固定资产 60 000 固定资产累计折旧 140 000 贷：固定资产 200 000 借：银行存款 79 100 贷：银行存款 4 000 应缴财政款 66 000 应交增值税——应交税金（销项税额） 9 100	出售、转让固定资产的账面价值（原值－折旧）计入资产处置费用；账面价值不等于账面余额；出售价款与支出的相关费用抵减后计入应缴财政款。 资产出售、转让的收益应按规定上缴财政。
预算会计	不做账务处理	应缴财政款不属于纳入部门预算管理的资金。
（2）经批准捐赠无形资产		
财务会计	借：资产处置费用——无形资产 22 000 无形资产累计摊销 40 000 贷：无形资产 60 000 银行存款 2 000	捐赠无形资产的处置费用为账面价值，捐赠无形资产的“资产处置费用”科目金额包括捐出方负担的相关费用（捐出方的费用视同对外捐赠流动资产）。

<table>
<tr><th colspan="2">会计分录</th><th>核算要点精讲</th></tr>
<tr><td>预算会计</td><td>借：其他支出　　2 000
　贷：资金结存——货币资金　　2 000</td><td>归属于捐出方的相关费用。</td></tr>
<tr><td colspan="3">（3）经批准无偿调出保障性住房</td></tr>
<tr><td>财务会计</td><td>借：资产处置费用——保障性住房　　3 000
　贷：银行存款　　3 000
借：保障性住房累计折旧　　400 000
　　无偿调拨净资产　　600 000
　贷：保障性住房　　1 000 000</td><td>处置方式为无偿调拨时，账面价值计入无偿调拨净资产，归属于调出方的相关费用，借记“资产处置费用”科目。本案例中，发生的归属于调出方的相关费用计入资产处置费用；保障性住房账面余额和累计折旧的差额计入无偿调拨净资产；归属于调出方的相关费用视同资产处置。</td></tr>
<tr><td>预算会计</td><td>借：其他支出　　3 000
　贷：资金结存——货币资金　　3 000</td><td>归属于调出方的相关费用。</td></tr>
</table>

（二）通过“待处理财产损溢”科目核算的资产处置

【例题 3-24·实操题】2021 年，B 事业单位有关业务如下：

（1）8 月 1 日，现金账款核对时发现现金短缺 300 元；无法查明原因，报经批准后予以核销。

（2）年末资产清查时，发生毁损固定资产 F 一批，账面余额为 40 000 元，已计提折旧 32 000 元；报经批准后进行处理，固定资产 F 取得残值变价收入 5 000 元，发生相关费用 6 000 元。

（3）年末资产清查时，盘亏文物文化资产 H 一批，账面余额为 4 000 元。

（4）期末“资产处置费用”科目余额为 400 000 元；预算会计下“其他支出”科目为 3 000 元，均为非财政性资金基本支出。

【解析】账务处理如下：

<table>
<tr><th colspan="2">会计分录</th><th>核算要点精讲</th></tr>
<tr><td colspan="3">（1）发生现金短缺</td></tr>
<tr><td>财务会计</td><td>借：待处理财产损溢——待处理财产价值　　300
　贷：库存现金　　300</td><td>“待处理财产损溢”下设置明细科目。</td></tr>
<tr><td>预算会计</td><td>借：其他支出　　300
　贷：资金结存——货币资金　　300</td><td>现金账款核对中发现现金短缺，按照短缺的现金金额，借记“其他支出”；属于应当由有关人员赔偿的，按照收到的赔偿金额，贷记“其他支出”。</td></tr>
</table>

会计分录		核算要点精讲
（2）无法查明原因报批准后		
财务会计	借：资产处置费用——现金　300 　贷：待处理财产损溢——待处理财产价值　300	发生问题时记入“待处理财产损溢”科目；报经批准后记入“资产处置费用”科目核算。
预算会计	不做账务处理	
（3）盘亏固定资产一批		
财务会计	借：待处理财产损溢——待处理财产价值 8 000 　　固定资产累计折旧　32 000 　贷：固定资产　40 000	“待处理财产损溢”下设置明细科目。
预算会计	不做账务处理	
（4）报经批准后		
财务会计	借：资产处置费用——固定资产　8 000 　贷：待处理财产损溢——待处理财产价值 8 000	“资产处置费用”科目为账面价值（科目余额减去折旧）。
预算会计	不做账务处理	
（5）经批准处置固定资产处理过程		
财务会计	收回处置价款： 借：银行存款　5 000 　贷：待处理财产损溢——处理净收入　5 000 支付相关费用： 借：待处理财产损溢——处理净收入　6 000 　贷：银行存款　6 000 处理收支结清： 借：资产处置费用——固定资产　1 000 　贷：待处理财产损溢——处理净收入　1 000	“待处理财产损溢”下设置“处理净收入”明细科目，用于核算处置收回的款项和支付的相关费用； 处理收支结清，处理收入小于相关费用的，计入资产处置费用； 实际支付的银行存款＝费用－收入＝6 000－5 000＝1 000（元）。
预算会计	借：其他支出　1 000 　贷：资金结存——货币资金　1 000	预算会计按照实际支出进行核算。
（6）盘亏文物文化资金一批		
财务会计	借：待处理财产损溢——待处理财产价值 4 000 　贷：文物文化资产　4 000	文物文化资产不计提折旧。
预算会计	不做账务处理	
（7）报经批准后处置		
财务会计	借：资产处置费用——文物文化资产　4 000 　贷：待处理财产损溢——待处理财产价值 4 000	“资产处置费用”科目为账面价值（科目余额减去折旧）。
预算会计	不做账务处理	

会计分录		核算要点精讲
(8) 期末结转		
财务会计	借：本期盈余 400 000 贷：资产处置费用 400 000	“资产处置费用”科目为账面价值(科目余额减去折旧)。
预算会计	借：其他结余 3 000 贷：其他支出 3 000	预算会计仅结转资产处置过程中的现金流出部分；本案例数据为假设；其他资金支出（非财政专项资金支出）转入其他结余。

第五节　上缴上级费用和对附属单位补助费用核算

一、上缴上级费用的概念

上缴上级费用核算的是事业单位按照财政部门和主管部门的规定上缴上级单位款项发生的费用。

这里的财政部门是指国家行政机关中负责财政管理工作的机构，如财政部、财政厅等。但是应该注意，财政部门是同级的财政部门；主管部门指的是负责事业单位业务管理的部门；上级单位指的是可对事业单位行使管理权的单位。

【延伸思考】“上缴上级费用”科目使用时应严格按照有关规定执行，区分是业务活动费用还是上缴上级费用，二者的主要区别是：业务活动费用是接受了上级主管部门或者财政部门的服务或劳务支付的相关费用；而上缴上级费用是根据相关规定执行，并无实质性的业务交易。

二、对附属单位补助费用的概念

对附属单位补助费用是用来核算事业单位用财政拨款收入之外的收入对附属单位补助发生的费用。

附属单位是指事业单位举办的具备独立法人资质、独立核算的单位。如果事业单位与所属企业法人在产权、资产、职工福利等方面没有厘清，事业单位还承担着所属企业的职工福利、负债偿还，或者还由所属企业免费使用事业单位资产等，那么事业单位与企业就属于附属单位关系；如果事业单位与其举办的企业之间产权明晰，事业单位与所属单位是投资与被投资的关系，则该企业为事业单位的对外投资，不属于附属单位。

【延伸思考】对附属单位补助费用核算时应区分对外投资和对附属单位补助，二者的区别在于产权是否清晰、业务是否交叉；对外投资应按照国家相关规定进行审批；对附属单位补助费用不需要进行审批，是本单位接受了附属单位的服务或者劳务而支付的费用。上缴上级费用和对附属单位补助费用均核算的是非财政性资金。

三、主要业务处理举例

【例题 3-25·实操题】2021 年，B 事业单位有关业务如下：

（1）8 月 1 日，根据上级主管部门规定，计算出上月应上缴金额为 20 000 元；8 月 31 日，收到上级主管部门通知后将上述款项上缴至主管部门。

（2）8 月 1 日，根据单位决议，对独立核算的食堂予以补贴，经测算应补贴 30 000 元；8 月 31 日，收到相应票据后拨付相应的款项。

（3）期末对上述科目进行结转。

【解析】账务处理如下：

会计分录		核算要点精讲
（1）按规定计算应上缴金额		
财务会计	借：上缴上级费用——主管部门　20 000 　贷：其他应付款　20 000	按权责发生制原则计算应上缴金额，收到通知后再上缴；实务中应根据实际情况，也可以在实际发生费用时再进行账务处理。
预算会计	不做账务处理	
（2）收到通知后上缴		
财务会计	借：其他应付款　20 000 　贷：银行存款　20 000	按权责发生制原则计算应上缴金额，收到通知后再上缴；实务中应根据实际情况，也可以在实际发生费用时再进行账务处理。
预算会计	借：上缴上级支出　20 000 　贷：资金结存——货币资金　20 000	
（3）计算应补助金额		
财务会计	借：对附属单位补助费用——食堂　30 000 　贷：其他应付款　30 000	“对附属单位补助费用”设置明细科目。
预算会计	不做账务处理	

会计分录		核算要点精讲
(4) 拨付补助		
财务会计	借：其他应付款 30 000 　贷：银行存款 30 000	按权责发生制原则计算应补助金额，收到票据后再上缴；实务中应根据实际情况，也可以在实际发生费用时再进行账务处理。
预算会计	借：对附属单位补助支出 30 000 　贷：资金结存——货币资金 30 000	
(5) 期末结转		
财务会计	借：本期盈余 50 000 　贷：上缴上级费用——主管部门 20 000 　　对附属单位补助费用——食堂 30 000	
预算会计	借：其他结余 50 000 　贷：上缴上级支出 20 000 　　对附属单位补助支出 30 000	转入其他结余；两个支出科目核算的资金均应为非财政性资金。

第六节　所得税费用核算

一、所得税费用的概念

所得税费用核算的是有企业所得税纳税义务的事业单位按照税法规定缴纳企业所得税所形成的费用。

企业所得税法规定企业所得税的纳税义务人包括企业和其他取得收入的组织，这里的其他取得收入的组织就是指有企业所得税纳税义务的事业单位。

二、主要业务处理举例

（一）事业单位应缴纳、上缴及结转企业所得税的会计处理

【例题 3－26·实操题】2021 年，B 事业单位有关经营业务如下：

（1）12 月 31 日，全年经营收入共 500 000 元、经营费用为 460 000 元，按照税法规定计算应缴纳的企业所得税为 10 000 元，假设税率为 25%。

（2）期末按规定进行结转。

2022 年 1 月 25 日，将上述税金缴纳至税务部门。

【解析】账务处理如下：

会计分录		核算要点精讲
（1）年终计算企业所得税		
财务会计	借：所得税费用 10 000 贷：其他应交税费——应交所得税 10 000	计算过程：应交所得税＝（收入－费用）×25％＝（500 000－460 000）×25％＝10 000（元）。
预算会计	不做账务处理	
（2）年末结转		
财务会计	借：本期盈余 10 000 贷：所得税费用 10 000	
预算会计	不做账务处理	
（3）缴纳所得税时		
财务会计	借：其他应交税费——应交所得税 10 000 贷：银行存款 10 000	
预算会计	借：非财政拨款结余——累计结余 10 000 贷：资金结存——货币资金 10 000	所得税费用是根据非财政拨款收入和费用相抵扣后计算出的金额；本案例的经营结余缴纳的企业所得税，根据制度结转后最终转入科目为“非财政拨款结余”。 所得税费用均为跨年缴纳，上年度的收入和支出均已结转至“非财政拨款结余”科目，缴纳时不再列支，直接从“预算结余”科目中支出。

（二）事业单位收到上年度企业所得税退税的会计处理

【例题3－27·实操题】2021年3月，某事业单位委托税务师事务所对上一年度应缴企业所得税进行汇缴清算，税审报告反映，该事业单位经营业务上年度已汇缴企业所得税310 000元，清算后应缴企业所得税300 000元，多计了10 000元。该事业单位进行了纳税申报调整。

【解析】账务处理如下：

（1）申报退税时。

财务会计分录：

借：其他应交税费——应交所得税 10 000

贷：累计盈余 10 000

预算会计分录：不记账。

（2）实际退税时。

财务会计分录：

借：银行存款 10 000

贷：其他应交税费——应交所得税 10 000

预算会计分录：

借：资金结存　10 000

　贷：非财政拨款结余——年初余额调整　10 000

（三）事业单位汇算清缴需要补缴上年度企业所得税的会计处理

【例题 3-28·实操题】 2021 年 3 月，某事业单位委托税务师事务所对上一年度应缴企业所得税进行汇缴清算，税审报告反映，该事业单位经营业务上年度已汇缴企业所得税 300 000 元，清算后应缴企业所得税 310 000 元。据此，该事业单位会计人员进行了税务申报。2021 年 4 月 15 日，银行转来税务局托收单，补缴上年度应缴未缴企业所得税 10 000 元。

【解析】 账务处理如下：

会计分录		核算要点精讲
（1）申报时		
财务会计	借：累计盈余　10 000 　贷：其他应交税费——应交所得税　10 000	计算过程：应补交所得税＝310 000－300 000＝10 000（元）。
预算会计	不做账务处理	
（2）实际补缴时		
财务会计	借：其他应交税费——应交所得税　10 000 　贷：银行存款　10 000	
预算会计	借：非财政拨款结余——年初余额调整　10 000 　贷：资金结存　10 000	

第七节　其他费用核算

一、其他费用的概念

其他费用核算的是行政事业单位发生的除上述各项费用以外的兜底费用，主要包括利息费用、坏账损失、罚没支出、现金捐赠支出、相关税费、运输费等。

【延伸思考】 在实务中，应区分其他费用和资产处置费用，如相关税费、运输费等内容，也可能在资本化时在资产类科目核算，资产处置时在“资产处置费用”科目核算，具体情况应根据实务进行判断。其他费用所指的相关税费、运输费是针对接受捐赠（或无偿调入）以名义金额计量的存货、固定资产、无形资产，以及成本无法可靠取得的公共基础设施、文物文化资产等发生的相关税费、运输费。

二、主要业务处理举例

（一）利息费用的会计处理

【例题 3－29·实操题】2021 年，B 事业单位有关借款业务如下：

（1）8 月 1 日，从 X 银行借入 2 年期分期付息、到期还本的借款 2 000 000 元，用于 D 项目建设，该项目正在建设过程中，尚未完工；从 Y 银行借入 1 月期借款 1 000 000 元，用于日常开支；假设上述借款利率为 6%。

（2）8 月 31 日，计提 X 银行利息 10 000 元、Y 银行利息 5 000 元，同时 D 项目完工交付使用（账务处理略）；9 月 5 日，向银行支付上述借款利息。

（3）9 月 30 日，计提 X 银行利息 10 000 元。

其他账务处理略。

【解析】账务处理如下：

会计分录		核算要点精讲
（1）借入款项时		
财务会计	借：银行存款　2 000 000 　贷：长期借款　2 000 000 借：银行存款　1 000 000 　贷：短期借款　1 000 000	
预算会计	借：资金结存——货币资金　3 000 000 　贷：债务预算收入　3 000 000	预算会计设置“债务预算收入”科目核算借入的、纳入部门预算管理的、不以财政资金作为偿还来源的债务本金。
（2）计提利息时		
财务会计	借：在建工程　10 000 　贷：应付利息　10 000 借：其他费用——利息费用　5 000 　贷：应付利息　5 000	为建造固定资产、公共基础设施等应支付的专门借款利息，按期计提利息时，属于工程项目建设期间发生的利息，计入在建工程；其他借款按期计提利息费用时，按照计算确定的金额，借记“其他费用”科目。 按期计提到期一次还本付息借款的利息时，按照计算确定的应支付的利息金额，借记“其他费用”科目，贷记“长期借款——应计利息”科目；本案例为分期付息、到期还本借款，在“应付利息”科目核算。
预算会计	不做账务处理	

会计分录		核算要点精讲
（3）支付利息时		
财务会计	借：应付利息 15 000 贷：银行存款 15 000	
预算会计	借：其他支出 15 000 贷：资金结存——货币资金 15 000	支付银行借款利息时，按照实际支出金额，借记“其他支出”科目。
（4）项目完工后计提利息		
财务会计	借：其他费用——利息费用 10 000 贷：应付利息 10 000	D项目已完工交付使用；属于工程项目完工交付使用后发生的利息，计入当期费用，不在“在建工程”科目核算。
预算会计	不做账务处理	

【延伸思考】政府单位举借债务借款利息费用化还是资本化？

解读：根据《政府会计准则第8号——负债》的规定，政府举借债务的主体包括政府和其他政府会计主体，政府举借的债务的利息是不允许资本化的，只能费用化。其他政府会计主体为购建符合资本化条件资产而专门借入的款项，可以资本化，其他政府会计主体的非专门借款所发生的借款费用，应当计入当期费用，不允许资本化。专门借款和非专门借款是通过贷款合同的用途来划分的，如合同用途是流动资金贷款，就属于非专门借款，所产生的借款费用不能资本化，而应当费用化处理。

（二）坏账损失、罚没支出、现金捐赠的会计处理

【例题3－30·实操题】2021年，B事业单位有关坏账损失、罚没支出、现金捐赠业务如下：

（1）2020年12月31日，“应收账款”科目余额为300 000元，“其他应收款”科目余额为200 000元；“坏账准备”科目余额为3 000元，该单位使用余额百分比法计提坏账准备，计提比例为10%；年末应计提坏账准备为（300 000＋200 000）×10%＝50 000元，应补提金额为47 000元；假设应收账款收回后不上缴财政。

（2）2021年12月31日，“应收账款”科目余额为40 000元，“其他应收款”科目余额为50 000元；“坏账准备”科目余额为10 000元，该单位使用余额百分比法计提坏账准备，计提比例为10%；年末应计提坏账准备为（40 000＋50 000）×10%＝9 000元，应冲减金额为1 000元。

（3）8月1日，因单位未按国家规定进行收费，被物价部门罚款6 000元，款项已支付。

（4）8月1日，根据本单位扶贫计划，报经批准对扶贫村捐赠现金30 000元，款项已支付。

【解析】账务处理如下：

会计分录		核算要点精讲
(1) 按规定补提坏账准备		
财务会计	借：其他费用——坏账准备 47 000 贷：坏账准备 47 000	年末应计提坏账准备＝(300 000＋200 000)×10%＝50 000（元）；当期应补提余额＝50 000－3 000＝47 000（元）。
预算会计	不做账务处理	无现金收支。
(2) 按规定冲减坏账准备		
财务会计	借：坏账准备 1 000 贷：其他费用——坏账准备 1 000	年末应计提坏账准备＝(40 000＋50 000)×10%＝9 000（元）；当期冲减余额＝10 000－9 000＝1 000（元）。
预算会计	不做账务处理	无现金收支。
(3) 发生罚没支出		
财务会计	借：其他费用——罚没支出 6 000 贷：银行存款 6 000	
预算会计	借：其他支出 6 000 贷：资金结存——货币资金 6 000	
(4) 发生捐赠支出		
财务会计	借：其他费用——捐赠支出 30 000 贷：库存现金 30 000	捐赠时应报经批准。
预算会计	借：其他支出 30 000 贷：资金结存——货币资金 30 000	

（三）以名义金额计量的存货、固定资产、无形资产，以及成本无法可靠取得的公共基础设施、文物文化资产等发生的相关税费、运输费的会计处理

【例题 3－31・实操题】2021 年，B 事业单位其他相关费用业务如下：

(1) 接受捐赠不需要安装的固定资产，价值无法确定，暂按名义金额入账，发生相关税费等共 3 000 元。

(2) 接受捐赠一套专利权，价值无法确定，暂按名义金额入账，发生相关税费等共 6 000 元。

(3) 接受委托人委托存储保管的物资，总价值为 50 000 元，已验收入库，承担相关运输费及保管费 2 000 元，款项已经通过银行支付。

(4) 12 月 31 日，“其他费用”科目余额为 30 000 元，预算会计“其他支出”科目余额为 13 000 元（基本支出 10 000 元、项目支出 3 000 元，均为非财政性资金），按规定进行结转。

【解析】 账务处理如下：

	会计分录	核算要点精讲
（1）接受捐赠固定资产（名义金额）		
财务会计	借：固定资产——专用设备　　1（名义金额） 　　其他费用——其他　　3 000 　贷：银行存款　　3 000 　　　捐赠收入　　1（名义金额）	捐赠收入与计入固定资产的金额（名义金额）一致；按照发生的相关税费、运输费等，借记“其他费用”科目。
预算会计	借：其他支出　　3 000 　贷：资金结存——货币资金　　3 000	发生的相关费用没有计入固定资产价值，相应地不能计入事业支出，与其他费用相对应计入其他支出。
（2）接受捐赠无形资产（名义金额）		
财务会计	借：无形资产——专利使用权　　1（名义金额） 　　其他费用——其他　　6 000 　贷：银行存款　　6 000 　　　捐赠收入　　1（名义金额）	捐赠收入与计入无形资产的金额（名义金额）一致；按照发生的相关税费、运输费等，借记“其他费用”科目。
预算会计	借：其他支出　　6 000 　贷：资金结存——货币资金　　6 000	发生的相关费用没有计入无形资产成本，相应地不能计入事业支出，与其他费用相对应计入其他支出。
（3）接受委托保管物资		
财务会计	借：委托代理资产　　50 000 　贷：受托代理负债　　50 000	受托代理资产按物资种类进行明细核算；对方科目为“受托代理负债”。
预算会计	不做账务处理	
（4）支付相关费用		
财务会计	借：其他费用——其他　　2 000 　贷：银行存款　　2 000	受托协议约定由受托方承担的费用，不属于受托代理资产的核算范围，视同单位正常业务，由单位承担费用。
预算会计	借：其他支出　　2 000 　贷：资金结存——货币资金　　2 000	视同单位正常业务，由单位承担支出，进行预算会计账务处理。
（5）期末结转		
财务会计	借：本期盈余　　30 000 　贷：其他费用　　30 000	
预算会计	借：非财政拨款结转——本年收支结转　　3 000 　　其他结余　　10 000 　贷：其他支出　　13 000	应根据资金性质和用途分科目结转；本案例预算会计期末数据为假设。

课程思政

1. 政府单位发生业务活动费用的思政元素

行政事业单位行政经费的支出，特别是招待费、办公费、会议费等，要严格执行中央八项规定。

2. 政府单位发生经营费用的思政元素

树立对合同的敬畏思想，严格履行合同义务。

热点思考题

1. 业务活动费用与单位管理费用、经营费用如何界定区分？

2. 事业单位经营业务汇算清缴需要补缴上年度企业所得税的如何进行会计处理？

3. 对附属单位补助费用与对外投资有什么区别？

4. 疫情防控期间单位将库存的一批防疫物资捐赠给社区，是记入“资产处置费用”还是“其他费用——捐赠支出”科目？

5. 政府单位举借债务借款利息费用化还是资本化？政府单位发生的相关税费、运输费可以通过哪些科目列支？

课后习题

一、单项选择题

1. 财务会计中，事业单位开展管理活动内部领用库存物品，按照领用物品的实际成本，借记（　　）科目，贷记“库存物品”科目。

A. “事业支出”　B. “行政支出”　C. “单位管理费用”　D. “业务活动费用”

2. 资产处置的形式按照规定包括无偿调拨、出售、出让、转让、置换、对外捐赠、报废、毁损以及货币性资产损失核销等。单位应当按规定报经批准后对资产进行处置。下列相关会计处理表述不正确的是（　　）。

A. 单位应当将被处置资产账面价值转销计入资产处置费用，直接转入累计盈余

B. 如按规定将资产处置净收益纳入单位预算管理的，应将净收益计入当期收入

C. 对于资产盘盈、盘亏、报废或毁损的，应当在报经批准前将相关资产账面价值转入待处理财产损溢，待报经批准后再进行资产处置

D. 对于无偿调出的资产，单位应当在转销被处置资产账面价值时冲减无偿调拨净资产；对于置换换出的资产，应当与换入资产一同进行相关会计处理

二、多项选择题

1. 下列各选项中应记入“其他费用”科目核算的主要有（　　）。

A. 报经批准对外捐赠无形资产　B. 利息费用

C. 坏账损失　D. 现金捐赠支出

2. 2021 年 2 月，某疾控中心使用中央财政拨款资金购买一批防护服用于疫情防控，

金额为 50 000 元，当天入库。次日，工作人员领用防护服 3 000 元，下列相关会计处理正确的有（　　）。

A. 购买防护服时财务会计分录：

借：库存物品　　50 000

　贷：零余额账户用款额度　　50 000

B. 领用防护服时财务会计分录：

借：单位管理费用　　50 000

　贷：库存物品　　50 000

C. 领用防护服时财务会计分录：

借：业务活动费用　　50 000

　贷：库存物品　　50 000

D. 购买防护服时预算会计分录：

借：事业支出　　50 000

　贷：资金结存——零余额账户用款额度　　50 000

三、判断题

1. 单位管理费用同时适用于行政单位和事业单位，而行政单位不适用业务活动费用。（　　）

2. 发出政府储备物资时视同开展专业业务活动，其费用在“业务活动费用”科目核算，不在“单位管理费用”科目核算。（　　）

四、实务操作题

资料：甲事业单位为增值税一般纳税人，增值税税率为 13%，2×21 年发生下列有关业务：

（1）3 月 1 日，购入物资一批，取得的增值税专用发票上注明的物资价款为 10 万元，增值税额为 1.3 万元，已经税务局认证。款项尚未支付，当日收到物资，经验收合格后入库。3 月 6 日，该单位以银行存款支付价款 11.3 万元。

（2）4 月 18 日，经批准购入一栋办公大楼，用于开展专业业务活动及其辅助活动，取得的增值税专用发票上注明的价款为 1 000 万元，增值税额为 90 万元，以财政直接支付方式向房地产开发商支付了相关款项。预计使用年限 20 年，采用年限平均法计提折旧。

（3）12 月末，对固定资产进行盘点，盘亏台式电脑 5 台，账面余额为 6 万元，已提折旧 1 万元，报经批准后应由单位职工李某赔偿 2.5 万元，款项已经收到，其他损失由单位承担。

要求：根据上述资料编制甲事业单位的相关会计分录。

第四章

政府单位资产的核算

教学导向

（一）理解政府单位各项资产的内涵

（二）了解政府单位各项资产的确认计量

（三）重点掌握政府单位各项资产的核算操作

财政部分别于2016年、2017年制定发布了存货、投资、固定资产、无形资产、公共基础设施、政府储备物资6项有关资产方面的具体准则。本章在政府会计基本准则、具体准则的基础上，结合《政府会计制度——行政事业单位会计科目和报表》、7个行业补充规定，通过对资产类科目核算要点和案例精讲，加强对资产类科目的理解，熟悉其在实务中的应用。

第一节　货币资产类业务核算

行政事业单位的货币资产包括库存现金、银行存款、零余额账户用款额度、其他货币资金、财政应返还额度5个项目。根据《政府会计制度——行政事业单位会计科目和报表》的规定，“纳入部门预算管理的现金收支业务，在采用财务会计核算的同时应当进行预算会计核算”，货币资金业务中规定的现金收支业务，是判断是否同时编制预算会计分录的重要依据之一。

一、库存现金的业务处理

（一）从单位一般银行账户和零余额账户提现的会计处理

【例题4-1·实操题】2021年8月1日，B事业单位从基本户提取现金10 000元用于日常非受托代理业务开支；同时将5 000元退回单位零余额账户。

【解析】账务处理如下：

会计分录		核算要点精讲
(1) 从基本户提取现金		
财务会计	借：库存现金 10 000 　贷：银行存款 10 000	
预算会计	不做账务处理	预算会计科目均在同一科目“资金结存——货币资金”核算。如果“资金结存——货币资金”还设置三级明细科目“库存现金”和“银行存款”，那么预算会计需要编制相应的分录。
(2) 现金退回零余额账户		
财务会计	借：零余额账户用款额度 5 000 　贷：库存现金 5 000	
预算会计	借：资金结存——零余额账户用款额度 5 000 　贷：资金结存——货币资金 5 000	“资金结存”科目下设“零余额账户用款额度”“货币资金”等明细科目。

(二) 单位库存现金盘点发现溢余或短缺的会计处理

【例题4-2·实操题】A行政事业单位出纳在清点库存现金时发现现金短缺200元，经查其中100元应由出纳张某负责，另100元无法查明原因。

【解析】

(1) 按照短缺金额转入待处理财产损溢时。

财务会计分录：

借：待处理财产损溢——待处理财产价值 200

　贷：库存现金 200

预算会计分录：

借：其他支出——现金盘亏损失 200

　贷：资金结存——货币资金 200

(2) 属于责任人赔偿的100元。

财务会计分录：

借：库存现金 100

　贷：待处理财产损溢——待处理财产价值 100

预算会计分录：

借：资金结存——货币资金 100

　贷：其他支出——现金盘亏损失 100

(3) 无法查明原因的100元。

财务会计分录：

借：资产处置费用　　100

　贷：待处理财产损溢——待处理财产价值　　100

预算会计分录：不记账。

【例题 4-3·实操题】 2021 年 6 月 30 日，A 行政事业单位出纳在盘点现金时发现现金溢余 220 元，经查其中 200 元属于应支付给内部职工王某的，剩余款项无法查明原因，报领导批准后处理。

【解析】

（1）按照溢余金额转入待处理财产损溢时。

财务会计分录：

借：库存现金　　220

　贷：待处理财产损溢——待处理财产价值　　220

预算会计分录：

借：资金结存——货币资金　　220

　贷：其他预算收入　　220

（2）应支付王某的部分。

财务会计分录：

借：待处理财产损溢——待处理财产价值　　200

　贷：库存现金　　200

预算会计分录：不记账。

（3）报经批准后的部分。

财务会计分录：

借：待处理财产损溢——待处理财产价值　　20

　贷：其他收入　　20

预算会计分录：

借：其他预算收入　　20

　贷：资金结存　　20

二、银行存款的业务处理

这里重点介绍一下单位的归垫资金应如何进行会计处理。

（一）用本单位实有资金账户资金垫付相关支出

【例题 4-4·实操题】 某地街道办事处接到上级部门关于开展疫情防控工作的通知，立即全面开展疫情防控工作。2020 年 1 月 25 日，因财政拨款未下达，街道办事处经当地财政部门审核批准，以基本户资金垫付疫情防控支出 50 000 元。2020 年 2 月 15 日，财政部门以财政授权支付方式下达疫情防控经费 100 000 元，其中包括防控支出归垫基本户 50 000 元。

【解析】

(1) 2020 年 1 月 25 日，街道办事处以基本户资金垫付疫情防控支出时。

财务会计分录：

借：其他应收款　　50 000

　贷：银行存款　　50 000

预算会计分录：不记账。

(2) 2020 年 2 月 15 日，财政部门以财政授权支付方式下达疫情防控经费 10 000 元，其中包括防控支出归垫基本户 50 000 元。

财务会计分录：

借：零余额账户用款额度　　100 000

　贷：财政拨款收入　　100 000

借：银行存款——基本户——财政拨款资金　　50 000

　贷：零余额账户用款额度　　50 000

同时，

借：业务活动经费　　50 000

　贷：其他应收款　　50 000

预算会计分录：

借：资金结存——零余额账户用款额度　　100 000

　贷：财政拨款预算收入　　100 000

借：行政支出——财政拨款支出——项目支出　　50 000

　贷：资金结存——零余额账户用款额度　　50 000

(二) 通过财政直接支付方式或授权支付方式将资金归还原垫付资金账户

【例题 4－5・实操题】 B 市医院发放疫情防控人员临时性工作补助。经当地财政部门审核批准，2020 年 3 月 15 日，B 市医院以基本户资金垫付 160 000 元。2020 年 3 月 30 日，财政部门以财政直接支付方式拨付临时性工作补助款 160 000 元。

【解析】

(1) 2020 年 3 月 15 日，B 市医院以基本户资金垫付临时性工作补助款时。

财务会计分录：

借：其他应收款　　160 000

　贷：银行存款　　160 000

预算会计分录：不记账。

(2) 2020 年 3 月 30 日，财政部门以财政直接支付方式拨付临时性工作补助款时。

财务会计分录：

借：银行存款　　160 000

　贷：财政拨款收入　　160 000

同时，

借：业务活动费用　　160 000

贷：其他应收款　　160 000

预算会计分录：

借：事业支出——财政拨款支出——工资福利支出——津贴补贴　　160 000

贷：财政拨款预算收入　　160 000

三、其他货币资金的业务处理

（一）单位通过第三方支付平台账户结算时的会计处理

【例题 4-6·实操题】A 事业单位下属服务中心相继在门诊医院和物业部门开通了微信、支付宝结算方式。2021 年 5 月 10 日，物业部门当天实现收入 50 000 元，其中通过微信收款 30 000 元，通过支付宝收款 20 000 元。5 月 12 日，以上款项转入单位银行存款账户。

【解析】

（1）2021 年 5 月 10 日，物业取得收入时。

财务会计分录：

借：其他货币资金——微信　　30 000

——支付宝　　20 000

贷：事业收入　　50 000

预算会计分录：

借：资金结存——货币资金　　50 000

贷：事业预算收入　　50 000

（2）2021 年 5 月 12 日，以上款项转入单位银行存款账户时。

财务会计分录：

借：银行存款　　50 000

贷：其他货币资金——微信　　30 000

——支付宝　　20 000

预算会计分录：不记账。

（二）公务卡核算问题解析

【例题 4-7·实操题】2021 年 3 月 28 日，某大学生命科学学院陈某某报销论文版面费 2 450 元。

【解析】

（1）公务卡持卡人刷卡报销时。

财务会计分录：

借：业务活动费用——商品和服务费用　2 450
　贷：其他货币资金——公务卡　2 450

预算会计分录：

借：事业支出——商品和服务支出——论文版面费　2 450
　贷：资金结存——公务卡　2 450

在实际工作中，该环节的原始凭证根据实际报销业务情况分别附版面费、差旅费、办公用品、邮寄费等，这是将来审计的重点环节。

(2) 偿还公务卡时。

财务会计分录：

借：其他货币资金——公务卡　2 450
　贷：零余额账户用款额度　2 450

预算会计分录：

借：资金结存——公务卡　2 450
　贷：资金结存——零余额账户用款额度　2 450

公务卡核算环节的原始凭证是统一的，就是公务卡还款明细表（职工号、单位、姓名、卡号和还款金额）。需要说明的是，按调整后的处理方法，上述两个环节的原始凭证完全不同，这才真正体现出公务卡核算在不同环节所反映的经济意义。此外，公务卡在性质上并不属于往来款，在较偏远的山区和农村，从事科研活动是无法刷公务卡的，又不能携带现金，部分单位在办理借款时，先将款项打到借款人的公务卡上，这时公务卡就形成了信用卡存款，实质上就是其他货币资金。

四、零余额账户用款额度的业务处理

(一) 零余额账户的含义

零余额账户是指预算单位经财政部门批准，在国库集中支付代理银行和非税收入收缴代理银行开立的，用于办理国库集中收付业务的银行结算账户。

(二) 账务处理举例

1. 单位收到财政授权支付额度到账通知书时

财政授权支付是指单位申请到的是用款限额而不是存入单位账户的实有资金，单位可以在用款限额内自行开具支付令，再由代理银行向收款人付款。

单位应于收到财政授权支付额度到账通知书时，按照通知书标明的数额确认财政拨款收入，并增记零余额账户用款额度，支用额度时作冲减零余额账户用款额度的会计处理。年度终了，单位依据代理银行提供的对账单注销额度时，增记财政应返还额度，并冲减零余额账户用款额度。

如果单位本年度财政授权支付预算指标数大于零余额账户用款额度下达数，根据两者的差额，确认财政拨款收入并增记财政应返还额度。下年初恢复额度或下年度收到财政部门批复的上年末未下达零余额账户用款额度时，作冲减财政应返还额度的会计处理。

【例题 4－8・实操题】2021 年 8 月 1 日，B 事业单位收到财政授权支付额度到账通知书，收到财政部门拨付的 X 项目专项资金 200 000 元。

【解析】账务处理如下：

收到财政授权支付额度到账通知书会计分录		核算要点精讲
财务会计	借：零余额账户用款额度——项目支出——X 项目 200 000 贷：财政拨款收入 200 000	“零余额账户用款额度”科目下可根据单位管理需要设置“基本支出”和“项目支出”明细科目，在“项目支出”下按具体项目设置明细科目；还可以设置功能分类科目（本案例进行了适当简化）。
预算会计	借：资金结存——零余额账户用款额度 200 000 贷：财政拨款预算收入 200 000	

2. 支付日常活动费用时

【例题 4－9・实操题】2021 年 8 月 1 日，B 事业单位通过零余额账户（基本支出）支付业务部门印刷费 5 000 元；使用 X 项目专项资金购置计算机一批，支付货款 30 000 元（授权支付），计算机已验收投入使用。

【解析】账务处理如下：

会计分录		核算要点精讲
（1）支付业务部门印刷费		
财务会计	借：业务活动费用 5 000 贷：零余额账户用款额度——基本支出 5 000	“零余额账户用款额度”科目下可根据单位管理需要设置“基本支出”和“项目支出”明细科目，在“项目支出”下按具体项目设置明细科目；如无必要可直接简化使用一级会计科目进行核算。
预算会计	借：事业支出 5 000 贷：资金结存——零余额账户用款额度 5 000	
（2）支付购置计算机款		
财务会计	借：固定资产 30 000 贷：零余额账户用款额度——项目支出——X 项目 30 000	
预算会计	借：事业支出 30 000 贷：资金结存——零余额账户用款额度 30 000	财务会计确认为固定资产，预算会计确认为支出。

3. 因购货退回发生财政授权支付额度退回时

【例题 4-10·实操题】 2021 年 8 月 1 日，B 事业单位实验室工作人员王某购买实验耗材 6 000 元，通过公务卡结算并已经办理报销还款手续（上述账务处理略）。9 月，王某使用该批实验耗材的过程中发现其存在质量问题，经与供销商协商，对方同意退回 80%的货款，并将 4 800 元货款退回王某的公务卡。

【解析】 账务处理如下：

因购货退回等发生财政授权支付额度退回会计分录		核算要点精讲
财务会计	借：零余额账户用款额度 4 800 贷：库存物品 4 800	此处将资金退回公务卡，在实务中持卡人应将公务卡退回金额返还至零余额账户。
预算会计	借：资金结存——零余额账户用款额度 4 800 贷：事业支出 4 800	此处应冲减事业支出。

4. 单位年末注销、年初恢复财政应返还额度中的财政授权支付处理

【例题 4-11·实操题】 2021—2022 年，B 事业单位"零余额账户用款额度"科目情况如下：

（1）2021 年预算指标为 1 000 000 元，实际收到零余额用款额度 970 000 元；

（2）2021 年零余额账户实际支付 900 000 元（假设年初无财政应返还额度余额）；

（3）2022 年 1 月 1 日，收到代理银行提供额度恢复到账通知书恢复额度；

（4）2022 年 1 月 31 日，收到财政部门批复的上年末下达零余额用款额度，上述额度均为 X 项目资金。

【解析】 账务处理如下：

会计分录		核算要点精讲
（1）根据银行通知注销额度		
财务会计	借：财政应返还额度——财政授权支付 ——项目支出——X 项目 70 000 贷：零余额账户用款额度——项目支出 ——X 项目 70 000	根据代理银行的通知注销额度：970 000－900 000＝70 000（元）。
预算会计	借：资金结存——财政应返还额度 70 000 贷：资金结存——零余额账户用款额度 70 000	资金结存下设 3 个明细科目，分别为"货币资金""零余额账户用款额度""财政应返还额度"。
（2）预算指标大于下达的额度直接确认收入		
财务会计	借：财政应返还额度——财政授权支付 ——项目支出——X 项目 30 000 贷：财政拨款收入 30 000	确认财政应返还额度和财政拨款收入：1 000 000－970 000＝30 000（元）。
预算会计	借：资金结存——财政应返还额度 30 000 贷：财政拨款预算收入 30 000	

会计分录		核算要点精讲
（3）根据银行通知恢复额度		
财务会计	借：零余额账户用款额度——项目支出 ——X项目　70 000 贷：财政应返还额度——财政授权支付 ——项目支出——X项目　70 000	在实务操作中，如涉及基本支出零余额用款额度，应按财政部门管理实际情况进行会计核算，可能存在财政直接收回额度不再下达预算的情况。
预算会计	借：资金结存——零余额账户用款额度　70 000 贷：资金结存——财政应返还额度　70 000	
（4）财政批复上年未下达额度		
财务会计	借：零余额账户用款额度——项目支出 ——X项目　30 000 贷：财政应返还额度——财政授权支付 ——项目支出——X项目　30 000	在实务操作中，财政批复上年未下达额度一般较晚；同时在实务中应加快项目执行进度，降低资金被收回的风险。
预算会计	借：资金结存——零余额账户用款额度　30 000 贷：资金结存——财政应返还额度　30 000	

五、财政应返还额度的业务处理

（一）财政应返还额度的含义

财政应返还额度是指实行国库集中支付的单位应收财政返还的资金额度，包括可以使用的以前年度财政直接支付资金额度和财政应返还的财政授权支付资金额度。

财政应返还额度核算的难点主要是财政直接支付和财政授权支付二者的区别。

财政直接支付下，年末未下达的预算指标直接确认为收入，下年度预算批复后执行时，直接冲减“财政应返还额度”科目；财政授权支付下，未使用的额度和未使用的预算指标下年度预算批复后均需恢复零余额账户用款额度。在预算会计核算时，财政直接支付下，上年度未执行的预算指标批复后，不做账务处理，不涉及现金的流入流出，而财政授权支付下，需要在“资金结存”下的明细科目之间进行调整。财政应返还额度因各级财政部门预算管理的要求不同，在实务中存在不同的处理方式，特别是近年来开展的存量资金盘活工作，均与“财政应返还额度”科目有关，在核算时还应关注财政部门预算的管理要求。

（二）账务处理举例

【例题4－12·实操题】2020年12月31日，D事业单位本年度财政直接支付预算指标数大于当年财政直接支付实际支出数的差额为8 000 000元，注销财政授权支付额度150 000元。2021年2月10日，D事业单位收到代理银行提供的额度恢复到账通知书，恢复上年财政授权支付额度150 000元。2021年3月10日，D事业单位使用上年财政直接支付额度购置大型网络设备，价款为6 000 000元，设备已验收并交付使用。设备的折旧年限为5年，按直线法计提折旧。2021年4月10日，D事业单位使用财政授权支付额度支付保安服务费50 000元。

【解析】

(1) 2020年12月31日，D事业单位根据本年度财政直接支付预算指标数大于当年财政直接支付实际支出数的差额，确认财政拨款（预算）收入。

财务会计分录：

借：财政应返还额度 8 000 000

贷：财政拨款收入 8 000 000

预算会计分录：

借：资金结存——财政应返还额度 8 000 000

贷：财政拨款预算收入 8 000 000

(2) 2020年12月31日，注销财政授权支付额度。

财务会计分录：

借：财政应返还额度——财政授权支付 150 000

贷：零余额账户用款额度 150 000

预算会计分录：

借：资金结存——财政应返还额度 150 000

贷：资金结存——零余额账户用款额度 150 000

(3) 2021年2月10日，恢复上年财政授权支付额度。

财务会计分录：

借：零余额账户用款额度 150 000

贷：财政应返还额度——财政授权支付 150 000

预算会计分录：

借：财政应返还额度——零余额账户用款额度 150 000

贷：资金结存——财政应返还额度 150 000

(4) 2021年3月10日，使用上年财政直接支付额度购置大型网络设备。

财务会计分录：

借：固定资产 6 000 000

贷：财政应返还额度——财政授权支付 6 000 000

预算会计分录：

借：事业支出——财政拨款支出——资本性支出 6 000 000

贷：资金结存——财政应返还额度 6 000 000

(5) 2021年4月10日，使用财政授权支付额度支付保安服务费。

财务会计分录：

借：业务活动费用　　50 000

　贷：零余额账户用款额度　　50 000

预算会计分录：

借：事业支出——财政拨款支出——商品和服务支出　　50 000

　贷：资金结存——零余额账户用款额度　　50 000

第二节　应收及暂付款类业务核算

行政事业单位的应收及暂付款类业务包括应收票据、应收账款、预付账款、应收股利、应收利息、其他应收款、坏账准备 7 个项目。

其中，应收票据在单位核算过程中出现较少，主要是高校、科研院所等事业单位在开展科研活动中取得的应收票据。应收利息、应收股利主要在事业单位核算中使用，国有资产管理制度对投资的管理较为严格，核算时应按权责发生制要求进行核算，不能用收付实现制核算。应收账款、预付账款、其他应收款是较为常用的债权项目。坏账准备是政府会计中唯一一个反映资产减值的项目，事业单位计提的坏账准备因涉及国有资产流失的责任问题，在批准核销时会面临较大困难。

一、应收票据的业务处理

【例题 4－13·实操题】2021 年 8 月 1 日，B 事业单位开展非独立核算的经营活动取得 X 公司商业汇票一张，票面金额为 100 000 元（含税），到期日为 10 月 31 日，增值税税率为 13%，后续业务分四种不同情况：

（1）9 月 1 日，单位选择将票据向银行贴现，贴现率为 10%，假设无追索权。

（2）9 月 1 日，单位将上述票据转让获得库存物品一批，价值 105 000 元，不足部分以银行存款支付，库存物品已验收入库。

（3）10 月 31 日，票据到期后收到票面金额 100 000 元。

（4）10 月 31 日，X 公司无力支付票款，收到银行退回的票据等材料。

【解析】账务处理如下：

会计分录		核算要点精讲
（1）收到汇票		
财务会计	借：应收票据——X 公司　100 000 　贷：经营收入　88 496 　　　应交增值税　11 504	根据业务的不同，可确认为不同的收入科目；本案例为“经营收入”。
预算会计	不做账务处理	无现金流入。

会计分录			核算要点精讲
(2) 向银行贴现			
财务会计	借：银行存款 　　经营费用 　贷：应收票据——X公司	98 333 1 667 100 000	贴现60天，贴现息金额＝100 000×(60/360)×10%＝1 667（元）； 有追索权的贷方科目确认为“短期借款”。
预算会计	借：资金结存——货币资金 　贷：经营预算收入	98 333 98 333	预算会计经营预算收入和财务会计经营收入差额部分（贴现息金额）在财务会计下已列支，将会在预算会计中形成差额。
(3) 票据转让获得库存物品			
财务会计	借：库存物品 　贷：应收票据——X公司 　　　银行存款	105 000 100 000 5 000	
预算会计	借：事业支出 　贷：资金结存——货币资金	5 000 5 000	按照实际现金流出5 000元确认预算会计事业支出。
(4) 到期收回票款			
财务会计	借：银行存款 　贷：应收票据——X公司	100 000 100 000	
预算会计	借：资金结存——货币资金 　贷：经营预算收入	100 000 100 000	
(5) 到期无法收回票款			
财务会计	借：应收账款——X公司 　贷：应收票据——X公司	100 000 100 000	到期后无法收回，确认为应收账款。
预算会计	不做账务处理		无现金流入。

二、应收账款的业务处理

（一）应收账款收回不需要上缴财政的情形

【例题4-14·实操题】2021年8月1日，B事业单位与X公司签订技术咨询服务合同，金额为10 000元，票据已开具，技术咨询服务已完成，款项未收到；9月30日，收到款项。

【解析】账务处理如下：

会计分录		核算要点精讲
（1）完成服务开具票据		
财务会计	借：应收账款——X公司　10 000 　贷：事业收入　10 000	根据业务的不同，可确认为不同的收入科目；根据权责发生制原则分不同的情形确定是否可确认收入。
预算会计	不做账务处理	无现金流入。
（2）收到款项时		
财务会计	借：银行存款　10 000 　贷：应收账款——X公司　10 000	
预算会计	借：资金结存——货币资金　10 000 　贷：事业预算收入　10 000	现金流入，按收付实现制确认收入。

（二）应收账款收回需要上缴财政的情形

【例题4-15·实操题】2021年8月1日，B事业单位出租资产应收Y公司租金10 000元；9月30日，按规定将租金上缴财政（款项尚未收到）；2022年1月1日，收到租金款项。

【解析】账务处理如下：

会计分录		核算要点精讲
（1）应收租金时		
财务会计	借：应收账款——Y公司　10 000 　贷：应缴财政款　10 000	注意此情形应上缴财政时不确认收入。
预算会计	不做账务处理	无现金流入。
（2）上缴财政时		
财务会计	借：应缴财政款　10 000 　贷：银行存款　10 000	权责发生制下，如款项不能及时收回，单位将可能出现垫支资金上缴财政的情况；确认应收账款但款项尚未收到时是否应按时上缴财政目前尚未正式规定，需要进一步明确；本案例假设没有收到款项时应按规定及时上缴财政。
预算会计	不做账务处理	款项收到上缴财政时，虽然是现金收支，但应缴财政款不属于纳入部门预算管理，不做预算会计账务处理。
（3）收到款项时		
财务会计	借：银行存款　10 000 　贷：应收账款——Y公司　10 000	
预算会计	不做账务处理	现金收支，但不属于纳入部门预算管理，不做预算会计账务处理。

（三）应收账款计提坏账的情形

1. 应收账款收回不需要上缴财政发生不能收回迹象，应当计提坏账准备

【例题 4－16・实操题】B 事业单位年初“坏账准备”（贷方）科目余额为 5 000 元（假设为“应收账款”二级明细科目）；2020 年 8 月 1 日，按照规定报批后核销确实无法收回的 X 公司应收账款 3 000 元；2020 年 12 月 31 日，“应收账款”科目余额为 300 000 元，“其他应收款”科目余额为 200 000 元；2021 年 8 月 1 日，核销的 X 公司款项又收回。假设该单位按照余额百分比法计提坏账准备，计提比例为 4%，所有应收账款均不需要上缴财政。

【解析】账务处理如下：

会计分录		核算要点精讲
（1）核销无法收回的应收账款		
财务会计	借：坏账准备 3 000 　贷：应收账款——X 公司 3 000	
预算会计	不做账务处理	无现金收支。
（2）按规定计提坏账准备		
财务会计	借：其他费用 18 000 　贷：坏账准备——应收账款 10 000 　　　　　　——其他应收款 8 000	年末应计提坏账准备＝（300 000＋200 000）×4%＝20 000（元）；“坏账准备”科目余额＝5 000－3 000＝2 000（元）（贷方）；当期应补提余额＝20 000－2 000＝18 000（元）；其中“应收账款”为 10 000 元；“其他应收款”明细科目为 8 000 元。
预算会计	不做账务处理	无现金收支。
（3）核算的 X 公司款项收回		
财务会计	借：应收账款——X 公司 3 000 　贷：坏账准备 3 000 借：银行存款 3 000 　贷：应收账款——X 公司 3 000	
预算会计	借：资金结存——货币资金 3 000 　贷：非财政拨款结余——年初余额调整 3 000	预算会计对预算结余的年初余额进行调整，不再确认收入。

2. 应收账款收回需上缴财政发生不能收回迹象，不提取坏账准备

【例题 4－17・实操题】2021 年 8 月 1 日，B 事业单位出租资产应收 Y 公司租金 10 000 元，款项一直未收到；2022 年 9 月 30 日，按照规定报经批准后予以核销；2023 年 1 月 1 日，收回部分款项 8 000 元。

【解析】账务处理如下：

会计分录		核算要点精讲
（1）确认应收账款		
财务会计	借：应收账款——Y公司 10 000 贷：应缴财政款 10 000	本案例假设款项未收到时不上缴财政，与上一案例不同。
预算会计	不做账务处理	无现金流入。
（2）按照规定报经批准后予以核销		
财务会计	借：应缴财政款 10 000 贷：应收账款——Y公司 10 000	根据事业单位国有资产处置有关规定，流动资产的处置需按规定报经批准后才能核销。
预算会计	不做账务处理	无现金流入。
（3）以后年度收回部分金额		
财务会计	借：银行存款 8 000 贷：应缴财政款 8 000	此处省略后续上缴财政有关业务处理。
预算会计	不做账务处理	现金收支，但不属于纳入部门预算管理，不做预算会计账务处理。

三、预付账款的业务处理

（一）按照购货、服务合同或协议规定预付给供应单位（或个人）的情形

【例题4-18·实操题】 2021年8月1日，A行政单位与X公司签订计算机购置合同100 000元，合同签订后预付货款30%，1个月后设备到货验收合格后一次性付清货款，上述款项由当年预算指标财政直接支付。

【解析】 账务处理如下：

会计分录		核算要点精讲
（1）预付货款时		
财务会计	借：预付账款——X公司 30 000 贷：财政拨款收入 30 000	财政直接支付时，财务会计确认财政拨款收入。
预算会计	借：行政支出 30 000 贷：财政拨款预算收入 30 000	发生预付账款时，现金流出，确认行政支出； 在确认支出的同时确认预算会计财政拨款预算收入，确保收支平衡。
（2）设备到货后付清余额时		
财务会计	借：固定资产 100 000 贷：预付账款——X公司 30 000 财政拨款收入 70 000	
预算会计	借：行政支出 70 000 贷：财政拨款预算收入 70 000	原因同上。

（二）按照合同规定向承包工程的施工企业预付备料款和工程款的情形

【例题 4－19·实操题】 2020 年 8 月 1 日，A 行政单位根据合同支付 Z 建筑公司备料款 400 000 元、Y 建筑公司备料款 200 000 元；9 月 1 日，根据工程进度结算 Z 公司备料款 600 000 元；10 月 31 日，Y 公司退回预付款项 50 000 元（当年退回）；2021 年 8 月 1 日，Y 公司退回预付款项 50 000 元（跨年退回）；2021 年 12 月 31 日，Y 公司因经营不善破产倒闭，预计该公司无法完成合同约定的相关业务。上述业务均由财政直接支付方式完成。

【解析】 账务处理如下：

会计分录		核算要点精讲
（1）预付备料款时		
财务会计	借：预付账款——Z 公司 400 000 ——Y 公司 200 000 贷：财政拨款收入 600 000	财政直接支付时，直接确认收入。
预算会计	借：行政支出 600 000 贷：财政拨款预算收入 600 000	发生预付账款时，现金流出，确认行政支出； 在确认支出的同时确认预算会计财政拨款预算收入，确保收支平衡。
（2）根据工程进度结算 Z 公司备料款		
财务会计	借：在建工程 600 000 贷：预付账款——Z 公司 400 000 财政拨款收入 200 000	按进度确认在建工程，补付备料款 200 000 元；同时在财政直接支付下确认财政拨款收入。
预算会计	借：行政支出 200 000 贷：财政拨款预算收入 200 000	原因同上。
（3）Y 公司退回部分预付款项（当年）		
财务会计	借：财政拨款收入 50 000 贷：预付账款——Y 公司 50 000	财政直接支付下，当年支付发生款项退回时减少财政拨款收入。
预算会计	借：财政拨款预算收入 50 000 贷：行政支出 50 000	参考财务会计处理原则，核减财政拨款预算收入；同时核减行政支出，确保收支平衡。
（4）Y 公司退回部分预付款项（跨年）		
财务会计	借：财政应返还额度——财政直接支付 50 000 贷：预付账款——Y 公司 50 000	退回以前年度财政直接支付款项时，借记“财政应返还额度”科目；与当年退回款项会计处理方式不同。

会计分录		核算要点精讲
预算会计	借：资金结存——财政应返还额度　50 000 　贷：财政拨款结转——年初余额调整　50 000	退回以前年度国库直接支付款项，属于以前年度财政拨款结转资金的，借记“资金结存——财政应返还额度”科目，贷记“财政拨款结转——年初余额调整”科目。如为非财政性资金，则应在“非财政拨款结余——年初余额调整”科目核算。
（5）2020 年 12 月 31 日 Y 公司破产倒闭		
财务会计	借：其他应收款——Y 公司　100 000 　贷：预付账款——Y 公司　100 000	因单位破产、撤销等可能无法收到所购货物、服务的，应当先将其转入其他应收款，再按照规定进行处理；总预付 Y 公司 200 000 元，已退回 100 000 元；转入其他应收款 100 000 元。
预算会计	不做账务处理	

四、其他应收款的业务处理

（一）其他应收款的核算范围

其他应收款包括职工预借的差旅费、应向职工收取的各种垫付款项、支付的可收回的订金或押金、应收的上级补助和附属单位上缴款项等。

（二）主要经济业务核算举例

【例题 4－20·实操题】2021 年 8 月 31 日，B 事业单位 X 职工报销差旅费 4 500 元（单位使用公务卡结算）。

【解析】账务处理如下：

报销差旅费会计分录		核算要点精讲
财务会计	借：业务活动费用　4 500 　贷：零余额账户用款额度　4 500	单位使用公务卡结算差旅费，职工预借时减少其他应收款核算业务量，会计不用记账。实际报销时进行账务处理。
预算会计	借：事业支出　4 500 　贷：资金结存　4 500	

第三节　存货类业务核算

存货类业务在行政单位发生较少，会计核算较为简单，但在事业单位，特别是在医院、高校等部分行业存货类业务较为复杂。此次政府会计改革引入了企业会计核算的理念，需要高度重视，提升存货管理水平。此外，部分事业单位属于一般纳税人，存货类资产还涉及增值税核算。下面以库存物品为例介绍其收发会计核算过程。

一、库存物品取得的业务处理

【例题 4－21·实操题】2021 年 5 月 5 日，某事业单位接受一批耗材捐赠，根据捐赠方提供的票据，该耗材价值为 20 000 元，该事业单位以银行存款支付耗材运输费 1 000 元。

【解析】账务处理如下：

取得捐赠耗材时会计分录		核算要点精讲
财务会计	借：库存物品　21 000 　贷：银行存款　1 000 　　　捐赠收入　20 000	捐赠取得的耗材计入捐赠收入。
预算会计	借：其他支出　1 000 　贷：资金结存——货币资金　1 000	捐赠取得的耗材支付的运费计入其他支出。

二、库存物品发出的业务处理

【例题 4－22·实操题】2021 年 8 月，B 事业单位“库存物品”科目发生如下业务：

（1）单位开展专业业务活动，领用库存材料 E 一批，实际成本为 10 000 元，8 月 31 日使用完，采用五五摊销法予以摊销。

（2）自主出售库存材料 E 一批，实际成本为 6 000 元，采用一次转销法予以摊销。

（3）经批准对外出售库存物品 F 一批，实际成本为 8 000 元，售价 9 000 元，款项已收到，待下月上缴财政。

（4）经批准对外捐赠库存物品 F 一批，成本为 9 000 元，发生运费 1 500 元。

（5）经批准无偿调出库存物品 F 一批，成本为 4 000 元，调出过程中发生运费 500 元。

【解析】账务处理如下：

会计分录		核算要点精讲
（1）领用库存材料E时		
财务会计	借：业务活动费用　5 000 　贷：库存物品——E　5 000	采用五五摊销法，首次领用时，将其账面余额的50%（10 000×50%）摊销计入有关成本费用。
预算会计	不做账务处理	
使用完时		
财务会计	借：业务活动费用　5 000 　贷：库存物品——E　5 000	采用五五摊销法，使用完时，将剩余的账面余额转销计入有关成本费用。
预算会计	不做账务处理	
（2）出售库存材料（自主出售）		
财务会计	借：业务活动费用　6 000 　贷：库存物品——E　6 000	自主出售与经批准对外出售处理原则不同，自主出售视同领用库存物品。
预算会计	不做账务处理	
（3）出售库存材料（经批准出售）		
财务会计	借：资产处置费用　8 000 　贷：库存物品——F　8 000 借：银行存款　9000 　贷：应缴财政款　9000	经批准对外出售与自主出售处理原则不同，经批准出售，视同资产处置，借记“资产处置费用”科目，同时按规定上缴财政。
预算会计	不做账务处理	虽然发生现金收支，但应上缴财政不属于部门预算管理的资金，不属于预算会计核算范围。
（4）经批准对外捐赠物品		
财务会计	借：资产处置费用　10 500 　贷：库存物品——F　9 000 　　银行存款　1 500	资产处置费用金额为按照库存物品的账面余额和对外捐赠过程中发生的归属于捐出方的相关费用合计数。
预算会计	借：其他支出　1 500 　贷：资金结存——货币资金　1 500	捐赠过程中发生的由捐出方负担的相关税费，按照实际支付金额，借记“其他支出”科目，置换过程现金流出1 500元。
（5）批准无偿调出的库存物品		
财务会计	借：资产处置费用　500 　　无偿调拨净资产　4 000 　贷：库存物品——F　4 000 　　银行存款　500	资产处置费用金额为无偿调拨过程中发生的归属于调出方的相关费用。
预算会计	借：其他支出　500 　贷：资金结存——货币资金　500	调拨过程中发生的由调出方负担的相关税费，按照实际支付金额，借记“其他支出”科目。

三、库存物品盘盈盘亏的业务处理

【例题4-23·实操题】 2021年12月31日，B事业单位对库存物品进行清查盘点，详细情况如下：

（1）盘盈库存材料E一批，经评估后价值为6 000元；盘盈库存材料L一批，无法确定其成本，暂按名义金额入账。

（2）盘亏库存材料F一批，账面余额为4 000元，属于正常原因盘亏；按照资产处置相关规定经批准后，分别进行盘盈、盘亏处理。

【解析】 账务处理如下：

会计分录		核算要点精讲
（1）盘盈库存材料E		
财务会计	借：库存物品——E 6 000 贷：待处理财产损溢 6 000	对于发生的库存物品盘盈、盘亏或者报废、毁损，应当先记入"待处理财产损溢"科目，按照规定报经批准后及时进行后续账务处理。
预算会计	不做账务处理	
（2）盘盈库存材料L（名义金额）		
财务会计	借：库存物品——L 1（名义金额） 贷：待处理财产损溢 1（名义金额）	
预算会计	不做账务处理	
（3）盘亏库存材料F		
财务会计	借：待处理财产损溢 4 000 贷：库存物品——F 4 000	
预算会计	不做账务处理	

第四节 投资类业务核算

一、短期投资的业务处理

（一）短期投资的理念

短期投资指事业单位购入的各种随时变现、持有时间不超过一年的有价证券，以及不超过一年的其他投资。有价证券包括股票和债券等，如购买其他股份公司发行的股票、政府或其他企业发行的各种债券（国库券、地方政府债券和企业债券等）。

【延伸思考】对于有明确到期日的长期债券投资，即使剩余期限已短于一年，也不得将其转为短期投资，因为长期持有且直至到期日这一投资目的未改变。

（二）主要业务处理举例

【例题4-24·实操题】2021年8月1日，B事业单位经批准后使用非财政性资金取得短期投资X债券一项，按月付息，共支付价款304 000元；2021年8月31日，收到支付的价款中包含的尚未领取的利息4 000元；2021年12月31日，收到持有期间利息6 000元；2022年3月1日，以305 000元出售该短期投资，款项已收到，按规定将投资收益纳入单位预算，不上缴财政。

【解析】账务处理如下：

会计分录		核算要点精讲
（1）经批准取得短期投资		
财务会计	借：短期投资——X债券　304 000 　贷：银行存款　304 000	对外投资应报经批准。
预算会计	借：投资支出　304 000 　贷：资金结存——货币资金　304 000	使用货币资金进行投资，现金流出，应进行预算会计账务处理，预算会计下专设“投资支出”科目进行核算。
（2）收到尚未领取的利息		
财务会计	借：银行存款　4 000 　贷：短期投资——X债券　4 000	收到的款项属于未领取的利息，已包含在支付价款中，并非投资收益，应冲减短期投资成本。
预算会计	借：资金结存——货币资金　4 000 　贷：投资支出　4 000	该款项并非投资收益，财务会计冲减短期投资成本；预算会计冲减投资支出。
（3）收到持有期间利息		
财务会计	借：银行存款　6 000 　贷：投资收益　6 000	确认投资收益；本案例假设投资收益纳入单位预算，不上缴财政；确认利息收入会计业务略。
预算会计	借：资金结存——货币资金　6 000 　贷：投资预算收益　6 000	确认投资预算收益。
（4）出售短期投资		
财务会计	借：银行存款　305 000 　贷：短期投资——X债券　300 000 　　　投资收益　5 000	

<table>
<tr><th colspan="2">会计分录</th><th>核算要点精讲</th></tr>
<tr><td>预算会计</td><td>借：资金结存——货币资金 305 000
　贷：其他结余 300 000
　　投资预算收益 5 000</td><td>出售、对外转让或到期收回以前年度以货币资金取得的对外投资的，如果按规定将投资收益纳入单位预算，按照实际收到的金额，借记“资金结存”科目，按照取得投资时“投资支出”科目的发生额，贷记“其他结余”科目，按照其差额，贷记或借记“投资预算收益”科目；如果为当年的投资则冲减投资支出；本案例为上年投资，计入其他结余。</td></tr>
</table>

二、长期股权投资的业务处理

（一）长期股权投资的初始计量

【例题 4-25·实操题】 2021 年 8 月 1 日，B 事业单位经批准使用非财政性资金对外投资业务如下：

（1）支付银行存款 100 000 元取得 X 公司 15%的股权，X 公司已宣告但尚未发放的现金股利，根据持股比例 B 事业单位可分得 5 000 元；2021 年 9 月 30 日，收到现金股利。

（2）以未入账的无形资产取得 Y 公司长期股权投资，评估价值为 300 000 元，相关其他支出共 10 000 元。

（3）接受捐赠的 Z 公司长期股权投资，经评估后价值为 400 000 元，发生其他支出 20 000 元。

（4）同级事业单位无偿调入 W 公司长期股权投资一项，经评估后价值为 200 000 元，发生其他支出 5 000 元。

以上发生的其他支出均由银行存款支付。

【解析】 账务处理如下：

<table>
<tr><th colspan="2">会计分录</th><th>核算要点精讲</th></tr>
<tr><td colspan="3">（1）现金投资取得股权</td></tr>
<tr><td>财务会计</td><td>借：长期股权投资——X 公司 95 000
　　应收股利——X 公司 5 000
　贷：银行存款 100 000</td><td>长期股权投资使用成本法核算。</td></tr>
<tr><td>预算会计</td><td>借：投资支出 100 000
　贷：资金结存——货币资金 100 000</td><td>货币资金投资，预算会计进行账务处理。</td></tr>
<tr><td colspan="3">（2）收到现金投资中已宣告未发放的股利</td></tr>
<tr><td>财务会计</td><td>借：银行存款 5 000
　贷：应收股利——X 公司 5 000</td><td></td></tr>
</table>

会计分录		核算要点精讲
预算会计	借：资金结存——货币资金 5 000 　贷：投资支出 5 000	预算会计核算支付的投资款项时，将应收股利金额列入投资支出，收到股利时予以冲减。
（3）以未入账的无形资产取得股权		
财务会计	借：长期股权投资——Y公司 310 000 　贷：银行存款 10 000 　　　其他收入 300 000	无形资产投资形成财务会计的其他收入，制度中规定未入账的无形资产，视同资产置换过程的增值，强调的是未入账的概念； 如以入账的资产置换取得长期股权投资，与置换取得库存物品核算相同。
预算会计	借：其他支出 10 000 　贷：资金结存——货币资金 10 000	资产置换过程中发生的相关税费，在“其他支出”科目核算。
（4）以捐赠的形式取得投资		
财务会计	借：长期股权投资——Z公司 420 000 　贷：银行存款 20 000 　　　捐赠收入 400 000	
预算会计	借：其他支出 20 000 　贷：资金结存——货币资金 20 000	资产置换过程中发生的相关税费，在“其他支出”科目核算。
（5）以无偿调拨形式取得投资		
财务会计	借：长期股权投资——W公司 205 000 　贷：银行存款 5 000 　　　无偿调拨净资产 200 000	贷记“无偿调拨净资产”科目。
预算会计	借：其他支出 5 000 　贷：资金结存——货币资金 5 000	资产置换过程中发生的相关税费，在“其他支出”科目核算。

（二）长期股权投资的后续计量

1. 采用成本法核算

成本法是指投资按照政府会计主体初始投资的历史成本入账，长期股权投资的账面余额通常保持不变，但追加或收回投资时，应当相应调整其账面余额。长期股权投资持有期间，被投资单位宣告分派的现金股利或利润，政府会计主体应享有的比例份额确认为投资收益。

【例题4-26·实操题】2021年8月1日，B事业单位投资的以成本法核算的长期股权投资X公司宣告发放股利，根据持股比例B事业单位可分得10 000元；2022年4月30日，收到2021年股利，上述投资收益直接纳入单位预算管理。

【解析】账务处理如下：

会计分录		核算要点精讲
（1）宣告发放股利		
财务会计	借：应收股利——X公司 10 000 贷：投资收益 10 000	与权益法下的核算不同，请注意区分。
预算会计	不做账务处理	
（2）收到2021年宣告发放的股利		
财务会计	借：银行存款 10 000 贷：应收股利——X公司 10 000	
预算会计	借：资金结存——货币资金 10 000 贷：投资预算收益 10 000	取得被投资单位分派的现金股利或利润时，按照实际收到的金额，贷记“投资预算收益”科目。

2. 采用权益法核算

权益法是指政府会计主体取得长期股权投资后，对于被投资单位净资产的变动，要按照持股比例调增长期股权投资账面余额并同时确认投资收益或投资损失，分得的股息红利确认应收股利同时冲减长期股权投资账面余额，被投资单位发生净亏损日后又实现净利润的，政府会计主体应当在收益分享额弥补未确认的超额亏损后恢复确认投资收益。

【例题4-27·实操题】2019年8月1日，经批准，B事业单位使用非财政性资金对外投资取得长期股权投资X公司，投资成本为750 000元，股权比例为75%，按照规定使用权益法，持有期间情况如下：

（1）2019年12月31日，X公司实现净利润100 000元。

（2）2020年3月31日，X公司宣告分派现金股利，B事业单位按照比例分得50 000元，4月30日收到分得的股利。

（3）2020年12月31日，X公司发生净亏损200 000元。

（4）2021年12月31日，X公司实现净利润250 000元。

（5）2021年X公司除净损益和利润分配以外的其他所有者权益变动增加50 000元。

【解析】账务处理如下：

会计分录		核算要点精讲
（1）现金投资取得股权		
财务会计	借：长期股权投资——成本——X公司 750 000 贷：银行存款 750 000	长期股权投资使用权益法核算，下设“成本”“损益调整”“其他权益变动”三个明细科目；初始投资确认“长期股权投资——成本”。
预算会计	借：投资支出 750 000 贷：资金结存——货币资金 750 000	货币资金投资，预算会计进行账务处理。
（2）2019年实现净利润		
财务会计	借：长期股权投资——损益调整——X公司 75 000 贷：投资收益——X公司 75 000	按照应享有的份额100 000×75%=75 000（元），确认“长期股权投资——损益调整”。

会计分录		核算要点精讲
预算会计	不做账务处理	
(3) 宣告发放2019年股利		
财务会计	借：应收股利——X公司 50 000 贷：长期股权投资——损益调整——X公司 50 000	宣告分派现金股利时贷方科目为"长期股权投资——损益调整"，对应实现净利润时增加的损益调整部分（本案例上一分录记录的75 000元）；也相当于单位分配已记入"长期股权投资——损益调整"科目的金额。
预算会计	不做账务处理	
(4) 收到2019年股利		
财务会计	借：银行存款 50 000 贷：应收股利——X公司 50 000	
预算会计	借：资金结存——货币资金 50 000 贷：投资预算收益 50 000	持有长期股权投资取得被投资单位分派的现金股利或利润；预算会计在"投资预算收益"科目核算。
(5) 2020年发生净亏损		
财务会计	借：投资收益——X公司 150 000 贷：长期股权投资——损益调整——X公司 150 000	单位应分担的净亏损为：200 000×75%=150 000（元）；借方科目为"投资收益"（相当于减少投资收益）；贷方科目冲减实现利润时损益调整，但以"长期股权投资"科目的账面余额（750 000+75 000－50 000=775 000元）减记至零为限；本案例减记额为150 000元。
预算会计	不做账务处理	
(6) 2021年实现净利润		
财务会计	借：长期股权投资——损益调整——X公司 187 500 贷：投资收益——X公司 187 500	按照收益分享额（250 000×75%=187 500（元））弥补未确认的亏损分担额等后的金额（上年度分担的亏损额150 000元已全部确认），借记"长期股权投资——损益调整"科目，贷记"投资收益"科目。
预算会计	不做账务处理	
(7) 2021年其他所有者权益变动		
财务会计	借：长期股权投资——其他权益变动——X公司 37 500 贷：权益法调整 37 500	50 000×75%=37 500（元）。
预算会计	不做账务处理	

假如2020年12月31日X公司发生净亏损1 800 000元；2021年12月31日，X公司实现净利润1 000 000元。

【解析】账务处理如下：

会计分录		核算要点精讲
（1）2020 年发生净亏损		
财务会计	借：投资收益——X 公司 775 000 贷：长期股权投资——损益调整——X 公司 775 000	单位应分担的净亏损为：1 800 000×75％＝1 350 000（元）；借方科目为“投资收益”（相当于减少投资收益）；贷方科目冲减实现利润时的损益调整，但以“长期股权投资”科目的账面余额（750 000＋75 000－50 000＝775 000（元））减记至零为限；本案例减记额为 1 350 000 元，则其上限为 775 000 元（账面金额）；同时应在备查账中登记未确认金额 575 000 元。
预算会计	不做账务处理	
（2）2021 年实现净利润		
财务会计	借：长期股权投资——损益调整——X 公司 175 000 贷：投资收益——X 公司 175 000	按照收益分享额（1 000 000×75％＝750 000（元））弥补未确认的亏损分担额后的金额（上年度分担的未确认亏损额 575 000 元）为 750 000－575 000＝175 000 元，借记“长期股权投资——损益调整”科目，贷记“投资收益”科目。
预算会计	不做账务处理	

【延伸思考】政府会计准则与企业会计准则中的长期股权投核算有何异同？

根据《政府会计准则第 2 号——投资》，长期股权投资在持有期间，通常应当采用权益法进行核算。政府会计主体无权决定被投资单位的财务和经营政策或无权参与被投资单位的财务和经营政策决策的，应当采用成本法进行核算。

与企业会计准则的区别在于：政府会计准则主要以权益法为主进行核算，这样做的优点是，一是避免期末编制合并会计报表，如果按企业会计准则，持股比例超过 50％，平时按成本法核算（而政府会计准则采用权益法，与企业会计准则刚好相反），期末成本法需要转为权益法核算，在编制合并会计报表时，要将被投资单位（往往是企业）会计政策先按政府会计主体合并方的会计政策进行调整，由于企业的会计报表项目列报与政府会计准则完全不一样，实务中没有可操作性。二是采用权益法核算，期末政府会计主体对国有资产的保值增值或减值可以在报表中完全体现出来。由此可见，政府会计核算不能完全按企业会计的做法，而需要根据政府会计的特点和需求合理选择会计方法，以满足政府会计核算要求。

3. 成本法与权益法的转换

单位因处置部分长期股权投资等对处置后的剩余股权投资由权益法改为成本法核算的，应当按照权益法下长期股权投资的账面余额作为成本法下长期股权投资的账面余额。反之亦然。

【例题 4-28·实操题】 2019 年 8 月 1 日，经批准，B 事业单位使用非财政性资金对外投资取得长期股权投资 X 公司，投资成本为 750 000 元，股权比例为 75%（上述会计分录略），按照规定使用权益法核算；2019 年 12 月 31 日，X 公司未盈利也未分配股利。持有期间情况如下：

（1）2020 年 1 月 31 日，经批准后单位处置股权 60%，股权比例变动为 15%，改为成本法核算，实际收到价款 800 000 元（假设不上缴财政）。

（2）2021 年 3 月 31 日，X 公司宣告分派现金股利 100 000 元（收到股利时会计业务略）。

（3）经批准，B 事业单位追加投资 500 000 元，获得 X 公司股权 40%，改为权益法核算。

【解析】 账务处理如下：

会计分录		核算要点精讲
（1）处置股权（以前年度）		
财务会计	借：银行存款　800 000 　贷：长期股权投资——成本——X 公司　600 000 　　　投资收益　200 000	处置时收到价款 800 000 元，被处置的长期股权投资账面余额为 600 000 元（750 000÷75%×60%）；与收到的价款差额部分确认投资收益；成本法下“长期股权投资”科目余额为 150 000 元（750 000－600 000）。
预算会计	借：资金结存——货币资金　800 000 　贷：其他结余　600 000 　　　投资预算收益　200 000	按照取得投资时“投资支出”科目的发生额，贷记“其他结余”科目，按照其差额，贷记或借记“投资预算收益”科目；本案例重点为以前年度；当年应冲减投资支出。
（2）宣告发放 2020 年股利		
财务会计	借：应收股利——X 公司　15 000 　贷：长期股权投资——成本——X 公司　15 000	属于单位已计入投资账面余额的部分，按照应分得的现金股利或利润份额，借记“应收股利”科目，贷记“长期股权投资——成本”科目，减少长期股权投资账面成本；计算过程：100 000×15%=15 000（元）；与权益法下的核算不同。
预算会计	不做账务处理	

会计分录		核算要点精讲
（3）权益法转换成本法		
财务会计	借：长期股权投资——X公司 135 000 贷：长期股权投资——成本——X公司 135 000	权益法下“长期股权投资——成本”二级明细科目转换为成本法下“长期股权投资”科目。
预算会计	不做账务处理	
（4）经批准追加投资		
财务会计	借：长期股权投资——成本——X公司 635 000 贷：长期股权投资——X公司 135 000 银行存款 500 000	其中，135 000元为调整为成本法下长期股权投资的账面余额；转换时将其调整至“长期股权投资——成本”明细科目。
预算会计	借：投资支出 500 000 贷：资金结存——货币资金 500 000	货币资金投资，预算会计进行账务处理。

（三）按照规定报经批准处置长期股权投资

1. 成本法下长期股权投资的处置

【例题4-29·实操题】2021年8月1日，B事业单位“长期股权投资”科目余额（假设均为成本法）如下：

（1）以现金取得的X公司长期股权投资账面余额为100 000元，经批准，2022年1月1日获得处置价款120 000元。

（2）以固定资产置换取得的Y公司长期股权投资账面余额为60 000元，经批准，2022年1月1日对上述股权进行处理，包括尚未收到的股利10 000元（收到股利时的账务处理略），发生相关税费5 000元，处置收到银行存款90 000元，处置收益按规定上缴财政（假设收到的股利不上缴财政）。

（3）假设上述Y公司处置价款不上缴财政。

（4）Z公司长期股权投资账面余额为50 000元，Z公司破产清算，经批准予以核销。

【解析】账务处理如下：

会计分录		核算要点精讲
（1）处置X公司股权		
财务会计	借：银行存款 120 000 贷：长期股权投资——X公司 100 000 投资收益 20 000	处置权益法下长期股权投资时，应设置“成本”“权益调整”“其他损益变动”三个明细科目；本案例为成本法。

会计分录		核算要点精讲
预算会计	借：资金结存——货币资金 120 000 　贷：其他结余 100 000 　　投资预算收益 20 000	贷方为当年以现金取得投资时“投资支出”科目的发生额，以前年度的投资处置时记入“其他结余”科目；其差额为投资预算收益（借方或贷方）。

（2）处置Y公司股权（上缴财政）

财务会计	借：资产处置费用 60 000 　银行存款 90 000 　贷：长期股权投资——Y公司 60 000 　　应收股利——Y公司 10 000 　　银行存款 5 000 　　应缴财政款 75 000	取得的价款90 000元中包括应收股利10 000元，此账务处理相当于收到了已宣告但未发放的应收股利。
预算会计	借：资金结存——货币资金 10 000 　贷：投资预算收益——Y公司 10 000	持有长期股权投资取得被投资单位分派的现金股利（10 000元）或利润时，按照实际收到的金额，借记“资金结存——货币资金”科目，贷记“投资预算收益”科目；应上缴财政的75 000元不纳入单位预算管理，预算会计不做账务处理。

（3）处置Y公司股权（纳入预算管理）

财务会计	借：资产处置费用 60 000 　银行存款 90 000 　贷：长期股权投资——Y公司 60 000 　　应收股利——Y公司 10 000 　　银行存款 5 000 　　投资收益 15 000 　　应缴财政款 60 000	取得的价款90 000元中包括应收股利10 000元，此账务处理相当于收到了已宣告但未发放的应收股利。
预算会计	借：资金结存——货币资金 25 000 　贷：投资预算收益——Y公司 25 000	持有长期股权投资取得被投资单位分派的现金股利或利润时，按照实际收到的金额，借记“资金结存——货币资金”科目，贷记“投资预算收益”科目。

（4）核销Z公司股权

财务会计	借：资产处置费用 50 000 　贷：长期股权投资——Z公司 50 000	不管Z公司股权是现金取得还是非现金取得，核销时均为“资产处置费用”科目。
预算会计	不做账务处理	

2. 权益法下长期股权投资的处置

【例题 4-30·实操题】2019 年 3 月，W 大学以一项专利技术（非本单位科技成果）进行对外投资，专利技术账面原值为 1 000 000 元，累计摊销 200 000 元，评估价值为 2 000 000 元。投资过程中发生相关税费 50 000 元，W 大学以银行存款支付。W 大学取得 H 公司 40%的股权，且能够决定 H 公司的财务和经营政策。2019 年 12 月 31 日，H 公司实现净利润 1 500 000 元，除净损益和利润分配以外的所有者权益变动的份额为 500 000 元。2020 年 6 月，W 大学将该项投资出售，取得价款 4 000 000 元，另发生相关税费 60 000 元，以银行存款支付。按规定 W 大学将取得的投资收益纳入本单位预算管理。

【解析】

(1) 2019 年 3 月，W 大学以专利技术对外投资时。

财务会计分录：

借：长期股权投资——成本　　2 050 000

　　无形资产累计摊销　　200 000

　贷：无形资产　　1 000 000

　　　银行存款　　50 000

　　　其他收入　　1 200 000

预算会计分录：

借：其他结余　　50 000

　贷：资金结存——货币资金　　50 000

(2) 2019 年 12 月 31 日，H 公司实现净利润 1 500 000 元，W 大学调整长期股权投资账面余额 600 000 元（1 500 000×40%）。

财务会计分录：

借：长期股权投资——损益调整　　600 000

　贷：投资收益　　600 000

预算会计分录：不记账。

(3) 2019 年 12 月 31 日，W 大学根据 H 公司除净损益和利润分配以外的所有者权益变动的份额 500 000 元，调增长期股权投资账面余额 200 000 元(500 000×40%)。

财务会计分录：

借：长期股权投资——其他权益变动　　200 000

　贷：权益法调整　　200 000

预算会计分录：不记账。

(4) 2020 年 6 月，W 大学将该项投资出售，取得价款 4 000 000 元，另发生相关税费 60 000 元，以银行存款支付。

财务会计分录：

借：资产处置费用　2 050 000
　贷：长期股权投资——成本　2 050 000
借：银行存款　4 000 000
　贷：银行存款（相关税费）　60 000
　　长期股权投资——损益调整　600 000
　　　　　　　——其他权益变动　200 000
　　投资收益（4 000 000－2 050 000－600 000－200 000）　1 150 000
　　应缴财政款　1 990 000
借：权益法调整　200 000
　贷：投资收益　200 000
预算会计分录：
借：资金结存——货币资金（4 000 000－1 990 000－60 000）　1 950 000
　贷：投资预算收益　1 950 000

三、长期债券投资的业务处理

【例题 4-31·实操题】B事业单位有关“长期债券投资”科目的业务如下：

（1）2019年8月1日，支付价款105 000元，取得长期债券投资X债券，面值为100 000元，分期付息，票面利率为5%；支付价款中包括已到付息期尚未领取的利息5 000元；2019年8月31日，收到利息5 000元。

（2）持有期间：2019年12月31日，确认2019年利息收入；2020年收到利息。

（3）持有至到期：2020年12月31日债券到期，确认利息收入的同时收回长期债券投资。

（4）假设上述X债券2022年到期，2020年12月31日，对外出售长期债券，实际收到金额为108 000元。

【解析】账务处理如下：

会计分录		核算要点精讲
（1）取得长期债券投资		
财务会计	借：长期债券投资——成本——X债券 100 000 　　应收利息——X债券　5 000 　贷：银行存款　105 000	“长期债券投资”科目设置“成本”和“应计利息”明细科目。
预算会计	借：投资支出——X债券　105 000 　贷：资金结存——货币资金　105 000	以货币资金对外投资时，按照投资金额和所支付的相关税费金额的合计数记入“投资支出”科目。

<table>
<tr><th colspan="2">会计分录</th><th>核算要点精讲</th></tr>
<tr><td colspan="3">（2）收到利息</td></tr>
<tr><td>财务会计</td><td>借：银行存款　5 000
　贷：应收利息——X 债券　5 000</td><td></td></tr>
<tr><td>预算会计</td><td>借：资金结存——货币资金　5 000
　贷：投资支出——X 债券　5 000</td><td>持有的短期投资以及分期付息、一次还本的长期债券投资收到利息时冲减投资支出。</td></tr>
<tr><td colspan="3">（3）确认 2019 年利息收入</td></tr>
<tr><td>财务会计</td><td>借：应收利息——X 债券　5 000
　贷：投资收益　5 000</td><td>利息＝面值×票面利率。</td></tr>
<tr><td>预算会计</td><td>不做账务处理</td><td></td></tr>
<tr><td colspan="3">（4）收到 2019 年利息</td></tr>
<tr><td>财务会计</td><td>借：银行存款　5 000
　贷：应收利息——X 债券　5 000</td><td></td></tr>
<tr><td>预算会计</td><td>借：资金结存——货币资金　5 000
　贷：投资支出——X 债券　5 000</td><td>持有的短期投资以及分期付息、一次还本的长期债券投资收到利息时冲减投资支出。</td></tr>
<tr><td colspan="3">（5）2020 年确认利息收入并到期收回投资</td></tr>
<tr><td>财务会计</td><td>借：银行存款　105 000
　贷：长期债券投资——成本——X 债券 100 000
　　　应收利息——X 债券　5 000</td><td></td></tr>
<tr><td>预算会计</td><td>借：资金结存——货币资金　105 000
　贷：其他结余　95 000
　　　投资预算收益　10 000</td><td>出售、对外转让或到期收回以前年度以货币资金取得的对外投资的，如果按规定将投资收益纳入单位预算，按照实际收到的金额，借记“资金结存”科目，按照取得投资时“投资支出”科目的发生额，贷记“其他结余”科目，按照其差额，贷记或借记“投资预算收益”科目；以前年度投资支出已结转。</td></tr>
<tr><td colspan="3">（6）2020 年出售债券（未到期）</td></tr>
<tr><td>财务会计</td><td>借：银行存款　108 000
　贷：长期债券投资——成本——X 债券 100 000
　　　应收利息——X 债券　5 000
　　　投资收益　3 000</td><td>2020 年确认利息收入 5 000 元。</td></tr>
<tr><td>预算会计</td><td>借：资金结存——货币资金　108 000
　贷：其他结存　100 000
　　　投资预算收益　8 000</td><td>收回或出售以前年度投资，预算会计计入其他结存；以前年度投资支出已结转。</td></tr>
</table>

第五节　固定资产类业务核算

一、固定资产的核算范围

政府会计主体所控制的固定资产一般包括满足自身业务活动或其他活动所控制的房屋及构筑物、专用设备、通用设备。

【延伸思考 1】单位价值虽未达到规定标准，但是使用年限超过一年（不含一年）的大批同类物资，如图书、家具、用具、装具等也认定为固定资产。

【延伸思考 2】公共基础设施、政府储备物资、保障性住房、自然资源资产、文物文化资产等不属于固定资产核算范围，适用其他相关政府会计准则。

【延伸思考 3】注意固定资产与文物文化资产的界定。在实务中，某类资产属于文物类，但其使用范围为某一会计主体而非社会公共需求，此时应界定为固定资产而非文物文化资产。类似的项目还包括公共基础设施、政府储备物资、保障性住房、受托代理资产等项目，其主要区别就是单位自用还是社会公共需求或特定需求。

二、固定资产的初始计量

【例题 4－32・实操题】2021 年 8 月 1 日，B 事业单位有关“固定资产”科目的业务如下：

（1）购入需安装的固定资产 D，次月安装完成验收合格，总价为 120 000 元，其中质量保证金为 5%，一年质保期后予以支付。

（2）融资租入不需要安装的固定资产 E，租赁期限 10 年，发生相关税费、安装费等其他支出共 10 000 元；按照租赁协议每年支付 20 000 元；每年 8 月 1 日定期支付租金。

（3）接受捐赠不需要安装的固定资产 F，评估确定的价值为 50 000 元，发生相关税费等 6 000 元。

（4）接受捐赠不需要安装的固定资产 G，价值无法确定，暂按名义金额入账，发生相关税费等 3 000 元。

（5）无偿调入不需要安装的固定资产 H，经评估确定的价值为 20 000 元，发生相关税费等 2 000 元。

以上款项均通过银行存款支付，均为专用设备，暂不考虑增值税处理。

【解析】 账务处理如下：

会计分录		核算要点精讲
(1) 购入需安装的固定资产 D		
财务会计	借：在建工程——D 120 000 　贷：银行存款 114 000 　　　其他应付款 6 000	扣留期在 1 年以内（含 1 年）的质保金在“其他应付款”科目核算；超过 1 年的在“长期应付款”科目核算；质保金 = 120 000 × 5% = 6 000（元）。
预算会计	借：事业支出 114 000 　贷：资金结存——货币资金 114 000	按实际支付的现金进行预算会计账务处理。
(2) 安装完成交付资产		
财务会计	借：固定资产——专用设备 120 000 　贷：在建工程 120 000	安装完毕交付使用前通过“在建工程”科目核算，安装完毕交付使用时再转入“固定资产”科目；“固定资产”按六大类明细科目进行核算。
预算会计	不做账务处理	
(3) 一年后支付质保金		
财务会计	借：其他应付款 6 000 　贷：银行存款 6 000	
预算会计	借：事业支出 6 000 　贷：资金结存——货币资金 6 000	
(4) 融资租入固定资产 E		
财务会计	借：固定资产——专用设备 210 000 　贷：长期应付款 200 000 　　　银行存款 10 000	固定资产成本 = 合同确定的付款额 + 支付的其他费用；按照租赁协议或者合同确定的租赁付款额，贷记“长期应付款”科目（融资租入期限超过 1 年）。
预算会计	借：事业支出 10 000 　贷：资金结存——货币资金 10 000	
(5) 定期支付租金		
财务会计	借：长期应付款 20 000 　贷：银行存款 20 000	按年定期支付租金；跨年度分期付款购入固定资产的账务处理，参照融资租入固定资产。
预算会计	借：事业支出 20 000 　贷：资金结存——货币资金 20 000	
(6) 接受捐赠固定资产 F		
财务会计	借：固定资产——专用设备 56 000 　贷：银行存款 6 000 　　　捐赠收入 50 000	差额确认为捐赠收入。

会计分录		核算要点精讲
预算会计	借：其他支出　6 000 　贷：资金结存——货币资金　6 000	捐赠收入为非现金捐赠，预算会计不进行账务处理；其他税费支出计入其他支出而非事业支出。
(7) 接受捐赠固定资产 G（名义金额）		
财务会计	借：固定资产——专用设备　1（名义金额） 　　其他费用　3 000 　贷：银行存款　3 000 　　　捐赠收入　1（名义金额）	捐赠收入与计入固定资产的金额（名义金额）一致；按照发生的相关税费、运输费等，借记“其他费用”科目。
预算会计	借：其他支出　3 000 　贷：资金结存——货币资金　3 000	发生的相关费用没有计入固定资产价值，相应地不能计入事业支出，与其他费用相对应计入其他支出。
(8) 无偿调入固定资产 H		
财务会计	借：固定资产——专用设备　22 000 　贷：银行存款　2 000 　　　无偿调拨净资产　20 000	
预算会计	借：其他支出　2 000 　贷：资金结存——货币资金　2 000	其他税费计入其他支出而非事业支出。

【延伸思考 1】单位购置房产时，缴纳的印花税是否计入房屋资产原值？

解读：应该计入房屋资产价值。印花税属于固定资产交付使用前所发生的可归属于资产价值的一部分，所以应该计入房屋资产原值。

【延伸思考 2】单位支付车辆购置税时产生的滞纳金是否计入房屋资产原值？

解读：不可以。滞纳金是税务机关对逾期缴纳税款的纳税人进行经济制裁的一种措施，该罚款支出属于非正常经营性支出，应计入其他费用。

【延伸思考 3】单位接受捐赠的名贵花瓶，系孤品，没有相关凭证可供取得，也无法进行资产评估，同类或类似资产的市场价格也无法可靠取得，是否需要记账？怎样记账？

解读：按名义金额 1 元计入固定资产。

三、固定资产的后续计量

（一）固定资产累计折旧

（1）政府会计主体当月新增的固定资产当月计提折旧，这与企业会计关于固定资产折旧的规则不同。

（2）文物和陈列品、动植物、图书、档案、单独计价入账的土地、以名义金额计量的固定资产不计提折旧。

【例题 4－33・实操题】2021 年 8 月 1 日，B 事业单位资产管理部门通过资产管理系统计提折旧 50 000 元，其中用于业务部门的固定资产折旧 30 000 元，用于行政部门的固定资产折旧 20 000 元。

【解析】账务处理如下：

固定资产计提折旧会计分录		核算要点精讲
财务会计	借：业务活动费用　30 000 　　单位管理费用　20 000 　贷：固定资产累计折旧　50 000	固定资产计提折旧时应明确费用类别，当月新增的固定资产当月计提折旧，应注意与企业会计要求的计提时点不一致。
预算会计	不做账务处理	无现金流入流出。

（二）固定资产改扩建支出

【例题 4－34・实操题】2021 年 1 月 1 日，B 事业单位对原有实验室进行改建，该实验室 2018 年 12 月 1 日开始使用，账面原值为 6 000 000 元，使用年限平均法计提折旧，预计使用年限为 10 年。2021 年 4 月 1 日，B 事业单位完成对实验室的扩建且已交付使用，共发生支出 800 000 元，全部以银行存款支付。改扩建过程中已替换部分固定资产申请上级部门批复，此部分固定资产原值为 150 000 元。2021 年 4 月 20 日，上级主管部门已批复。预计扩建后实验室的使用年限为 15 年。2021 年 5 月 10 日，该事业单位对实验室进行日常维护，使用银行存款支付维护费用 5 000 元。

【解析】账务处理如下：

会计分录		核算要点精讲
（1）将固定资产转入在建工程		
财务会计	借：在建工程　4 800 000 　　固定资产累计折旧　1 200 000 　贷：固定资产——房屋及构筑物　6 000 000	将固定资产转入在建工程，包括已计提的折旧，已计提折旧＝6 000 000÷10×2＝1 200 000（元）。
预算会计	不做账务处理	
（2）发生改建、扩建支出		
财务会计	借：在建工程　800 000 　贷：银行存款　800 000	符合固定资产确认条件的后续支出；不符合固定资产确认条件的后续支出计入费用。
预算会计	借：事业支出　800 000 　贷：资金结存——货币资金　800 000	
（3）替换设备处置		
财务会计	借：待处理财产损溢　120 000 　贷：在建工程　120 000 借：资产处置费用　120 000 　贷：待处理财产损溢　120 000	替换设备的账面价值＝150 000－150 000÷10×2＝120 000（元）。

会计分录		核算要点精讲
预算会计	不做账务处理	
(4) 改扩建完毕交付使用		
财务会计	借：固定资产　5 480 000 　贷：在建工程　5 480 000	改扩建后的固定资产入账价值＝4 800 000＋800 000－120 000＝5 480 000（元）。
预算会计	不做账务处理	
(5) 改扩建后的实验室计提折旧		
财务会计	借：单位管理费用　35 128.21 　贷：固定资产累计折旧　35 128.21	改扩建后的实验室月折旧＝5 480 000÷(15－2)×12＝35 128.21（元）。
预算会计	不做账务处理	
(6) 支付实验室日常维护费		
财务会计	借：单位管理费用　5 000 　贷：银行存款　5 000	日常维护费用作费用化处理，不符合固定资产确认条件的后续支出。
预算会计	借：事业支出　5 000 　贷：资金结存——货币资金　5 000	

（三）固定资产的清查处理

【例题 4－35・实操题】 2021 年 12 月 31 日，B 事业单位对固定资产进行清查，发生如下事项：

(1) 盘盈固定资产一项（通用设备），没有相关凭据，按照规定评估后价值为 20 000 元。

(2) 盘亏固定资产一项（专用设备），该固定资产原值为 50 000 元，已计提折旧 45 000 元。

【解析】 账务处理如下：

会计分录		核算要点精讲
(1) 盘盈固定资产		
财务会计	借：固定资产——通用设备　20 000 　贷：待处理财产损溢　20 000	盘盈固定资产的入账成本与购入资产初始计量方法相同。注意与企业会计准则盘盈固定资产处理的区别。政府会计主体盘盈盘亏固定资产一律通过“待处理财产损溢”科目处理。
预算会计	不做账务处理	
(2) 盘亏固定资产		
财务会计	借：固定资产累计折旧　45 000 　　待处理财产损溢　5 000 　贷：固定资产——专用设备　50 000	账面价值为净值；账面余额为原值。
预算会计	不做账务处理	

【延伸思考】政府单位在固定资产拆迁过程中收到的补偿款应如何进行会计核算?

解读：拆迁过程中收到的补偿款属于国有资产处置收入，应作为应缴款项上缴财政。

举例：2021年2月6日，A事业单位的原气象观测站因旁边修建一条高速公路不适合观测需要迁址重建。该气象观测站原值为6 000 000元，已计提折旧2 000 000元。经协商收到拆迁补偿款5 000 000元，款项存入银行。拆迁过程中使用资金支付相关税费40 000元。2021年12月5日，A事业单位将净收益上缴国库。2021年12月21日，报经上级部门批准处置气象观测站。

【解析】账务处理如下：

(1) 将固定资产价值转入待处理财产损溢时。

财务会计分录：

借：待处理财产损溢　4 000 000

　　固定资产累计折旧　2 000 000

　贷：固定资产　6 000 000

预算会计分录：不记账。

(2) 收到拆迁补偿款时。

财务会计分录：

借：银行存款　5 000 000

　贷：待处理财产损溢　5 000 000

预算会计分录：不记账。

(3) 支付相关税费时。

财务会计分录：

借：待处理财产损溢　40 000

　贷：银行存款　40 000

预算会计分录：不记账。

(4) 处理收支结清时。

财务会计分录：

借：待处理财产损溢——处理净收入　4 960 000

　贷：应缴财政款　4 960 000

预算会计分录：不记账。

(5) 上缴国库时。

财务会计分录：

借：应缴财政款　4 960 000

　贷：银行存款　4 960 000

预算会计分录：不记账。

（6）报经批准处理时。

财务会计分录：

借：资产处置费用　　4 000 000

　贷：待处理财产损溢　　4 000 000

预算会计分录：不记账。

四、工程物资

（一）工程物资的核算范围

政府会计主体为在建工程储备的各种物资的成本，包括工程用材料、设备等。可按“库存材料”“库存设备”等工程物资类别进行明细核算。

（二）主要业务处理举例

【例题 4-36·实操题】2021 年 8 月 1 日，B 事业单位通过财政授权支付购入为工程准备的钢材 300 000 元；8 月 2 日，领用钢材 150 000 元；8 月 31 日，工程完工，将剩余钢材 10 000 元退库；12 月 31 日，工程完工将剩余钢材转作存货。

【解析】账务处理如下：

会计分录		核算要点精讲
（1）购入工程物资		
财务会计	借：工程物资——钢材　300 000 　贷：零余额账户用款额度　300 000	工程物资按物资类别进行明细核算。
预算会计	借：事业支出　300 000 　贷：资金结存——零余额账户用款额度　300 000	
（2）领用工程物资		
财务会计	借：在建工程　150 000 　贷：工程物资——钢材　150 000	本案例中工程物资为在建工程准备，领用时列入在建工程；存货领用时列入费用等科目。
预算会计	不做账务处理	
（3）退回工程物资		
财务会计	借：工程物资——钢材　10 000 　贷：在建工程　10 000	领用的工程物资没有使用完，与领用时做相反会计分录。
预算会计	不做账务处理	

会计分录		核算要点精讲
(4) 完成后剩余物资转存货		
财务会计	借：库存物品——钢材 160 000 贷：工程物资——钢材 160 000	在建工程不再使用，列入存货核算，计算过程：300 000 − 150 000 + 10 000=160 000（元）。
预算会计	不做账务处理	

五、在建工程

（一）建筑安装工程投资

【例题 4-37·实操题】2021 年 8 月 1 日，B 事业单位“在建工程——建筑安装工程投资”科目发生业务如下：

(1) 对办公楼 X 进行扩建，该办公楼原值为 5 000 000 元，已计提折旧 3 000 000 元；改扩建过程将原办公楼防盗门拆除，账面价值为 150 000 元，已计提折旧 90 000 元，改建共发生支出 900 000 元。

(2) 经公开招标建造专用房屋 Y，合同签订后预付工程款 400 000 元；2019 年 9 月 1 日，结算工程款时应承付的工程价款为 600 000 元，单位将剩余款项予以支付。

(3) 自行施工建造小型工程 Z，该工程领用物资 50 000 元，同时发生其他支出 30 000 元，款项已支付。

(4) 2021 年 12 月 31 日，X 工程及 Z 工程竣工验收后交付使用。

【解析】账务处理如下：

会计分录		核算要点精讲
(1) 对办公楼 X 进行扩建（转入在建）		
财务会计	借：在建工程——建筑安装工程投资——X 2 000 000 固定资产累计折旧 3 000 000 贷：固定资产 5 000 000 借：待处理财产损溢 60 000 贷：在建工程——建筑安装工程投资——X 60 000	将账面价值转入在建工程； 将改扩建过程中替换（拆除）原资产的部分，按照账面价值（而非科目余额）转入待处理财产损溢，计算过程：150 000 − 90 000 = 60 000（元）。
预算会计	不做账务处理	
(2) 对办公楼进行扩建		
财务会计	借：在建工程——建筑安装工程投资——X 900 000 贷：银行存款 900 000	对工程应按项目进行核算。

会计分录		核算要点精讲
预算会计	借：事业支出　900 000 　贷：资金结存——货币资金　900 000	
（3）支付Y工程预付工程款		
财务会计	借：预付账款——Y　400 000 　贷：银行存款　400 000	一般情况下，在“预付账款”下设明细科目，专门用于核算在建工程预付账款。
预算会计	借：事业支出　400 000 　贷：资金结存——货币资金　400 000	
（4）结算Y工程工程款		
财务会计	借：在建工程——建筑安装工程投资——Y 　600 000 　贷：银行存款　200 000 　　预付账款——Y　400 000	冲回预付账款。
预算会计	借：事业支出　200 000 　贷：资金结存——货币资金　200 000	
（5）自行施工Z工程发生支出		
财务会计	借：在建工程——建筑安装工程投资——Z 　80 000 　贷：工程物资　50 000 　　银行存款　30 000	领用工程物资。
预算会计	借：事业支出　30 000 　贷：资金结存——货币资金　30 000	
（6）X工程、Z工程验收		
财务会计	借：固定资产　2 840 000 　贷：在建工程——建筑安装工程投资——X 　2 840 000 借：固定资产　80 000 　贷：在建工程——建筑安装工程投资——Z 　80 000	X工程总价为：账面价值2 000 000＋支出900 000－报废部分账面价值60 000＝2 840 000（元）。
预算会计	不做账务处理	

（二）待摊投资

【例题4－38·实操题】2021年8月1日，B事业单位在建工程X工程的建筑成本余额为500 000元（账务处理略），其他发生业务如下：

（1）发生项目可行性研究等待摊投资费用205 000元；该项目（建筑工程、安装工程、设备投资相关科目余额为2 500 000元）所有工程一次完工，使用实际分配率分配。

（2）该项目试生产产生收入5 000元；假设全部用于冲减成本。

（3）由于发生自然灾害，该项目整体工程毁损净损失100 000元，报经批准，计入继续施工成本，保险公司赔款400 000元已收到（实际总毁损500 000元）；假设X工程同比例毁损为20%(=500 000/2 500 000)。

（4）X工程支付工程款1 000 000元（假设不参加待摊投资分配）。

2021年12月31日，X工程（该项目单项工程）竣工验收后交付使用。

上述款项均通过银行存款支付。

【解析】账务处理如下：

会计分录		核算要点精讲
（1）发生待摊投资费用		
财务会计	借：在建工程——待摊投资 205 000 贷：银行存款 205 000	
预算会计	借：事业支出 205 000 贷：资金结存——货币资金 205 000	
（2）试生产产生收入		
财务会计	借：银行存款 5 000 贷：在建工程——待摊投资 5 000	按照有关规定应当冲减建设工程成本的部分，贷记“在建工程——待摊投资”科目，按照其差额，贷记“应缴财政款”或“其他收入”科目。
预算会计	借：资金结存——货币资金 5 000 贷：其他预算收入 5 000	视同其他预算收入。
（3）毁损净损失计入成本		
财务会计	借：在建工程——待摊投资 100 000 银行存款 400 000 贷：在建工程——建筑安装工程投资 500 000	
预算会计	不做账务处理	保险公司赔款不纳入部门预算管理视同周转金，将来该款项仍继续予以支付；该费用已于发生的当时予以列支；工程继续施工时，涉及支付500 000元时不进行预算会计账务处理，否则将导致预算会计支出重复列支。
（4）支付工程款		
财务会计	借：在建工程——建筑安装工程投资——X 1 000 000 贷：银行存款 1 000 000	
预算会计	借：事业支出 1 000 000 贷：资金结存——货币资金 1 000 000	

<table>
<tr><th colspan="2">会计分录</th><th>核算要点精讲</th></tr>
<tr><td colspan="3">（5）分配待摊投资</td></tr>
<tr><td>财务会计</td><td>借：在建工程——建筑安装工程投资——X　60 000
　贷：在建工程——待摊投资　60 000</td><td>“在建工程——待摊投资”科目余额 300 000 元(发生额 205 000－冲减额 5 000＋净损失 100 000)；分配率＝科目余额/总项目科目余额＝300 000/(2 500 000—毁损部分 500 000)＝15%；该项工程应分配待摊投资＝(500 000—毁损部分 100 000）×15%＝60 000（元）。</td></tr>
<tr><td>预算会计</td><td>不做账务处理</td><td></td></tr>
<tr><td colspan="3">（6）X 工程验收</td></tr>
<tr><td>财务会计</td><td>借：固定资产　1 460 000
　贷：在建工程——建筑安装工程投资——X　1 460 000</td><td>X 工程总价＝建筑安装工程投资 1 000 000＋分配的待摊投资 60 000＋原余额 500 000—毁损部分 100 000＝1 460 000（元）。</td></tr>
<tr><td>预算会计</td><td>不做账务处理</td><td></td></tr>
</table>

第六节　无形资产类业务核算

一、无形资产的核算范围

无形资产指政府会计主体所控制的没有实物形态的可辨认非货币性资产。

政府会计主体购入的不构成相关硬件不可缺少组成部分的软件，应当确认为无形资产（注意：构成相关硬件不可缺少组成部分的软件，应当确认为固定资产）。

自创商誉及内部产生的品牌、报刊名等，不应当确认为无形资产。

【延伸思考 1】 单位建设和维护的微信公众号是否可以作为无形资产确认？

解读：不可以。单位微信公众号是信息发布、宣传和服务的媒介平台，有利于增强单位的公信力和影响力。从这个角度看，运营较好、社会受众影响力强的微信公众号平台能产生服务潜力，甚至能带来经济效益。但是建设和维护微信公众号的成本不能可靠地计量，因为微信公众号的社会影响是在长期使用中逐步形成的，单位无法将微信公众号的建设成本和维护成本分开。故不满足无形资产的定义和确认条件，不可以将其确认为无形资产。

【延伸思考 2】所有的土地使用权都属于无形资产吗?

解读：区分不同情况，可能计入无形资产，也可能计入固定资产或公共基础设施。能够分清购建成本中的构筑物部分的，应当将其中的土地使用权部分确认为无形资产，不能分清楚的计入固定资产或公共基础设施。

【延伸思考 3】政府会计主体，尤其是高校、医院、科研院所等事业单位，除了购置的无形资产外，自身拥有大量的无形资产资源，却在会计账表中几乎没有反映，造成资产使用效率低，资产处置混乱，产权归属关系下滑。单位应加强对无形资产的保管、使用、处置，定期清查盘点，做到账账相符、账实相符。

二、无形资产的初始计量

【例题 4－39・实操题】2021 年 8 月 1 日，B 事业单位有关无形资产的业务如下：

（1）与某公司签订合同，全额为 100 000 元，委托其开发软件 X 用于办公；合同签订后预付款项 30 000 元；12 月 31 日，验收完成交付使用，付清全部开发费用。

（2）接受捐赠一套软件 Y，评估确定的价值为 50 000 元，发生相关税费等 6 000 元。

（3）接受捐赠一套专利权 Z，价值无法确定，暂按名义金额入账，发生相关税费等 3 000 元。

（4）无偿调入土地使用权 W，经评估确定的价值为 2 000 000 元，发生相关税费等 2 000 元。

以上款项支付通过银行存款支付，暂不考虑增值税处理。

【解析】账务处理如下：

会计分录		核算要点精讲
（1）签订合同后预付款项		
财务会计	借：预付账款 30 000 　贷：银行存款 30 000	委托软件公司开发软件，视同外购无形资产进行处理。
预算会计	借：事业支出 30 000 　贷：资金结存——货币资金 30 000	按实际支付的现金进行预算会计账务处理。
（2）软件开发完成交付使用		
财务会计	借：无形资产——软件 X 100 000 　贷：银行存款 70 000 　　　预付账款 30 000	
预算会计	借：事业支出 70 000 　贷：资金结存——货币资金 70 000	

会计分录		核算要点精讲
（3）接受捐赠无形资产		
财务会计	借：无形资产——软件 Y 56 000 贷：银行存款 6 000 捐赠收入 50 000	
预算会计	借：其他支出 6 000 贷：资金结存——货币资金 6 000	捐赠收入为非现金捐赠，预算会计不进行账务处理；其他税费支出计入其他支出而非事业支出。
（4）接受捐赠无形资产（名义金额）		
财务会计	借：无形资产——专利使用权 Z 1（名义金额） 其他费用 3 000 贷：银行存款 3 000 捐赠收入 1（名义金额）	捐赠收入与计入无形资产的金额（名义金额）一致；按照发生的相关税费、运输费等，借记“其他费用”科目。
预算会计	借：其他支出 3 000 贷：资金结存——货币资金 3 000	发生的相关费用未计入无形资产成本，相应地不能计入事业支出，其他费用应计入其他支出。
（5）无偿调入无形资产		
财务会计	借：无形资产——土地使用权 W 2 002 000 贷：银行存款 2 000 无偿调拨净资产 2 000 000	相关费用计入无形资产成本。
预算会计	借：其他支出 2 000 贷：资金结存——货币资金 2 000	其他税费支出计入其他支出而非事业支出。

三、无形资产的后续计量

（一）无形资产累计摊销

【例题 4-40·实操题】 2021 年 8 月 1 日，B 事业单位资产管理部门通过资产管理系统计提软件无形资产摊销 50 000 元，其中用于业务部门的摊销费用为 30 000 元，用于行政部门的摊销费用为 20 000 元。

【解析】 账务处理如下：

无形资产计提摊销会计分录		核算要点精讲
财务会计	借：业务活动费用 30 000 单位管理费用 20 000 贷：无形资产累计摊销——软件 50 000	无形资产计提摊销时应明确费用类别，当月新增的无形资产当月计提摊销，应注意与企业会计要求的计提时点不一致。
预算会计	不做账务处理	无现金流入流出。

【延伸思考】无形资产的摊销年限如何确定？

解读：第一，法律规定有效年限的，按照法律规定有效年限摊销；第二，法律没有规定有效年限的，按照相关合同或单位申请书中的受益年限作为摊销年限；第三，法律没有规定有效年限的，相关合同或单位申请书中也没有规定受益年限的，应当根据无形资产为政府会计主体带来服务潜力或经济利益的实际情况，预计其使用年限。这三种方式虽然都非常明确，但在实际中，往往采用的是第三种方法，即由单位自行确定摊销年限，由于会计政策的选择问题，将带来会计信息的可比性较差、可靠性不高的问题。

（二）无形资产升级改造发生的后续支出

【例题4-41·实操题】2021年8月1日，B事业单位对购买的软件进行二次开发提升其性能，软件原值为500 000元，已计提摊销费用300 000元；为增加使用效能发生后续支出90 000元，以上款项通过银行存款支付。

【解析】账务处理如下：

会计分录		核算要点精讲
（1）将无形资产转入在建工程		
财务会计	借：在建工程 200 000 　　无形资产累计摊销 300 000 　贷：无形资产——软件 500 000	是否转入在建工程，主要根据是否暂停计提摊销来判断，如软件仍在继续使用，可不转入在建工程，直接在“无形资产”科目核算。
预算会计	不做账务处理	
（2）发生后续支出		
财务会计	借：在建工程 90 000 　贷：银行存款 90 000	符合无形资产确认条件的后续支出予以资本化；不符合无形资产确认条件的后续支出直接计入当期费用。
预算会计	借：事业支出 90 000 　贷：资金结存——货币资金 90 000	
（3）完成交付使用		
财务会计	借：无形资产 290 000 　贷：在建工程 290 000	
预算会计	不做账务处理	

（三）按规定报经批准处置的无形资产

【例题4-42·实操题】2021年8月1日，B事业单位按照规定报经批准处置无形资产业务如下：

（1）报经批准出售一项专利权，原值为 20 000 元，已计提摊销 14 000 元，处置费用 2 000 元，处置价款 7 000 元，款项已收到，按规定上缴财政。

（2）报经批准对外捐赠专利一项，原值为 6 000 元，已计提摊销 4 000 元。

（3）报经批准无偿调出土地使用权一项给同级事业单位，原值为 1 000 000 元，已计提摊销 400 000 元，支付相关税费 5 000 元（归属于调出方）。

（4）报经批准核销软件一项，原值为 20 000 元，已计提摊销 16 000 元。

【解析】账务处理如下（暂不考虑增值税处理）：

会计分录		核算要点精讲
（1）经批准出售无形资产		
财务会计	借：资产处置费用　6 000 　　无形资产累计摊销　14 000 　贷：无形资产——专利权　20 000 借：银行存款　7 000 　贷：银行存款　2 000 　　　应缴财政款　5 000	出售、转让无形资产的账面价值（原值－摊销）计入资产处置费用；账面价值不等于账面余额；出售价款与支出的相关费用抵减后计入应缴财政款。 资产出售、转让的收益应按规定上缴财政；如经批准纳入部门预算管理（不上缴财政），则应确认为其他收入。
预算会计	不做账务处理	应缴财政款不属于纳入部门预算管理的资金；如确认为其他收入，则进行预算会计账务处理（确认为其他预算收入）。
（2）经批准捐赠的无形资产		
财务会计	借：资产处置费用　2 000 　　无形资产累计摊销　4 000 　贷：无形资产——专用设备　6 000	出售无形资产的处置费用为账面价值，而捐赠无形资产的“资产处置费用”科目金额包括捐出方负担的相关费用（视同对外捐赠流动资产）。
预算会计	不做账务处理	
（3）经批准无偿调出无形资产		
财务会计	借：资产处置费用　5 000 　贷：银行存款　5 000 借：无形资产累计摊销　400 000 　　无偿调拨净资产　600 000 　贷：无形资产——土地使用权　1 000 000	发生的归属于调出方的相关费用计入资产处置费用； 无形资产账面余额和累计摊销的差额（即账面价值）计入无偿调拨资产； 无形资产的出售、捐赠、调出账务处理原则均不相同； 归属于调出方的相关费用视同资产处置。
预算会计	借：其他支出　5 000 　贷：资金结存——货币资金　5 000	归属于调出方的相关费用。

<table>
<tr><th colspan="2">会计分录</th><th>核算要点精讲</th></tr>
<tr><td colspan="3">（4）经批准核销无形资产</td></tr>
<tr><td>财务会计</td><td>借：资产处置费用　　4 000
　　无形资产累计摊销　　16 000
　贷：无形资产——土地使用权　　20 000</td><td></td></tr>
<tr><td>预算会计</td><td>不做账务处理</td><td></td></tr>
</table>

四、研发支出的核算

（一）研发支出的界定

研发支出从概念上分为研究阶段和开发阶段，但在实务中很难如此区分，需要较高的职业判断。自行开发的无形资产前期投入成本难以合理估计，时间跨度较长，会计核算时将研究阶段费用化，开发阶段资本化存在一定难度。

（二）主要业务处理举例

【例题 4-43·实操题】2021 年 8 月 1 日，B 事业单位“研发支出”科目有关业务如下：

（1）在单位数字化系统建设过程中，支付系统研发支出 50 000 元，该系统仍在建设过程中。

（2）X 项目组在专利研究阶段，计提职工薪酬 30 000 元（未发放），领用库存物品 10 000 元，支付差旅费等其他支出 8 000 元；月末按规定进行归集。

（3）Y 项目组在专利开发阶段，计提职工薪酬 10 000 元，项目组使用的固定资产计提折旧 5 000 元，支付办公费等其他支出 6 000 元；月末按规定进行归集。

（4）年末，假设发生两种情形：第一种情形，Y 项目经评估预计最终无法形成资产；第二种情形，Y 项目组项目完成，形成无形资产一项。

【解析】账务处理如下：

<table>
<tr><th colspan="2">会计分录</th><th>核算要点精讲</th></tr>
<tr><td colspan="3">（1）建设项目中的软件支出</td></tr>
<tr><td>财务会计</td><td>借：在建工程　　50 000
　贷：银行存款　　50 000</td><td>建设项目中的软件研发支出，应当通过“在建工程”科目核算，其最终形成固定资产，“研发支出”科目最终形成无形资产。</td></tr>
<tr><td>预算会计</td><td>借：事业支出　　50 000
　贷：资金结存——货币资金　　50 000</td><td></td></tr>
</table>

会计分录		核算要点精讲
(2) X项目组研究阶段支出		
财务会计	借：研发支出——研究支出——X　48 000 　贷：应付职工薪酬　30 000 　　　库存物品　10 000 　　　银行存款　8 000	职工薪酬未发放，发放时预算会计进行账务处理；差旅费等其他费用通过银行存款支付。
预算会计	借：事业支出　8 000 　贷：资金结存——货币资金　8 000	
(3) 月末按规定转入当期费用		
财务会计	借：业务活动费用　48 000 　贷：研发支出——研究支出——X　48 000	
预算会计	不做账务处理	
(4) Y项目开发阶段支出		
财务会计	借：研发支出——开发支出——Y　21 000 　贷：应付职工薪酬　10 000 　　　固定资产累计折旧　5 000 　　　银行存款　6 000	
预算会计	借：事业支出　6 000 　贷：资金结存——货币资金　6 000	
(5) Y项目经评估无法形成资产（第一种情形）		
财务会计	借：业务活动费用　21 000 　贷：研发支出——开发支出——Y　21 000	预计不能达到预定用途（如无法最终完成开发项目并形成无形资产的），应当将已发生的开支金额全部转入当期费用。
预算会计	不做账务处理	
(6) Y项目经评估形成资产（第二种情形）		
财务会计	借：无形资产——专利权　21 000 　贷：研发支出——开发支出——Y　21 000	自行研究开发项目完成，达到预定用途形成无形资产的，按照“研发支出——开发支出”科目归集的开发阶段的支出金额，借记“无形资产”科目。
预算会计	不做账务处理	

第七节　其他资产类业务核算

一、公共基础设施的核算

（一）公共基础设施的界定

公共基础设施是政府会计制度中新增的会计科目，其与固定资产的主要区别在于固定资产是满足自身开展业务活动或其他活动需要，公共基础设施是满足社会公共需求而控制的，包括市政基础设施、交通基础设施、水利基础设施和其他公共基础设施。

【延伸思考1】下列各项适用其他相关政府会计准则，不在《政府会计准则第5号——公共基础设施》核算范围之内。

（1）独立于公共基础设施，不构成其不可缺少组成部分的管理维护用房屋建筑物、设备、车辆等适用《政府会计准则第3号——固定资产》；

（2）属于文物文化资产的公共基础设施；

（3）采用政府和社会资本合作（即PPP模式）形成的公共基础设施的确认和初始计量。

【延伸思考2】公共基础设施的记账主体如何确定？

解读：按照“谁承担管理维护职责，由谁入账”的原则确定公共基础设施的记账主体。

由多个政府会计主体共同管理维护的公共基础设施，可暂按现有分管比例各自登记入账。

（二）主要业务处理举例

1. 公共基础设施取得时应当按其成本入账

【例题4-44·实操题】2021年8月1日，B事业单位有关公共基础设施的业务如下：

（1）自行建造公共基础设施D，建造成本为120 000元，已办理竣工决算手续。

（2）无偿调入公共基础设施E，经确定的成本为100 000元，发生相关税费等5 000元。

（3）无偿调入公共基础设施F，成本无法取得，调入过程中发生相关税费等5 000元。

（4）接受捐赠的公共基础设施G，确定的成本为50 000元，发生相关税费等6 000元。

（5）接受捐赠的公共基础设施H，成本无法取得，发生相关税费等3 000元。

（6）外购一项公共基础设施I，支付总价款为500 000元。

以上款项均通过银行存款支付。

【解析】账务处理如下：

会计分录		核算要点精讲
（1）自行建造公共基础设施竣工验收		
财务会计	借：公共基础设施——D　120 000 　贷：在建工程　120 000	建造工程中通过在建工程核算；竣工决算后转入“公共基础设施”科目。
预算会计	不做账务处理	
（2）无偿调入公共基础设施 E		
财务会计	借：公共基础设施——E　105 000 　贷：无偿调拨净资产　100 000 　　　银行存款　5 000	归属于调入方的相关费用进入公共基础设施成本。
预算会计	借：其他支出　5 000 　贷：资金结存——货币资金　5 000	
（3）无偿调入公共基础设施 F（成本无法取得）		
财务会计	借：其他费用　5 000 　贷：银行存款　5 000	无偿调入的公共基础设施的成本无法可靠取得的，按照发生的相关税费、运输费等金额，借记“其他费用”科目，不确认公共基础设施，也不确认为名义金额，与固定资产不同；设置备查簿进行登记。
预算会计	借：其他支出　5 000 　贷：资金结存——货币资金　5 000	
（4）接受捐赠公共基础设施 G		
财务会计	借：公共基础设施——G　56 000 　贷：银行存款　6 000 　　　捐赠收入　50 000	
预算会计	借：其他支出　6 000 　贷：资金结存——货币资金　6 000	捐赠收入为非现金捐赠，预算会计不进行账务处理；其他税费支出计入其他支出。
（5）接受捐赠公共基础设施 H（成本无法计量）		
财务会计	借：其他费用　3 000 　贷：银行存款　3 000	接受捐赠的公共基础设施成本无法可靠取得的，按照发生的相关税费等金额，借记“其他费用”科目，不确认公共基础设施，也不确认为名义金额，与固定资产不同；设置备查簿进行登记。
预算会计	借：其他支出　3 000 　贷：资金结存——货币资金　3 000	
（6）外购公共基础设施 I		
财务会计	借：公共基础设施——I　500 000 　贷：银行存款　500 000	
预算会计	借：事业支出　500 000 　贷：资金结存——货币资金　500 000	属于正常事业支出，与其他形式取得公共基础设施时发生的相关税费账务处理不同。

2. 公共基础设施累计折旧（摊销）

【例题 4－45·实操题】2021 年 8 月 1 日，B 事业单位资产管理部门通过资产管理系统计提公共基础设施折旧 50 000 元，计提单独计价入账的土地使用权摊销费用 150 000 元。

【解析】账务处理如下：

会计分录		核算要点精讲
（1）公共基础设施计提折旧		
财务会计	借：业务活动费用　50 000 　贷：公共基础设施累计折旧（摊销）　50 000	当月新增的公共基础设施当月计提折旧，应注意与企业会计要求的计提时点不一致。同时，与固定资产不同，公共基础设施计提折旧的费用不再区分业务活动费用和单位管理费用，直接列入业务活动费用。
预算会计	不做账务处理	无现金流入流出。
（2）列入公共基础设施单独计价的土地使用权计提摊销		
财务会计	借：业务活动费用　150 000 　贷：公共基础设施累计折旧（摊销）　150 000	参照无形资产的管理原则，对列入公共基础设施单独计价的土地使用权计提摊销
预算会计	不做账务处理	无现金流入流出。

3. 公共基础设施的后续支出

【例题 4－46·实操题】2021 年 8 月 1 日，A 行政单位对归属本单位管理的公共基础设施 D 进行改建，该设施账面原值为 5 000 000 元，已计提折旧（摊销）3 000 000 元；为延长其使用年限发生后续支出 900 000 元，已办理竣工验收手续；12 月 1 日，对其进行简单的维修，共发生费用 6 000 元，以上款项通过财政直接支付。

【解析】账务处理如下：

会计分录		核算要点精讲
（1）将公共基础设施转入在建工程		
财务会计	借：在建工程　2 000 000 　　公共基础设施累计折旧（摊销）　3 000 000 　贷：公共基础设施——D　5 000 000	将公共基础设施转入在建工程，包括已计提的折旧；贷方为账面余额。
预算会计	不做账务处理	
（2）发生改建、扩建支出		
财务会计	借：在建工程　900 000 　贷：财政拨款收入　900 000	符合公共基础设施确认条件的后续支出计入在建工程；不符合确认条件的后续支出计入费用；财政直接支付方式下确认为财政拨款收入。
预算会计	借：行政支出　900 000 　贷：财政拨款预算收入　900 000	本案例为财政直接支付，支出的同时确认为财政拨款预算收入；如为其他支付方式，则记入“资金结存”科目。

会计分录		核算要点精讲
(3) 竣工验收交付使用		
财务会计	借：公共基础设施——D 2 900 000 　贷：在建工程 2 900 000	
预算会计	不做账务处理	
(4) 日常维修		
财务会计	借：业务活动费用 6 000 　贷：财政拨款收入 6 000	
预算会计	借：行政支出 6 000 　贷：财政拨预算收入 6 000	同上。

4. 按规定报经批准处置的公共基础设施

【例题 4-47·实操题】 2021 年 8 月 1 日，B 事业单位按照规定报经批准处置公共基础设施业务如下：

(1) 报经批准对外捐赠公共基础设施 E，原值为 600 000 元，已计提折旧（摊销）400 000 元，B 事业单位支付相关费用 20 000 元（归属于捐出方）。

(2) 报经批准无偿调出公共基础设施 F 给同级事业单位，原值为 100 000 元，已计提折旧（摊销）40 000 元，支付相关费用 1 000 元（归属于调出方）。

以上款项通过银行存款支付。

【解析】 账务处理如下：

会计分录		核算要点精讲
(1) 经批准对外捐赠公共基础设施 E		
财务会计	借：资产处置费用 220 000 　　公共基础设施累计折旧（摊销） 400 000 　贷：公共基础设施——E 600 000 　　银行存款 20 000	捐赠的公共基础设施的“资产处置费用”科目金额包括捐出方负担的相关费用（视同对外捐赠流动资产）。
预算会计	借：其他支出 20 000 　贷：资金结存——货币资金 20 000	归属于捐出方的相关费用。
(2) 经批准无偿调出公共基础设施		
财务会计	借：资产处置费用 1 000 　贷：银行存款 1 000 借：公共基础设施累计折旧（摊销） 40 000 　　无偿调拨净资产 60 000 　贷：公共基础设施——F 100 000	发生的归属于调出方的相关费用计入资产处置费用； 公共基础设施账面余额和累计折旧的差额（账面价值）计入无偿调拨资产； 归属于调出方的相关费用视同资产处置。
预算会计	借：其他支出 1 000 　贷：资金结存——货币资金 1 000	归属于调出方的相关费用。

5. 公共基础设施的清查盘点

【例题 4－48·实操题】2021 年 12 月 31 日，B 事业单位对公共基础设施进行清查盘点，发生如下事项：

（1）盘盈公共基础设施 F，没有相关凭据，按照规定评估价值为 20 000 元。

（2）盘盈公共基础设施 G，没有相关凭据，也没有经过评估，暂无法按照重置成本确定。

（3）盘亏公共基础设施 H，该设施原值为 500 000 元，已计提折旧（摊销）450 000 元。

【解析】账务处理如下：

<table>
<tr><th colspan="2">会计分录</th><th>核算要点精讲</th></tr>
<tr><td colspan="3">（1）盘盈公共基础设施 F</td></tr>
<tr><td>财务会计</td><td>借：公共基础设施——F　20 000
　贷：待处理财产损溢　20 000</td><td>盘盈资产的入账成本与购入资产初始计量方法相同。</td></tr>
<tr><td>预算会计</td><td>不做账务处理</td><td></td></tr>
<tr><td colspan="3">（2）盘盈公共基础设施 G（成本无法确定）</td></tr>
<tr><td>财务会计</td><td rowspan="2">不做账务处理，设置备查簿进行登记，待成本确定后按照规定及时入账</td><td rowspan="2"></td></tr>
<tr><td>预算会计</td></tr>
<tr><td colspan="3">（3）盘亏公共基础设施 H</td></tr>
<tr><td>财务会计</td><td>借：公共基础设施累计折旧（摊销）　450 000
　　待处理财产损溢　50 000
　贷：公共基础设施——H　500 000</td><td>账面价值为净值；账面余额为原值。</td></tr>
<tr><td>预算会计</td><td>不做账务处理</td><td></td></tr>
</table>

【相关阅读】企业公共基础设施纳入政府会计核算的难点及对策①

公共基础设施是政府资产的重要组成部分。改革开放以来，浙江省宁波市公共基础设施投入巨大，形成较为完善的公共基础设施网络体系。

2019 年起实施的政府会计制度要求将公共基础设施纳入会计核算，但在实际执行中，由于公共基础设施的资产价值难确定、核算主体难区分、核算范围界定不清晰等，公共基础设施入账核算困难较多，大量政府投资形成的公共基础设施未入账核算和反映。

（一）加强公共基础设施管理和核算

随着近年来行政事业单位国有资产报告制度和政府会计制度的执行和落实，宁波市各级各部门对公共基础设施的管理和核算逐步加强。

一是加强宣传教育。各级财政部门组织开展政府会计制度全员培训，帮助各级各类行政事业单位领导和财会人员学习掌握公共基础设施会计核算规定。

① 陈世赢，王信国，周蝶飞．企业公共基础设施纳入政府会计核算的难点及对策．中国会计报，2021-02-19.

二是开展清产核资。相关法规制度的不健全，导致政府会计主体控制的、满足社会公共需要的大量公共基础设施未入账核算，资产“家底”不清。为明确行政事业性国有资产管理目标，宁波市财政局部署资产清查工作，摸清公共基础设施资产“家底”。

三是规范会计核算。逐步启动公共基础设施入账工作，对台账或资料不齐全的公共基础设施资产，追根溯源、弄清权属，做好资料收集并进行核实，完善资产账户相关信息；对已入账的相关资产，按规定进行核算科目的重分类调整，真实反映单位公共基础设施资产状况。2019 年末，入账公共基础设施价值为 134.11 亿元。

（二）公共基础设施入账难

从总体上看，宁波市公共基础设施入账率比较低，资产登记脱节的情况比较普遍。未入账占比超过 2/5。不少单位尚未开展公共基础设施会计核算工作，工作进展偏缓慢，主要有三大因素：

第一，缺乏配套政策或实施细则，导致实务操作不顺畅。

由于没有配套政策或实施细则，加上核算任务相对复杂，基层财会人员普遍工作效率低。特别是针对解决不同类型公共基础设施采用何种计量依据和资产价值如何计量等复杂的实务问题，更是无从下手，导致在实际执行中困难很大。目前，政策尚未对公共基础设施的移交、处置规定及程序进行明确，对公共基础设施入账核算造成一定障碍。

一些单位认为，公共基础设施的资产管理规定未明确，公共基础设施会计核算“入账容易，出去难”，担心公共基础设施入账后，发生移交、处置等情形时，程序如何走、资产处置由谁审批等都不明确，资产账面价值难以核销。从客观上看，核算主体界定不清晰。因为投入来源多元化，既包括上下级纵向投入，又包括横向单位、企业之间交叉投入，直接影响到资产管理权权属确认及可靠计量。

第二，缺乏原始资料或初始估价，导致存量资产现价及后续支出计量难。

一些存量资产如地下管网、道路桥梁、公园场馆、环保防灾等市政基础设施存在建造历史悠久、会计资料难找、初始投入与后续支出计量方式不明、个别财务决算未完成且整改慢、重新计量复杂等特点，导致部分公共基础设施价值未及时入账，引发如下问题：一是资产评估费用过大。高额的评估费用给相关部门带来支出压力。二是实际评估操作难。公共基础设施价值评估是新业务，业务标准不统一，缺少参照体系。三是重置成本确定难。公共基础设施几乎不存在交易市场，购买相同或相似资产的对价难确定。

第三，缺乏专业力量支撑，导致价值核算工作滞后。

受机构撤并影响，会计人员大多转换内设机构其他岗位，转任后会计任务有增无减，事多人少的矛盾较突出。一些会计人员专业技术资格或专业能力有所欠缺，学习积极性不高。市级部门被财政部内部控制报告系统评为“优”档的仅 3 家，占比为 0.28%；基层单位财务运行机制评定为“中”和“差”的不少，个别单位存在较高的财务运行风险。

目前，大多数会计人员不懂具体制度和程序规定，公共基础设施核算入账进程相当迟缓。大部分行政事业单位负责人缺乏对公共基础设施的重视，特别是存量资产较多的单位，比如水利部门，因为一定数量公共基础设施的原始会计资料不齐全，初始价值计量鉴定困难重重，产生畏难情绪，尚未完全开展入账核算工作。

（三）解决路径

第一，制定核算细则。

制定公共基础设施会计核算业务操作指南，明确不纳入计提折旧范围的公共基础设施项目，确定各类应计提折旧的公共基础设施的折旧年限，规定资本化后续支出和费用化后续支出具体区分标准等细则。各类会计主体应按照公共基础设施的类别和项目进行明细核算，对公共基础设施要根据实物量和价值量，分别进行确权，按照“不相容岗位相分离”原则，实物管理归业务部门管理，价值管理归会计部门管理。

对一些既有实物资产无法确定价值的，仅统计项目个数，不再估计价值金额。对一些既有实物资产可确定价值的，直接按成本金额入账。对一些既有实物资产又暂时因价值估计无意义的，不再估计具体数额。尤其要从会计成本效益进行合理考量，防止为数字而计算，让基层做无意义的统计工作。

第二，加强信息化建设。

将公共基础设施分类登记入账工作纳入统一的信息化管理系统里进行，从而规范各项设施资产的会计核算，做到账实相符，确保系统内保存的资产信息的全面、准确和完整。在资产管理信息系统内，嵌入公共基础设施入账相关模块，实现对公共基础设施设立、改扩建、减值、处置进行实时监控，提高公共基础设施科学化精细化管理水平。通过内部模块汇总发布相关政策规定，加强会计人员之间的沟通交流，及时分享经验和做法，提高基层人员实际操作能力。

第三，加强宣传培训。

各级财政部门要加强宣传培训，深入宣传公共基础设施入账核算工作的重要性，组织公共基础设施业务培训，使有关部门和单位的领导、业务部门和财会部门工作人员掌握公共基础设施管理规定及其重要意义，达到提高相关单位人员工作积极性的目的。

督促各公共基础设施主管部门负起管理责任，制订实施方案，做好动员部署，组织人员力量，开展公共基础设施资产清查、资产登记和入账价值确定，确保公共基础设施会计核算账实相符、账账相符、账表相符。财政部门根据各类公共基础设施的特点和资产管理及会计核算要求，确定各类公共基础设施的资产分类目录和核算细则，为公共基础设施的清查、资产登记和会计核算提供具体操作依据。

第四，组织资产清查。

进一步组织做好公共基础设施资产清查工作，向同级人大报告国有资产管理相关工作，建议由人大牵头开展公共基础设施专项资产清查工作，组建由财政、公共基础设施管理部门以及有关技术支持单位组成的工作专班，深入现场，逐个排摸，理清资产的权属关系，进行资产的勘察、测量，确定实物量，摸清公共基础设施资产底数，为公共基础设施的会计入账核算奠定扎实的基础。

第五，确定入账价值。

公共基础设施主管部门要根据公共基础设施的特点和资产管理现状，对现有资产进行梳理，做好存量公共基础设施资产入账价值的计量。

一是按账面资料数据确定入账金额，加强单位内部工作衔接协调，取得各项目立项、论证、建造、竣工结算资料，依据有关书面资料凭证，确定入账价值。

二是对无法取得账面价值的，按重置价值进行计量。按照公共基础设施的资产分类目录和科学测定工程造价单价，准确测定各工程项目的资产实物量，估算项目资产重新安置成本，来确定这类公共基础设施的入账价值。

三是建议主管部门采取资产评估方法，由资产评估机构对公共基础设施进行资产评估，按资产评估价值作为公共基础设施的资产入账依据。

二、政府储备物资的核算

（一）政府储备物资的界定

政府储备物资是政府会计主体为满足实施国家安全与发展战略，进行抗灾救灾、应对公共突发事件等特定公共需求而控制的，同时具有下列特征的有形资产：

（1）在应对可能发生的特定事件或情形时动用；

（2）其购入、存储保管、更新（轮换）、动用等由政府及相关部门发布的专门管理制度规范。

政府储备物资包括战略及能源物资、抢险抗灾救灾物资、农产品、医药物资和其他重要商品物资，通常情况下由政府会计主体委托承储单位存储。

【延伸思考1】企业以及纳入企业财务管理体系的事业单位接受政府委托收储并按企业会计准则核算的储备物资，不属于政府储备物资核算范围。

【延伸思考2】政府会计主体的存货主要是单位自身使用，政府储备物资主要是满足特定公共需求，而非单位自用，这是二者的区别。

（二）主要业务处理举例

1. 政府储备物资取得时应当按其成本入账

【例题4-49·实操题】2021年8月1日，B事业单位有关“政府储备物资”科目的业务如下：

（1）与某公司签订合同，购入政府储备物资D一批，价款为100 000元，已验收入库。

（2）接受捐赠政府储备物资E一批，经评估其成本为50 000元，发生相关税费等6 000元。

（3）无偿调入政府储备物资F一批，调出方的账面价值为150 000元，发生相关税费等 5 000 元。

(4) 单位原政府储备物资 G，当月发生仓储费用 6 000 元。

(5) 接受上级主管部门安排，无偿调入物资一批价值为 60 000 元，B 事业单位不负有行政管理职责，仅仅接受委托具体负责执行其存储保管。

以上款项通过银行存款支付。

【解析】账务处理如下：

会计分录			核算要点精讲
(1) 购入政府储备物资			
财务会计	借：政府储备物资——在库——D 　贷：银行存款	100 000 　100 000	
预算会计	借：事业支出 　贷：资金结存——货币资金	100 000 　100 000	
(2) 接受捐赠政府储备物资 E			
财务会计	借：政府储备物资——在库——E 　贷：捐赠收入 　　　银行存款	56 000 　50 000 　6 000	归属于捐入方的相关费用计入政府储备物资成本。
预算会计	借：其他支出 　贷：资金结存——货币资金	6 000 　6 000	
(3) 无偿调入政府储备物资 F			
财务会计	借：政府储备物资——在库——F 　贷：无偿调拨净资产 　　　银行存款	155 000 　150 000 　5 000	无偿调入的政府储备物资按照调出方的价值确定成本。
预算会计	借：其他支出 　贷：资金结存——货币资金	5 000 　5 000	
(4) 发生仓储费用			
财务会计	借：业务活动费用 　贷：银行存款	6 000 　6 000	仓储费用、日常维护费用、不能归属于使政府储备物资达到目前场所和状态所发生的其他支出，不计入成本。
预算会计	借：事业支出 　贷：资金结存——货币资金	6 000 　6 000	
(5) 调入不具行政管理职责物资			
财务会计	借：受托代理资产 　贷：受托代理负债	60 000 　60 000	对政府储备物资不负有行政管理职责但接受委托具体负责执行其存储保管等工作的政府会计主体，应当将受托代储的政府储备物资作为受托代理资产核算。
预算会计	不做账务处理		

【延伸思考】单位代为保管的政府储备物资，是通过“政府储备物资”科目核算还是“受托代理资产”科目核算？

解读：应通过“受托代理资产”科目进行核算。《政府会计准则第 6 号——政府储备物资》规定：对政府储备物资不负有行政管理职责但接受委托具体负责执行其存储保管等工作的政府会计主体，应当将受托代储的政府储备物资作为受托代理资产核算。

【例题 4－50·实操题】市属应急管理 A 单位收到省政府防汛储备物资收储行政职能单位 B 单位拨来的要求代为保管的夏季防汛用物资储备，该批物资账面价值为 200 000 元，A 单位以银行存款支付运输费 4 000 元。

【解析】账务处理如下：

（1）B 单位。

财务会计分录：

借：业务活动费用	200 000	
贷：政府储备物资		200 000

预算会计分录：不记账。

（2）A 单位。

①接收政府储备物资时。

财务会计分录：

借：受托代理资产	200 000	
贷：受托代理负债		200 000

预算会计分录：不记账。

②支付运输费用时。

财务会计分录：

借：其他费用	4 000	
贷：银行存款		4 000

预算会计分录：

借：其他支出——自有资金支出——其他支出	4 000	
贷：资金结存——货币资金		4 000

2. 政府储备物资发出时的会计处理

【例题 4－51·实操题】2021 年 8 月 1 日，B 事业单位“政府储备物资”科目的业务如下：

（1）发出无须回收的政府储备物资 D 一批，账面余额为 10 000 元。

（2）发出需要回收的政府储备物资 E 一批，账面余额为 20 000 元；8 月 31 日，收回物资原账面余额为 12 000 元。

（3）因政府职能调整，原来由 B 事业单位保管的政府储备物资 F 一批，调拨给 C 事业单位管理，账面余额为 80 000 元。

（4）对外销售政府储备物资 G 一批，账面余额为 30 000 元，获得销售收入 33 000 元，发生运费 2 000 元，纳入部门预算管理，款项已结算。

（5）对外销售政府储备物资 H 一批，账面余额为 20 000 元，获得销售收入 22 000 元，发生相关税费 1 200 元，上述款项已结算。按规定净收入应上缴财政。

以上款项通过银行存款支付。

【解析】账务处理如下：

会计分录		核算要点精讲
（1）发出无须回收政府储备物资 D		
财务会计	借：业务活动费用　10 000 　贷：政府储备物资——在库——D　10 000	直接纳入业务活动费用，不纳入单位管理费用。
预算会计	不做账务处理	
（2）发出需回收政府储备物资 E		
财务会计	借：政府储备物资——发出——E　20 000 　贷：政府储备物资——在库——E　20 000	设置“发出”“在库”明细科目进行核算。
预算会计	不做账务处理	
（3）回收政府储备物资 E		
财务会计	借：政府储备物资——在库——E　12 000 　　业务活动费用　8 000 　贷：政府储备物资——发出——E　20 000	设置“发出”“在库”明细科目进行核算；未收回的账面余额直接计入业务活动费用，视同发出后不再回收。
预算会计	不做账务处理	
（4）调拨政府储备物资 F		
财务会计	借：无偿调拨净资产　80 000 　贷：政府储备物资——在库——F　80 000	
预算会计	不做账务处理	
（5）对外销售政府储备物资 G（纳入预算）		
财务会计	借：业务活动费用　30 000 　贷：政府储备物资——在库——G　30 000 借：银行存款　33 000 　贷：事业收入　33 000 借：业务活动费用　2 000 　贷：银行存款　2 000	对外销售时按物资的账面余额，借记“业务活动费用”科目；实现销售收入时，按照确认的收入金额，贷记“事业收入”等科目；发生的相关运费、税费确认为业务活动费用；上述业务视同单位正常的业务活动。
预算会计	借：资金结存——货币资金　33 000 　贷：事业预算收入　33 000 借：事业支出　2 000 　贷：资金结存——货币资金　2 000	发生的相关运费、税费与接收捐赠或调出时发生的相关费用处理方式不同，出售时确认为事业支出，上述业务视同单位正常的业务活动。

会计分录		核算要点精讲
(6) 对外销售政府储备物资 H（应上缴财政）		
财务会计	借：资产处置费用　20 000 　贷：政府储备物资——在库——H　20 000 借：银行存款　22 000 　贷：银行存款　1 200 　　应缴财政款　20 800	按照物资的账面余额，借记“资产处置费用”科目；按照销售价款大于所承担的相关税费后的差额，贷记“应缴财政款”科目。
预算会计	不做账务处理	按照销售价款大于所承担的相关税费后的差额计入应缴财政款（单位支付的税费已从销售收入中抵扣），但应缴财政款不属于纳入部门预算管理的资金，不进行预算会计账务处理。

3. 政府储备物资的清查盘点的会计处理

政府储备物资每年至少盘点一次。盘盈与盘亏的政府储备物资通过“待处理财产损溢”科目进行处理，具体处理参照公共基础设施盘点的会计核算分录，此处略。

三、文物文化资产的核算

（一）文物文化资产的界定

文物文化资产是指用于展览、教育或研究等目的的历史文物、艺术品及其他具有文化或历史价值并作长期或永久保存的典藏等。《政府会计制度——行政事业单位会计科目和报表》中明确规定：文物文化资产核算的是单位为满足社会公共需求而控制的文物文化资产的成本。在报表中作为政府会计主体的非流动资产进行管理。

【延伸思考】文物文化资产与文物和陈列品有何区别?

解读：文物和陈列品是指用于教学、科研或收藏、展览、陈列的具有历史时代特征的实物或具有历史、艺术、科学价值的艺术品、工艺美术品、文献、手稿、图书资料等。文物和陈列品会计核算的判断前提是政府会计主体控制的目的，是满足自身开展业务活动或其他活动需要还是满足社会公共需求目的。单位自身开展教育、展览、研究等业务活动和职能运转需要而控制的，并在日常进行管理与维护，具有排他性、竞争性的，这些大多属于移动性文物和陈列品，会计上列为“固定资产——文物和陈列品”科目核算。反之若这些可移动文物用于社会公共需要，则纳入“文物文化资产”科目核算。

（二）主要业务处理举例

1. 文物文化资产取得时应当按其成本入账

【例题 4－52·实操题】 2021 年 8 月 1 日，B 事业单位有关“文物文化资产”科目的业务如下：

（1）外购一项文物文化资产 D，支付总价款 500 000 元、运费 3 000 元。

（2）无偿调入一项文物文化资产 E，调出方的账面价值为 100 000 元，支付相关税费等 5 000 元。

（3）无偿调入一项文物文化资产 F，成本无法取得，调入过程中发生相关税费等 4 000 元。

（4）接受捐赠一项文物文化资产 G，经评估后成本为 50 000 元，发生相关税费等 6 000 元。

（5）接受捐赠一项文物文化资产 H，成本无法取得，发生相关税费等 3 000 元。

以上款项通过银行存款支付。

【解析】 账务处理如下：

<table>
<tr><th colspan="2">会计分录</th><th>核算要点精讲</th></tr>
<tr><td colspan="3">（1）外购文物文化资产 D</td></tr>
<tr><td>财务会计</td><td>借：文物文化资产——D　503 000
　贷：银行存款　503 000</td><td></td></tr>
<tr><td>预算会计</td><td>借：事业支出　503 000
　贷：资金结存——货币资金　503 000</td><td>属于正常事业支出，与其他形式取得文物文化资产时发生的相关税费账务处理不同。</td></tr>
<tr><td colspan="3">（2）无偿调入文物文化资产 E</td></tr>
<tr><td>财务会计</td><td>借：文物文化资产——E　105 000
　贷：无偿调拨净资产　100 000
　　　银行存款　5 000</td><td>归属于调入方的相关费用计入文物文化资产成本。</td></tr>
<tr><td>预算会计</td><td>借：其他支出　5 000
　贷：资金结存——货币资金　5 000</td><td>外购时相关税费在“事业支出”科目核算；无偿调入时在“其他支出”科目核算。</td></tr>
<tr><td colspan="3">（3）无偿调入文物文化资产 F（成本无法取得）</td></tr>
<tr><td>财务会计</td><td>借：其他费用　4 000
　贷：银行存款　4 000</td><td>无偿调入的文物文化资产成本无法可靠取得的，按照发生的归属于调入方的相关费用，借记“其他费用”科目，不确认文物文化资产，也不确认为名义金额，与固定资产不同；设置备查簿进行登记。</td></tr>
<tr><td>预算会计</td><td>借：其他支出　4 000
　贷：资金结存——货币资金　4 000</td><td></td></tr>
</table>

会计分录		核算要点精讲
（4）接受捐赠文物文化资产 G		
财务会计	借：文物文化资产——G 56 000 贷：银行存款 6 000 捐赠收入 50 000	
预算会计	借：其他支出 6 000 贷：资金结存——货币资金 6 000	捐赠收入为非现金捐赠，预算会计不进行账务处理；其他税费计入其他支出。
（5）接受捐赠文物文化资产 H（成本无法取得）		
财务会计	借：其他费用 3 000 贷：银行存款 3 000	接受捐赠的文物文化资产成本无法可靠取得的，按照发生的相关税费等金额，借记“其他费用”，不确认文物文化资产，也不确认为名义金额，与固定资产不同；设置备查簿进行登记。
预算会计	借：其他支出 3 000 贷：资金结存——货币资金 3 000	

2. 文物文化资产的后续支出

参照公共基础设施项目处理，此处略。

3. 文物文化资产的处置处理

【例题 4-53·实操题】2021 年 8 月 1 日，B 事业单位按照规定报经批准处置文物文化资产业务如下：

（1）报经批准对外捐赠文物文化资产 E，账面价值为 600 000 元，支付相关费用 20 000 元（归属于捐出方）。

（2）报经批准无偿调出文物文化资产 F 给同级事业单位，账面价值为 100 000 元，支付相关费用 1 000 元（归属于调出方）。

以上款项通过银行存款支付。

【解析】账务处理如下：

会计分录		核算要点精讲
（1）经批准对外捐赠文物文化资产 E		
财务会计	借：资产处置费用 620 000 贷：文物文化资产——E 600 000 银行存款 20 000	对外捐赠的文物文化资产的“资产处置费用”科目金额包括捐出方负担的相关费用（视同对外捐赠流动资产）。
预算会计	借：其他支出 20 000 贷：资金结存——货币资金 20 000	归属于捐出方的相关费用。

会计分录		核算要点精讲
(2) 经批准无偿调出文物文化资产 F		
财务会计	借：资产处置费用 1 000 　贷：银行存款 1 000 借：无偿调拨净资产 100 000 　贷：文物文化资产——F 100 000	发生的归属于调出方的相关费用计入资产处置费用； 文物文化资产账面余额计入无偿调拨净资产； 归属于调出方的相关费用视同资产处置。
预算会计	借：其他支出 1 000 　贷：资金结存——货币资金 1 000	归属于调出方的相关费用。

四、保障性住房的核算

（一）保障性住房的界定

保障性住房是指地方政府住房保障主管部门持有的全部或部分产权份额、纳入城镇住房保障规划和年度计划、向符合条件的保障对象提供的住房，如公租房。

（二）主要业务处理举例

1. 保障性住房取得时应当按其成本入账

【例题 4-54·实操题】2021 年 8 月 1 日，B 事业单位有关保障性住房的业务如下：

（1）外购保障性住房一批 D，支付总价款 5 000 000 元、税费 3 000 元。

（2）自行建造保障性住房一批 E，建造时支付工程价款 6 000 000 元（账务处理略），因竣工决算手续完成，暂按已发生的金额入账；2019 年 9 月 1 日，竣工决算手续完成，支付相关费用 50 000 元，正式办理竣工手续。

（3）无偿调入保障性住房一批 F，调出方的账面价值为 3 000 000 元，调入过程中发生相关税费等 4 000 元。

以上款项通过银行存款支付。

【解析】账务处理如下：

会计分录		核算要点精讲
(1) 外购保障性住房 D		
财务会计	借：保障性住房——D 5 003 000 　贷：银行存款 5 003 000	
预算会计	借：事业支出 5 003 000 　贷：资金结存——货币资金 5 003 000	属于事业支出。

<table>
<tr><th colspan="2">会计分录</th><th>核算要点精讲</th></tr>
<tr><td colspan="3">（2）自行建造保障性房 E 暂估价入账</td></tr>
<tr><td>财务会计</td><td>借：保障性住房——E　6 000 000
　贷：在建工程　6 000 000</td><td>一般情况下，办理竣工决算手续时间较长，暂估价入账后可按规定计提折旧。</td></tr>
<tr><td>预算会计</td><td>不做账务处理</td><td>在建工程发生支出时已进行账务处理。</td></tr>
<tr><td colspan="3">（3）正式办理竣工验收手续</td></tr>
<tr><td>财务会计</td><td>借：保障性住房——E　50 000
　贷：银行存款　50 000</td><td>按照估计价值入账，待办理竣工决算后再按照实际成本调整原来的暂估价值。</td></tr>
<tr><td>预算会计</td><td>借：事业支出　50 000
　贷：资金结存——货币资金　50 000</td><td>属于事业支出。</td></tr>
<tr><td colspan="3">（4）无偿调入保障性住房 F</td></tr>
<tr><td>财务会计</td><td>借：保障性住房——F　3 004 000
　贷：银行存款　4 000
　　　无偿调拨净资产　3 000 000</td><td>成本按照该项资产在调出方的账面价值加上归属于调入方的相关费用确定。</td></tr>
<tr><td>预算会计</td><td>借：其他支出　4 000
　贷：资金结存——货币资金　4 000</td><td>归属于调入方的相关税费。</td></tr>
</table>

2. 保障性住房的后续支出

参照固定资产项目处理，此处略。

3. 保障性住房的租金收入处理

【例题 4－55・实操题】2021 年 8 月 1 日，按照规定将保障性住房进行出租，收取的租金为 300 000 元，银行款项已收到。

【解析】账务处理如下：

<table>
<tr><th colspan="2">按照规定出租保障性住房收取租金会计分录</th><th>核算要点精讲</th></tr>
<tr><td>财务会计</td><td>借：银行存款　300 000
　贷：应缴财政款　300 000</td><td>出租保障性住房收取的租金应按规定上缴财政。</td></tr>
<tr><td>预算会计</td><td>不做账务处理</td><td>不属于纳入部门预算管理的资金。</td></tr>
</table>

4. 保障性住房的处置处理

【例题 4－56・实操题】2021 年 8 月 1 日，B 事业单位按照规定报经批准处置保障性住房业务如下：

（1）报经批准出售保障性住房 E，账面价值为 6 000 000 元，已计提折旧 3 000 000 元，出售价款 3 200 000 元，出售过程中发生相关税费 50 000 元，款项已结算。

(2) 报经批准无偿调出保障性住房F给同级事业单位，账面价值为1 000 000元，已计提折旧400 000元，发生相关税费20 000元（归属于调出方），款项已结算。

【解析】 账务处理如下：

会计分录		核算要点精讲
(1) 经批准对外出售保障性住房E		
财务会计	借：资产处置费用 3 000 000 　　保障性住房累计折旧 3 000 000 　贷：保障性住房——E 6 000 000 借：银行存款 3 200 000 　贷：银行存款 50 000 　　　应缴财政款 3 150 000	出售保障性住房的资产处置费用为其账面价值；发生的相关税费与出售获得的价款抵减后作为应缴财政款上缴财政。
预算会计	不做账务处理	不属于纳入部门预算管理的资金。
(2) 经批准无偿调出保障性住房F		
财务会计	借：资产处置费用 20 000 　贷：银行存款 20 000 借：无偿调拨净资产 600 000 　　保障性住房累计折旧 400 000 　贷：保障性住房——F 1 000 000	发生的归属于调出方的相关费用计入资产处置费用； 保障性住房账面价值（账面余额减去折旧）计入无偿调拨资产； 归属于调出方的相关费用视同资产处置。
预算会计	借：其他支出 20 000 　贷：资金结存——货币资金 20 000	归属于调出方的相关费用。

五、受托代理资产的核算

（一）受托代理资产的界定

受托代理资产是指政府会计主体接受委托方委托管理的各项资产，包括受托指定转赠的物资、受托存储保管物资、罚没物资等。

【延伸思考1】 单位对受托代理资产设有控制权，因此“受托代理资产”并不符合《政府会计准则——基本准则》的定义及其确认标准，仅进行财务会计核算，不进行预算会计核算。

【延伸思考2】 单位收到的受托代理资产为现金和银行存款的，不通过“受托代理资产”科目核算，直接通过“库存现金”“银行存款”科目核算。

（二）主要业务处理举例

1. 受托转赠物资的核算

【例题 4－57·实操题】2021 年 8 月，B 事业单位有关受托代理资产的业务如下：

（1）8 月 1 日，接受委托人委托需要转赠给受赠人的物资 X，总价值为 30 000 元，B 事业单位承担相关税费 2 000 元，款项通过银行支付。

（2）8 月 31 日，按照要求将上述物资 X 中的一部分 25 000 元转赠给受赠人。

（3）委托人取消了对捐赠剩余物资 X 的转赠要求，且不再收回捐赠物资。

（4）委托人委托 B 事业单位转赠灾区现金 5 000 元，款项已交至单位；8 月 31 日，对上述现金进行转赠。

【解析】账务处理如下：

会计分录		核算要点精讲
（1）接受委托转赠物资		
财务会计	借：受托代理资产——X　30 000 　贷：受托代理负债　30 000	受托代理资产按物资种类进行明细核算；对方科目为“受托代理负债”。
预算会计	不做账务处理	
（2）支付相关费用		
财务会计	借：其他费用　2 000 　贷：银行存款　2 000	受托协议约定由受托方承担的费用，不属于受托代理资产的核算范围，视同单位正常业务，由单位承担费用。
预算会计	借：其他支出　2 000 　贷：资金结存——货币资金　2 000	视同单位一项正常业务，由单位承担支出，进行预算会计账务处理。
（3）转赠物资		
财务会计	借：受托代理负债——X　25 000 　贷：受托代理资产——X　25 000	借贷方均为受托代理科目。
预算会计	不做账务处理	
（4）委托人取消转赠物资需求且不再收回		
财务会计	借：受托代理负债——X　5 000 　贷：受托代理资产——X　5 000 借：库存物品　5 000 　贷：其他收入　5 000	冲减受托代理科目； 将物资转入库存物品核算，同时确认其他收入，不确认捐赠收入； 委托方收回物资的情况下，参照转赠物资的账务处理方式，计算过程：接受委托 30 000－转赠 25 000＝5 000（元）。
预算会计	不做账务处理	

会计分录		核算要点精讲
(5) 接受现金委托		
财务会计	借：库存现金——受托代理资产 5 000 贷：受托代理负债 5 000	在"库存现金"科目下设二级明细科目"受托代理资产"，用于核算单位收到的现金类受托代理资产。
预算会计	不做账务处理	虽然为现金收支，但不属于纳入预算管理的范围。
(6) 转赠现金		
财务会计	借：受托代理负债 5 000 贷：库存现金——受托代理资产 5 000	
预算会计	不做账务处理	

2. 受托存储保管物资的核算

【例题4-58·实操题】2021年8月1日，B事业单位有关"受托代理资产"科目的业务如下：

(1) 接受委托人委托存储保管的物资Y，总价值为50 000元，已验收入库，B单位承担相关运费及保管费2 000元，款项通过银行支付。

(2) 8月31日，按照委托人要求将上述物资Y发出。

【解析】账务处理如下：

会计分录		核算要点精讲
(1) 接受委托保管物资		
财务会计	借：受托代理资产——Y 50 000 贷：受托代理负债——Y 50 000	受托代理资产按物资种类进行明细核算；对方科目为"受托代理负债"。
预算会计	不做账务处理	
(2) 支付相关费用		
财务会计	借：其他费用 2 000 贷：银行存款 2 000	受托协议约定由受托方承担的费用，不属于受托代理资产的核算范围，视同单位正常业务，由单位承担费用。
预算会计	借：其他支出 2 000 贷：资金结存——货币资金 2 000	视同单位正常业务，由单位承担支出，进行预算会计账务处理。
(3) 发出受托保管的物资		
财务会计	借：受托代理负债——Y 50 000 贷：受托代理资产——Y 50 000	借贷方均为受托代理科目。
预算会计	不做账务处理	

3. 罚没物资的核算

【例题 4－59·实操题】 2021 年 8 月 1 日，B 事业单位有关“受托代理资产”科目的业务如下：

（1）取得罚没物资 X 一批，总价值为 40 000 元，已验收入库。

（2）取得罚没物资 Y 一批，成本无法可靠确定。

（3）按规定对上述物资 X 的 50%进行移交，已完成移交手续；同时对剩余部分进行处置，收到处置价款 35 000 元。

（4）委托人委托 B 事业单位代为管理资金 80 000 元，款项已交至单位；根据委托人要求，购置计算机一台，价值为 5 000 元，同时根据合同全款预付 30 000 元用于购置物资 Z 一批；8 月 31 日，B 事业单位收到上述物资，并按委托人要求将上述物资进行转交；12 月 31 日，对购置的计算机进行转交。

【解析】 账务处理如下：

会计分录		核算要点精讲
（1）取得罚没物资 X		
财务会计	借：受托代理资产——X　40 000 　贷：受托代理负债——X　40 000	受托代理资产按物资种类进行明细核算；对方科目为“受托代理负债”。
预算会计	不做账务处理	
（2）取得罚没物资 Y（成本无法可靠确定）		
财务会计	不做账务处理	罚没物资成本无法可靠确定的，单位应当设置备查簿进行登记。
预算会计	不做账务处理	
（3）移交罚没物资		
财务会计	借：受托代理负债——X　20 000 　贷：受托代理资产——X　20 000	计算过程：40 000×50%＝20 000（元）。
预算会计	不做账务处理	
（4）处置罚没物资		
财务会计	借：受托代理负债——X　20 000 　贷：受托代理资产——X　20 000 借：银行存款　35 000 　贷：应缴财政款　35 000	计算过程：40 000×（1－50%）＝20 000（元）； 处置罚没物资取得的款项按规定上缴财政。
预算会计	不做账务处理	不属于纳入部门预算管理的范围。
（5）接受委托资金		
财务会计	借：银行存款——受托代理资产　80 000 　贷：受托代理负债　80 000	在“银行存款”科目下设二级明细科目“受托代理资产”，用于核算单位收到的受托代理资产为银行存款的资产。

会计分录		核算要点精讲
预算会计	不做账务处理	虽然为现金收支，但不属于纳入预算管理的范围。
(6) 使用委托资金购置设备		
财务会计	借：受托代理资产——固定资产 5 000 贷：银行存款——受托代理资产 5 000	在“受托代理资产”科目下设“固定资产”二级明细科目；仅在资产方进行账务处理，不涉及“受托代理负债”科目。
预算会计	不做账务处理	虽然为现金收支，但不属于纳入预算管理的范围。
(7) 预付物资款		
财务会计	借：受托代理资产——应收及暂付款 30 000 贷：银行存款——受托代理资产 30 000	在“受托代理资产”科目下设“应收及暂付款”二级明细科目，用于核算单位收到的受托代理资产发生的应收及暂付业务。
预算会计	不做账务处理	虽然为现金收支，但不属于纳入预算管理的范围。
(8) 物资验收入库		
财务会计	借：受托代理资产——Z 30 000 贷：受托代理资产——应收及暂付款 30 000	核销受托代理资产中的往来款项。
预算会计	不做账务处理	
(9) 物资按要求移交		
财务会计	借：受托代理负债 30 000 贷：受托代理资产——Z 30 000	物资转交时减少受托代理负债。
预算会计	不做账务处理	
(10) 购置的固定资产移交		
财务会计	借：受托代理负债 5 000 贷：受托代理资产——固定资产 5 000	受托代理资产购置的固定资产不计提折旧，移交时按原值进行移交。
预算会计	不做账务处理	

六、待摊费用与长期待摊费用的核算

(一) 待摊费用与长期待摊费用的核算范围

待摊费用的核算范围包括预付的航空保险费、预付的租金等。

长期待摊费用的核算范围包括经营租赁方式租入的固定资产发生的改良支出等。

（二）主要业务处理举例

1. 待摊费用的核算

【例题 4-60·实操题】2021—2022 年，B 事业单位有关“待摊费用”科目的业务如下：

（1）2021 年 8 月 1 日，与某企业签订合同，租赁其房屋用于专业业务活动；已按合同要求通过银行转账预付全年房屋租金 120 000 元。

（2）2021 年 9 月 1 日，按月进行摊销。

（3）2022 年 5 月 31 日，单位该专业业务活动已完成，所租赁房屋不再使用，相应的房租无法收回；单位决定将剩余费用一次性摊销。

【解析】账务处理如下：

会计分录		核算要点精讲
（1）预付房屋租金		
财务会计	借：待摊费用——租金 120 000 贷：银行存款 120 000	租赁期限为 1 年，在“待摊费用”科目核算，超过 1 年的在“长期待摊费用”科目核算。
预算会计	借：事业支出 120 000 贷：资金结存——货币资金 120 000	
（2）按月摊销		
财务会计	借：业务活动费用 10 000 贷：待摊费用——租金 10 000	按月进行摊销；计算过程：120 000/12=10 000（元）。
预算会计	不做账务处理	
（3）摊余金额一次全部转入当期费用		
财务会计	借：业务活动费用 20 000 贷：待摊费用——租金 20 000	已摊销 10 个月，剩下两个月一次性计入费用，计算过程：120 000－10 000×10=20 000（元）。
预算会计	不做账务处理	

2. 长期待摊费用的核算

【例题 4-61·实操题】B 事业单位有关“长期待摊费用”科目业务如下：

（1）2021 年 8 月 1 日，根据签订的合同，租赁房屋用于专业业务活动，合同期限为 5 年（不考虑支付租金的账务处理）；为便于本单位使用，对其进行装修改造，共发生费用 300 000 元，使用银行存款支付。

（2）2021 年 9 月 1 日，按月进行摊销。

（3）2026 年 1 月 1 日，单位该专业业务活动已完成，且该房屋不再使用；单位决定将剩余费用一次性摊销。

【解析】账务处理如下：

会计分录		核算要点精讲
(1) 支付装修改造费用		
财务会计	借：长期待摊费用——房屋装修 300 000 贷：银行存款 300 000	租赁期限为 5 年，在“长期待摊费用”科目核算；该资产为经营租赁租入资产，该资产所有权不属于单位，发生的改良支出不列入固定资产核算。
预算会计	借：事业支出 300 000 贷：资金结存——货币资金 300 000	
(2) 按月摊销		
财务会计	借：业务活动费用 5 000 贷：长期待摊费用——房屋装修 5 000	按月进行摊销；计算过程：300 000/(12×5)＝5 000（元）。
预算会计	不做账务处理	
(3) 摊余金额一次全部转入当期费用		
财务会计	借：业务活动费用 35 000 贷：长期待摊销费用——房屋装修 35 000	已经摊销 53 个月，剩下 7 个月一次性计入费用，计算过程：300 000/60×(60－53)＝35 000（元）。
预算会计	不做账务处理	

课程思政

1. 政府储备资产核算的思政元素

我国抗疫斗争中政府储备物资的高效率使用，离不开政府会计对此类资产准确的确认与核算，这是政府储备物资得以发挥作用的关键。发挥思想引领与价值导向作用，增强财务人员的“四个自信”，引导财务人员提高政治站位，强化责任担当。

2. 政府保障性住房核算的思政元素

保障性住房实现了居民有房住，提升了人民幸福感，激发了学生的爱国爱家情怀。

热点思考题

1. 政府会计准则与企业会计准则中的长期股权投资核算有何异同？
2. 政府单位固定资产与文物文化资产如何界定其界限？
3. 政府单位在固定资产拆迁过程中收到的补偿款应如何进行会计核算？
4. 政府单位建设和维护的微信公众号、土地使用权是否可以作为无形资产确认？
5. 政府单位代为保管的政府储备物资，是通过“政府储备物资”科目核算，还是通过“受托代理资产”科目核算？文物文化资产与文物和陈列品有何区别？

课后习题

一、单项选择题

1. 2×21 年 4 月 1 日，甲事业单位以银行存款 1 000 万元购入 A 公司的股票，计划长期持有，作为长期股权投资核算。A 公司于 2×21 年 3 月 5 日宣告发放现金股利但尚未实际发放，其中甲事业单位应分得的现金股利为 60 万元。甲事业单位另支付相关税费 6 万元。不考虑其他因素，甲事业单位取得该长期股权投资的入账成本为（　　）万元。

A. 1 000　　B. 946　　C. 940　　D. 1 006

2. 下列固定资产应计提折旧的是（　　）。

A. 文物、陈列品　　B. 动植物、图书

C. 房屋及构筑物　　D. 以名义金额计量的固定资产

二、多项选择题

1. 2×21 年 6 月 10 日，甲政府单位外购一台价款为 250 万元的专用设备，发生安装调试费 14 万元，扣留质量保证金 20 万元，质保期为 24 个月。当日，甲政府单位以财政直接支付方式支付 244 万元。不考虑增值税等相关税费及其他因素，下列关于甲政府单位取得的该项固定资产的财务会计处理中，不正确的有（　　）。

A. 取得的固定资产入账价值为 244 万元

B. 应当确认其他应付款 20 万元

C. 应当贷记“零余额账户用款额度”科目 244 万元

D. 应当确认财政拨款收入 244 万元

2. 下列有关行政事业单位固定资产会计处理的表述正确的有（　　）。

A. 因改建、扩建等原因延长固定资产使用年限的，应当重新确定固定资产的折旧年限

B. 单位盘盈、无偿调入、接受捐赠以及置换的固定资产，应当考虑该项资产的新旧程度，按照其尚可使用的年限计提折旧

C. 固定资产应当按月计提折旧，当月增加的固定资产，下月开始计提折旧；当月减少的固定资产，当月照提折旧

D. 固定资产提足折旧后，无论能否继续使用，均不再计提折旧；提前报废的固定资产，也不再补提折旧

三、判断题

1. 对于有明确到期日的长期债券投资，若剩余期限已短于一年，可将其转为短期投资。　　（　　）

2. 政府单位在固定资产拆迁过程中收到的补偿款属于国有资产处置收入，应作为应缴款项上缴财政。　　（　　）

四、实务操作题

资料：2×21年，甲事业单位发生下列有关经济业务：

(1) 5月5日，甲事业单位接受其他部门无偿调入物资一批，该批物资在调出方的账面价值为20万元，经验收合格后入库。物资调入过程中该单位以银行存款支付运输费1万元。

(2) 7月5日，甲行政单位经批准对外无偿调出一套设备，该设备账面余额为100万元，已计提折旧40万元。设备调拨过程中该单位以现金支付运输费1万元。

不考虑其他相关税费。

要求：根据上述资料编制甲事业单位无偿调入和无偿调出资产的相关会计分录。

第五章

政府单位负债的核算

教学导向

（一）理解政府单位各项负债的内涵

（二）领悟政府单位各项负债的确认计量

（三）重点掌握政府单位各项负债的核算操作

本章在政府会计基本准则、具体准则的基础上，结合《政府会计制度——行政事业单位会计科目和报表》、7个行业补充规定，通过对负债类16个科目核算要点和案例进行精讲，加强对制度中负债类科目的理解，熟悉其在实务中的应用。

第一节　借款及应付利息类业务核算

一、短期借款的业务处理

（一）行政事业单位借入各种短期借款时的会计处理

短期借款只核算借款本金，不包括利息费用。在实务中，计提短期借款利息，无论是一次还本付息还是分期付息，根据权责发生制原则，当期费用应当与当期成本相对应，计提短期借款利息能够反映行政事业单位各期的收入、成本和费用是否合理。

【例题5-1·实操题】2021年8月1日，B事业单位经批准在X银行借入3个月短期借款500 000元用于日常资金周转，上述款项已存入B事业单位银行账户中，借款年利率为6%，按月计提利息并支付，到期还本。

【解析】账务处理如下：

会计分录		核算要点精讲
（1）借入短期借款时		
财务会计	借：银行存款 500 000 　贷：短期借款——X银行 500 000	同时确认银行存款和短期借款增加，1年内（含1年）在“短期借款”科目核算。
预算会计	借：资金结存——货币资金 500 000 　贷：债务预算收入 500 000	预算会计设置“债务预算收入”科目，借入款项时在预算会计中确认收入。
（2）月底计提利息时		
财务会计	借：其他费用 2 500 　贷：应付利息 2 500	借款用途为日常周转，通过“其他费用”科目核算，为建造固定资产、公共基础设施等借入的专门借款的利息，属于建设期间发生的，按期计提利息费用时予以资本化；计算过程：500 000×（6%/12）=2 500（元）。
预算会计	不做账务处理	未发生现金收支业务。
（3）每月支付利息时		
财务会计	借：应付利息 2 500 　贷：银行存款 2 500	
预算会计	借：其他支出 2 500 　贷：资金结存——货币资金 2 500	支付银行借款利息时，按照实际支付金额在“其他支出”科目核算。
（4）到期偿还借款时		
财务会计	借：短期借款——X银行 500 000 　贷：银行存款 500 000	
预算会计	借：债务还本支出 500 000 　贷：资金结存——货币资金 500 000	预算会计设置“债务还本支出”科目，借入款项偿还本金时在预算会计中确认支出。

（二）行政事业单位开具的银行承兑汇票到期后无力支付票款的会计处理

【例题5-2·实操题】2021年5月10日，B事业单位开展非独立核算的经营活动，开出的银行承兑汇票20 000元到期，因无力支付票款，经与承兑银行协商办理相关手续。

【解析】账务处理如下：

票据到期无力兑付会计分录		核算要点精讲
财务会计	借：应付票据——银行承兑汇票　20 000 　贷：短期借款　20 000	应付票据无法支付款项时，转换为银行的短期借款。
预算会计	借：经营支出　20 000 　贷：债务预算收入　20 000	应付票据转为短期借款，视同通过债务取得预算收入；预算会计在收入中核算；借方通过“经营支出”科目核算，款项已由银行支付，视同预算会计已支出；待偿还银行短期借款时，借记“债务还本支出”科目，贷记“资金结存”科目。

【延伸思考】借款的预算会计处理中设置了“债务预算收入”“债务还本支出”科目，借款的本金在借入和偿还时预算会计均在收入和支出中核算，且范围仅限于本金，这与财务会计不同；借款发生时的利息在“其他支出”科目反映。

二、长期借款的业务处理

长期借款既核算借款本金也核算到期一次还本付息的借款利息费用。行政事业单位取得长期借款时应根据付息方式的不同做不同的长期借款利息费用处理，即分期付息、到期还本的借款利息在“应付利息”科目核算；到期一次还本付息的长期借款利息在“长期借款——应付利息”科目核算。

为建造固定资产、公共基础设施等应支付的专门借款利息，应严格区分是资本化还是费用化的账务处理方式，防止虚增资产和虚增费用。

1. 分期付息、到期还本的长期借款

【例题 5－3・实操题】2021 年 8 月 1 日，B 事业单位经过批准从 X 银行取得 2 年期办公楼建设资金借款 5 000 000 元，借款年利率为 6%，按月计提利息，分期支付利息到期还本（分期付息、到期还本）。2022 年 7 月 31 日，项目验收并投入使用。

【解析】账务处理如下：

会计分录		核算要点精讲
（1）取得长期借款时		
财务会计	借：银行存款　5 000 000 　贷：长期借款——本金——X 银行　5 000 000	按照实际借到的长期借款金额编制会计分录。
预算会计	借：资金结存——货币资金　5 000 000 　贷：债务预算收入　5 000 000	

会计分录		核算要点精讲
（2）计提应付利息时（建设期按月计提利息）		
财务会计	借：在建工程 25 000 贷：应付利息 25 000	在项目建设期内，按照借款金额和利率计算应付利息计入在建工程，作为建设成本。分期付息、到期还本借款的利息计提时，贷记“应付利息”科目，计算过程：5 000 000×(6%/12)＝25 000（元）。
预算会计	不做账务处理	未发生现金收支业务。
（3）支付利息时		
财务会计	借：应付利息 25 000 贷：银行存款 25 000	按照实际支付的应付利息金额编制财务会计分录。
预算会计	借：其他支出 25 000 贷：资金结存——货币资金 25 000	根据实际支出金额编制预算会计分录。
（4）计提应付利息时（项目完工后按月计提利息）		
财务会计	借：其他费用 25 000 贷：应付利息 25 000	项目完工后，按照借款金额和利率计算应付利息计入其他费用，视同日常借款，不予资本化。
预算会计	不做账务处理	未发生现金收支业务。
（5）到期还本时		
财务会计	借：长期借款——本金——X银行 5 000 000 贷：银行存款 5 000 000	
预算会计	借：债务还本支出 5 000 000 贷：资金结存——货币资金 5 000 000	预算会计设置“债务还本支出”科目，借入款项偿还本金时在预算会计中确认支出。

2. 到期一次还本付息的长期借款

【例题5－4·实操题】2019年8月1日，B事业单位经过批准从Y银行取得2年期日常周转借款600 000元，借款年利率为6%，按月计提利息，到期一次还本付息。2021年8月1日，偿还上述银行借款。

【解析】账务处理如下：

会计分录		核算要点精讲
（1）取得长期借款时		
财务会计	借：银行存款 600 000 贷；长期借款——本金——Y银行 600 000	按照实际借到的长期借款金额编制会计分录。

会计分录		核算要点精讲
预算会计	借：资金结存——货币资金　600 000 　贷：债务预算收入　600 000	

（2）计提应付利息时

财务会计	借：其他费用　3 000 　贷：长期借款——应计利息　3 000	其他长期借款利息在其他费用核算；到期一次还本付息的借款，在计提利息时，在“长期借款——应计利息”科目核算，与分期付息一次还本不同； 计算过程：600 000×（6%/12）＝3 000（元）。
预算会计	不做账务处理	未发生现金收支业务。

（3）到期还本付息时

财务会计	借：长期借款——本金——Y银行　600 000 　　　　　——应计利息——Y银行　72 000 　贷：银行存款　672 000	到期一次还本付息的借款在计提利息时，在“长期借款——应计利息”科目核算；计算过程：应计利息＝600 000×（6%/12）×24＝72 000（元）。
预算会计	借：债务还本支出　600 000 　　其他支出　72 000 　贷：资金结存——货币资金　672 000	预算会计设置“债务还本支出”科目，借入款项偿还本金（仅仅为本金，不包括利息）时在预算会计中确认支出；借款产生的利息在“其他支出”科目核算。

第二节　应交税金类业务核算

一、应交增值税的业务处理

（一）“应交增值税”明细科目的设置

1. 行政事业单位属于一般纳税人的

一般而言，行政单位不涉及增值税等流转税种业务，不同行业的事业单位除财政拨款收入之外，其他收入都会涉及增值税及其他附加税税种，其中属于增值税一般纳税人的核算，如表 5－1 所示。

表 5-1 增值税一般纳税人的核算

科目		核算内容
应交税金	进项税额	记录单位购进货物、加工修理修配劳务、服务、无形资产或不动产而支付或负担的、准予从当期销项税额中抵扣的增值税额。
	已交税金	记录单位当月已缴纳的应交增值税额。
	转出未交增值税	记录一般纳税人月度终了转出当月应交未交的增值税额。
	转出多交增值税	记录一般纳税人月度终了转出当月多交的增值税额。
	减免税款	记录单位按照现行增值税制度规定准予减免的增值税额。
	销项税额	记录单位销售货物、加工修理修配劳务、服务、无形资产或不动产应收取的增值税额。
	进项税额转出	记录单位购进货物、加工修理修配劳务、服务、无形资产或不动产等发生非正常损失以及其他原因而不应从销项税额中抵扣、按照规定转出的进项税额。
未交税金		核算单位月度终了从“应交税金”或“预交税金”明细科目转入当月应交未交、多交或预缴的增值税额，以及当月缴纳以前期间未交的增值税额。
预交税金		核算单位转让不动产、提供不动产经营租赁服务，以及其他按照现行增值税制度规定应预缴的增值税额。
待抵扣进项税额		核算单位已取得增值税扣税凭证并经税务机关认证，按照现行增值税制度规定准予以后期间从销项税额中抵扣的进项税额。
待认证进项税额		核算单位由于未经税务机关认证而不得从当期销项税额中抵扣的进项税额，包括：一般纳税人已取得增值税扣税凭证并按规定准予从销项税额中抵扣，但尚未经税务认证的进项税额；一般纳税人已申请稽核但尚未取得稽核相符结果的海关缴款书进项税额。
待转销项税额		核算单位销售货物、加工修理修配劳务、服务、无形资产或不动产，已确认相关收入（或利得）但尚未发生增值税纳税义务而需于以后期间确认为销项税额的增值税额。
简易计税		核算单位采用简易计税方法发生的增值税计提、扣减、预缴、缴纳等业务。
转让金融商品应交增值税		核算单位转让金融商品发生的增值税额。
代扣代交增值税		核算单位购进在境内未设经营机构的境外单位或个人在境内的应税行为代扣代缴的增值税。

2. 行政事业单位属于增值税小规模纳税人的

只需在“应交增值税”科目下设置“转让金额商品应交增值税”“代扣代交增值税”等明细科目。

“应交增值税”科目期末贷方余额，反映单位应交未交的增值税；期末如为借方余额，反映单位尚未抵扣或多交的增值税。

（二）主要业务处理举例

1. 一般纳税人采购等业务进项税额准予抵扣的核算

【例题 5-5·实操题】2021，B事业单位（增值税一般纳税人）发生如下业务：

（1）8月1日，从X公司（增值税一般纳税人，增值税税率为13%）购买项目专用计算机一批（可抵扣进项税额），发票注明计算机价款20 000元、增值税2 600元，B事业单位使用银行存款支付22 600元，发票已经税务局认证。

（2）8月10日，发现所购计算机存在故障无法使用，联系X公司办理退货手续，款项已全部退回。

（3）8月11日，从Y公司（增值税一般纳税人，增值税税率为13%）购买项目专用办公用品一批（一次性领用），发票注明办公用品价款5 000元、增值税650元，B事业单位使用银行存款支付5 650元，发票未经税务局认证。

（4）8月20日，因研究计划变更，经与Y公司协商，退回该办公用品，同时将发票予以退回。

【解析】账务处理如下：

会计分录		核算要点精讲
（1）购入计算机时		
财务会计	借：固定资产　20 000 　应交增值税——应交税金（进项税额）　2 600 　贷：银行存款　22 600	支付款项为含税价，根据经税务局认证的增值税发票计算“应交增值税——应交税金（进项税额）”；“应交增值税——应交税金（进项税额）”明细科目记录单位购进货物、加工修理修配劳务、服务、无形资产或不动产而支付或负担的、准予从当期销项税额中抵扣的增值税额；发票已认证，在“进项税额”中核算。
预算会计	借：事业支出　22 600 　贷：资金结存——货币资金　22 600	
（2）发生退货时		
财务会计	借：银行存款　22 600 　贷：固定资产　20 000 　　应交增值税——应交税金（进项税额）　2 600	发生退货的，如原增值税专用发票已做认证，应根据税务机关开具的红字增值税专用发票做相反的会计分录。
预算会计	借：资金结存——货币资金　22 600 　贷：事业支出　22 600	与购入时预算会计分录做相反分录，冲减支出。

会计分录		核算要点精讲
(3) 购置办公用品时		
财务会计	借：业务活动费用 5 000 应交增值税——待认证进项税额 650 贷：银行存款 5 650	支付款项为含税价，根据经税务局认证的增值税发票计算“应交增值税——待认证进项税额”；按照当月未认证的可抵扣增值税额，在“待认证进项税额”中核算。
预算会计	借：事业支出 5 650 贷：资金结存——货币资金 5 650	
(4) 发生退回时		
财务会计	借：银行存款 5 800 贷：业务活动费用 5 000 应交增值税——待认证进项税额 650	支付款项为含税价，根据经税务局认证的增值税发票计算“应交增值税——待认证进项税额”；按照当月未认证的可抵扣增值税额，在“待认证进项税额”中核算；购货退回时如原增值税专用发票未做认证，应将发票退回并做相反的会计分录，与已认证的账务处理不同。
预算会计	借：资金结存——货币资金 5 650 贷：事业支出 5 650	

2. 一般纳税人采购等业务进项税额不得抵扣的核算

单位购进资产或服务等，用于简易计税方法计税项目、免征增值税项目、集体福利或个人消费等，其进项税额按照现行增值税制度规定不得从销项税额中抵扣，直接计入相关成本费用或资产项目中。

【例题 5-6·实操题】2021 年 8 月 5 日，B 事业单位（增值税一般纳税人）从 X 公司（增值税一般纳税人，增值税税率为 9%）购买单位集体福利用品米面油一批，取得增值税发票一张，发票注明米面油 30 000 元、税款 2 700 元，在业务活动费用中核算（假设不使用福利基金）；B 事业单位使用银行存款支付价款 32 700 元，发票未经税务局认证。8 月 10 日，经税务局认证为不可抵扣进项税额。

【解析】账务处理如下：

会计分录		核算要点精讲
(1) 购入福利用品时		
财务会计	借：业务活动费用 30 000 应交增值税——待认证进项税额 2 700 贷：银行存款 32 700	支付款项为含税价，根据未经税务局认证的增值税发票计算包含的增值税，因发票未认证暂时记入“应交增值税——待认证进项税额”明细科目。

会计分录		核算要点精讲
预算会计	借：事业支出　32 700 　贷：资金结存——货币资金　32 700	
（2）被认证为不可抵扣进项税额时		
财务会计	借：应交增值税——应交税金（进项税额） 　2 700 　贷：应交增值税——待认证进项税额　2 700 借：业务活动费用　2 700 　贷：应交增值税——应交税金（进项税额转出） 　2 700	经税务机关认证为不可抵扣进项税额时，借记“应交增值税——应交税金（进项税额）”科目，贷记“待认证进项税额”科目，同时，将进项税额转出，借记相关成本费用科目，贷记“应交增值税——应交税金（进项税额转出）”科目；简单理解即先从待认证转入进项税额，再将进项税额费用化或成本化。
预算会计	不做账务处理	未发生现金收支业务。

3. 一般纳税人购进不动产或不动产在建工程按照规定抵扣的核算

根据《关于深化增值税改革有关政策的公告》（财政部 税务总局 海关总署公告2019年第39号），自2019年4月1日起，纳税人取得不动产或者不动产在建工程的进项税额不再分2年抵扣。此前按照上述规定尚未抵扣完毕的待抵扣进项税额，可自2019年4月税款所属期起从销项税额中抵扣。

【例题5-7·实操题】2021年8月5日，B事业单位（增值税一般纳税人）与X公司（增值税一般纳税人，增值税税率为9%）签订建造合同，按照合同进度支付工程款545 000元，发票票面注明工程款500 000元，增值税45 000元，B事业单位通过银行存款支付，发票已经税务局认证。根据现行税法规定不再分2年抵扣。

【解析】账务处理如下：

支付工程款会计分录		核算要点精讲
财务会计	借：在建工程　500 000 　应交增值税——应交税金（进项税额） 　45 000 　贷：银行存款　545 000	根据最新税法规定纳税人自2019年4月1日起，纳税人取得不动产或者不动产在建工程的进项税额不再分2年抵扣。
预算会计	借：事业支出　545 000 　贷：资金结存——货币资金　545 000	按照实际支付金额编制预算会计分录；此处预算会计支出与财务会计的成本化或者费用化金额相差增值税金额部分。

4. 进项税额转出的核算

单位因发生非正常损失或改变用途等，原已计入进项税额、待抵扣进项税额或待认证进项税额，按照现行增值税制度规定不得从销项税额中抵扣的，做进项税额转出处理。

【例题5-8·实操题】2021年8月5日，B事业单位（增值税一般纳税人）有关业务如下：

（1）购入用于专业业务活动的库存物品一批，价款 30 000 元，进项税额 3 900 元，款项已通过银行存款支付，已在购入当月经税务局认证；8 月 10 日，经单位研究 B 事业单位调整库存物品使用用途，将其用于发放职工福利，调整后根据税法规定不得抵扣销项税额。

（2）购入的天然气价款 20 000 元，进项税额 2 600 元，用于职工福利，款项已通过银行存款支付，按照税法规定不能抵扣，8 月 10 日，因 B 事业单位某项目调整方案，单位将天然气用于该项目使用，调整后根据税法规定可以抵扣销项税额。

【解析】账务处理如下：

会计分录		核算要点精讲
（1）购入库存物品		
财务会计	借：库存物品　30 000 　　应交增值税——应交税金（进项税额）　3 900 　贷：银行存款　33 900	进项税额记录单位购进货物、加工修理修配劳务、服务、无形资产或不动产而支付或负担的、准予从当期销项税额中抵扣的增值税额。
预算会计	借：事业支出　33 900 　贷：资金结存——货币资金　33 900	
（2）原可抵扣的进项税因改变用途不得抵扣		
财务会计	借：库存物品　3 900 　贷：应交增值税——应交税金（进项税额转出）　3 900	原已计入进项税额、待抵扣进项税额或待认证进项税额，但按照现行增值税制度规定不得从销项税额中抵扣的，将原已认证冲抵的进项税额转出，计入库存物品成本中。
预算会计	不做账务处理	未发生现金收支业务。
（3）购入库存物品（天然气视同库存物品）		
财务会计	借：库存物品　22 600 　贷：银行存款　22 600	不得抵扣时应缴增值税等税费直接计入库存物品成本。
预算会计	借：事业支出　22 600 　贷：资金结存——货币资金　22 600	
（4）原不可抵扣的进项税因改变用途可抵扣		
财务会计	借：应交增值税——应交税金（进项税额）　2 600 　贷：库存物品　2 600	原不得抵扣且未抵扣进项税额的固定资产、无形资产等，因改变用途等用于允许抵扣进项税额的应税项目的，应按照允许抵扣的进项税额，借记“应交增值税——应交税金（进项税额）”科目；如为固定资产，经上述调整后，还应按照调整后的账面价值在剩余尚可使用年限内计提折旧或摊销（调整固定资产的价值）。
预算会计	不做账务处理	未发生现金收支业务。

5. 购买方作为扣缴义务人发生代扣代交增值税的核算

按照现行增值税制度规定，境外单位或个人在境内发生应税行为，在境内未设有经营机构的，以购买方作为增值税扣缴义务人。境内一般纳税人从境外单位或个人购进服务、无形资产或不动产，自税务机关或者扣缴义务人取得的解缴税款的完税凭证上注明的增值税额，准予从销项税额中抵扣。但纳税人凭完税凭证抵扣进项税额的，应当具备书面合同、付款证明和境外单位的对账单或者发票。资料不全的，其进项税额不得从销项税额中抵扣。

【例题 5-9·实操题】2021 年 8 月 5 日，B 事业单位（增值税一般纳税人）从境外 X 单位（无国内代理人）购买一项服务（适用 6%的税率），含税价 53 000 元（价款 50 000 元，按税率计算增值税额 3 000 元），B 事业单位使用银行存款支付 50 000 元，按照税务机关的规定代扣代缴增值税；8 月 10 日，经提供相关材料后，将上述税款通过银行缴纳至税务机关。账务处理如下：

会计分录		核算要点精讲
（1）购入服务		
财务会计	借：业务活动费用　50 000 　应交增值税——应交税金（进项税额）　3 000 　贷：银行存款　50 000 　　应交增值税——代扣代交增值税　3 000	以购买方为增值税扣缴义务人按照进项税额金额贷记“代扣代交增值税”明细科目。
预算会计	借：事业支出　50 000 　贷：资金结存——货币资金　50 000	按照实际支出编制预算会计分录。
（2）缴纳代扣代交增值税		
财务会计	借：应交增值税——代扣代交增值税　3 000 　贷：银行存款　3 000	实际缴纳代扣代缴增值税时，根据代扣代交增值税金额编制会计分录；此处仅为缴纳代扣代缴增值税，进项税额资料齐全的可予以抵扣。
预算会计	借：事业支出　3 000 　贷：资金结存——货币资金　3 000	按照实际支出编制预算会计分录。

6. 销售自产或提供服务业务的增值税核算

按照政府会计制度及相关政府会计准则确认收入的时点早于按照增值税制度确认增值税纳税义务发生时点的，应将相关销项税额记入“应交增值税——待转销项税额”科目，待实际发生纳税义务时再转入“应交增值税——应交税金（销项税额）”或“应交增值税——应交税金——简易计税”科目。举例如下：

【例题 5-10·实操题】2021 年，B 事业单位（增值税一般纳税人）有关业务如下：

（1）8 月 5 日，开展专业业务活动，开出增值税专票（税率为 6%）一张，价款 50 000 元、增值税额 3 000 元，服务已完成，上述款项已收妥。

(2) 8月5日，开展提供技术服务，该服务适用增值税税率6%，价款10 000元、增值税额600元，根据合同约定技术服务已完成，但本单位未开出发票，对方单位也未支付相应的款项；10月31日，B单位开出增值税专票并收到相应款项。

(3) 8月5日，开展提供技术服务，该服务适用增值税税率6%，价款20 000元、增值税额1 200元，根据合同约定B事业单位已将发票开出，但针对合同约定内容尚未开展任何工作，对方单位也未支付相应的款项（款项收到时账务处理略）。

【解析】账务处理如下：

	会计分录	核算要点精讲
(1) 开展专业业务活动		
财务会计	借：银行存款 53 000 贷：事业收入 50 000 应交增值税——应交税金（销项税额） 3 000	实务操作中应根据增值税发票注明金额进行账务处理。
预算会计	借：资金结存——货币资金 53 000 贷：事业预算收入 53 000	此处将会形成预算会计收入和财务会计收入的差异；缴纳税金时预算会计在支出中核算，不影响年终预算结余。
(2) 开展提供技术服务 （确认收入的时点早于按照增值税制度确认增值税纳税义务发生时点）		
财务会计	借：应收账款 10 600 贷：事业收入 10 000 应交增值税——待转销项税额 600	根据收入确认时间和纳税义务时间不相同，收入先确认，纳税义务后确认，将销售金额中包含的销项税额记入“待转销项税额”。
预算会计	不做账务处理	未发生现金收支业务。
(3) 收到款项时		
财务会计	借：应交增值税——待转销项税额 600 贷：应交增值税——应交税金（销项税额） 600 借：银行存款 10 600 贷：应收账款 10 600	实际发生纳税义务时将待转销项税额转入销项税额。
预算会计	借：资金结存——货币资金 10 600 贷：事业预算收入 10 600	
(4) 开展提供技术服务 （增值税纳税义务发生时点早于确认收入的时点）		
财务会计	借：应收账款 1 200 贷：应交增值税——应交税金（销项税额） 1 200	纳税义务发生时，应按照应纳增值税额，借记“应收账款”科目，贷记“应交增值税——应交税金（销项税额）”科目。
预算会计	不做账务处理	未发生现金收支业务。

7. 金融商品转让业务增值税的核算

金融商品主要指外汇、有价证券、非货物期货、各种金融衍生品，其中，有价证券主要指股票、债券等。金融商品转让是指转让外汇、有价证券、非货物期货和其他金融商品所有权的业务活动，其他金融商品转让包括基金、信托、理财产品等各类资产管理产品和各种金融衍生品的转让。举例如下：

【例题 5-11・实操题】2021 年 8 月 5 日，B 事业单位（增值税一般纳税人）有关业务如下：

（1）转让持有的以前年度的理财产品 X（假设 B 事业单位持有理财产品经过财政部门审批），转让金融商品增值税税率为 6%，账面价值 300 000 元，净收益 20 000 元，转让款 320 000 元（纳入单位预算管理）已存入银行账户。

（2）转让持有的以前年度的理财产品 Y（假设 B 事业单位持有理财产品经过财政部门审批），转让金融商品增值税税率为 6%，账面价值 300 000 元，转让损失 10 000 元，转让款 290 000 元（纳入单位预算管理）已存入银行账户。

2021 年末，按规定进行账务结转。

【解析】账务处理如下：

会计分录		核算要点精讲
（1）转让金融商品 X		
财务会计	借：投资收益 1 200 　贷：应交增值税——转让金融商品应交增值税 1 200 借：银行存款 320 000 　贷：长期债券投资 300 000 　　　投资收益 20 000	按照净收益计算应交增值税为 20 000×6%=1 200（元）；转让金融商品增值税在“转让金融商品应交增值税”明细科目核算；计算应缴纳增值税时相当于减少投资收益。
预算会计	借：资金结存——货币资金 320 000 　贷：其他结余 320 000	事业单位出售、对外转让或到期收回本年度以货币资金取得的对外投资的，在预算会计中按照实际收到的金额，借记“资金结存”科目，按照取得投资时的金额贷记“投资支出”科目，并按照其差额借记或贷记“投资预算收益”科目。（提示：如为以前年度对外投资，则将上述业务处理中的“投资支出”科目改为“其他结余”科目。）
（2）转让金融商品 Y		
财务会计	借：应交增值税——转让金融商品应交增值税 600 　贷：投资收益 600 借：银行存款 290 000 　　投资收益 10 000 　贷：长期债券投资 300 000	计算应交增值税为 10 000×6%=600（元）；此处为转让损失，年末可转回。

会计分录		核算要点精讲
预算会计	借：资金结存——货币资金 290 000 投资预算收益 10 000 贷：其他结余 300 000	
(3) 年末转让金融商品应交增值税借方余额		
财务会计	借：投资收益 600 贷：应交增值税——转让金额商品应交增值税 600	转让净亏损的，年末予以转回。
预算会计	不做账务处理	

8. 月末转出多交增值税和未交增值税的核算

【例题 5－12·实操题】 2021 年 8 月 31 日，B 事业单位（增值税一般纳税人）“应交税金”科目余额为当月应交未交增值税 3 000 元、当月多交增值税 7 000 元。

【解析】 账务处理如下：

月末转出增值税会计分录		核算要点精讲
财务会计	借：应交增值税——应交税金（转出未交增值税） 3 000 贷：应交增值税——未交税金 3 000 借：应交增值税——未交税金 7 000 贷：应交增值税——应交税金（转出多交增值税） 7 000	月末将“应交增值税——应交税金”余额转入“未交税金”明细科目中，应注意转出未交和转出多交处理的区别。
预算会计	不做账务处理	未发生现金收支业务。

9. 缴纳增值税的核算

【例题 5－13·实操题】 2021 年 8 月 1 日，B 事业单位（增值税一般纳税人）缴纳上月增值税，其中缴纳当月应交增值税 3 000 元、以前期间未交增值税 4 000 元、预交增值税 1 000 元，根据国家规定，办理增值税减免 1 500 元。

【解析】 账务处理如下：

会计分录		核算要点精讲
(1) 缴纳增值税		
财务会计	借：应交增值税——应交税金（已交税金） 3 000 ——未交税金 4 000 ——预交税金 1 000 ——减免税款 1 500 贷：银行存款 8 000 业务活动费用 1 500	注意：当期直接减免的增值税应纳税额冲减当期费用。

会计分录		核算要点精讲
预算会计	借：事业支出　8 000 　贷：资金结存　8 000	
(2) 月末对预交增值税进行账务处理		
财务会计	借：应交增值税——未交税金　1 000 　贷：应交增值税——预交税金　1 000	月末预交税金转入未交税金。
预算会计	不做账务处理	

二、其他应交税费的业务处理

（一）应交城市维护建设税、教育费附加、地方教育附加、车船税、房产税、城镇土地使用税的核算

借：业务活动费用

　　单位管理费用

　　经营费用

　贷：其他应交税费

【例题 5-14·实操题】 2021 年 8 月 1 日，B 事业单位（增值税一般纳税人）开展专业业务活动发生一笔业务收入，开出增值税专用发票一张，票面注明价款 100 000 元、增值税 13 000 元，款项 113 000 元已通过银行收到；按照税法规定计算并缴纳城市维护建设税（应交增值税的 7%）、教育费附加（应交增值税的 3%）、地方教育附加（应交增值税的 2%）；9 月 5 日，将上述税款交至税务机关。（假设没有其他进项税额抵扣事项。）

【解析】 账务处理如下：

会计分录		核算要点精讲
(1) 计算其他应交税费		
财务会计	确认收入： 借：银行存款　113 000 　贷：事业收入　100 000 　　　应交增值税——应交税金（销项税额）　13 000 计算其他应交税费： 借：业务活动费用　1 560 　贷：其他应交税费——应交城市维护建设税　910 　　　——应交教育费附加　390 　　　——应交地方教育附加　260	根据税法规定，以应交增值税为基数计算应交城市维护建设税、应交教育费附加、应交地方教育附加；列入费用科目。本案例为专业业务活动，在“业务活动费用”科目核算。

<table>
<tr><th colspan="2">会计分录</th><th>核算要点精讲</th></tr>
<tr><td>预算会计</td><td>借：资金结存——货币资金 113 000
　贷：事业预算收入 113 000</td><td>预算会计事业预算收入与财务会计事业收入确认收入的金额不同时，形成收入的永久性差异；但是在税款缴纳后，预算会计相应地形成支出，不影响预算会计的结余；实务中将增值税确认为预算会计收入、缴纳增值税确认为支出，收入、支出同时增加，不影响结余。</td></tr>
<tr><td colspan="3">（2）缴纳税金及其他应交税费</td></tr>
<tr><td>财务会计</td><td>借：应交增值税——应交税金（已交税金） 13 000
　其他应交税费——应交城市维护建设税 910
　　——应交教育费附加 390
　　——应交地方教育附加 260
　贷：银行存款 14 560</td><td>假设上述税金未进行抵扣，若有抵扣要扣除抵扣。</td></tr>
<tr><td>预算会计</td><td>借：事业支出 14 560
　贷：资金结存——货币资金 14 560</td><td>预算会计下应交增值税在支出中核算；财务会计下不在费用中核算。实务中将增值税确认为预算会计收入，缴纳增值税确认为支出，收入、支出同时增加，不影响结余。</td></tr>
</table>

（二）代扣代缴的个人所得税核算

【例题 5－15・实操题】2021 年，B 事业单位有关业务如下：

（1）8 月 31 日，计提业务部门在职职工工资 50 000 元、长期聘用人员工资 10 000 元。

（2）9 月 5 日，通过银行将上述工资予以发放，同时代扣在职职工个人所得税（假设税率为 3%）1 500 元，代扣长期聘用人员个人所得税（假设税率为 3%）300 元。

（3）9 月 5 日，支付聘请的劳务人员工资 8 000 元，代扣个人所得税（假设税率为 3%）240 元。

（4）10 月 10 日，将上述税款交至税务机关。

上述案例暂不考虑社保及公积金业务。

【解析】账务处理如下：

<table>
<tr><th colspan="2">会计分录</th><th>核算要点精讲</th></tr>
<tr><td colspan="3">（1）计提应付职工薪酬</td></tr>
<tr><td>财务会计</td><td>借：业务活动费用 60 000
　贷：应付职工薪酬——在职 50 000
　　——长聘 10 000</td><td>长期聘用人员的工资也在“应付职工薪酬”科目核算，但劳务人员的工资直接在“业务活动费用”科目核算，不通过“应付职工薪酬”科目核算。</td></tr>
<tr><td>预算会计</td><td>不做账务处理</td><td>未发生现金收支业务。</td></tr>
</table>

会计分录		核算要点精讲
（2）发放工资计提个人所得税		
财务会计	借：业务活动费用　8 000 应付职工薪酬——在职　50 000 ——长聘　10 000 贷：其他应交税费——应交个人所得税　2 040 银行存款　65 960	劳务人员的工资直接在“业务活动费用”科目核算。
预算会计	借：事业支出　65 960 贷：资金结存——货币资金　65 960	其他应交税费实际缴纳时在预算会计中予以列支，实务中有关个人所得税的核算请参考延伸思考部分。
（3）缴纳个人所得税		
财务会计	借：其他应交税费——应交个人所得税　2 040 贷：银行存款　2 040	
预算会计	借：事业支出　2 040 贷：资金结存——货币资金　2 040	

【延伸思考】有关工资薪酬个人所得税的核算实务中还存在另外一种常见处理模式，举例如下：

【例题 5-16·实操题】2021 年 8 月 31 日，B 事业单位有关业务如下：

计提业务部门在职职工工资 50 000 元；通过银行将上述工资予以发放，同时代扣在职职工个人所得税（假设税率为 3%）；将上述税款缴至税务机关，假设暂不考虑社保及公积金业务。

【解析】账务处理如下：

会计分录		核算要点精讲
（1）计提应付职工薪酬		
财务会计	借：应付职工薪酬　50 000 贷：其他应交税费——应交个人所得税　1 500 银行存款　48 500	
预算会计	借：事业支出——财政拨款支出——基本支出 ——工资福利费支出　50 000 ——待处理——个税　−1 500 贷：资金结存——货币资金　48 500	
（2）缴纳个人所得税		
财务会计	借：其他应交税费——应交个人所得税　1 500 贷：银行存款　1 500	
预算会计	借：事业支出——待处理——个税　1 500 贷：资金结存——货币资金　1 500	在实务中，与固定资产扣取的质保金处理方式类似，预算会计在扣取个人所得税时进行账务处理，进入待处理，缴税时直接予以支出。上述账务处理方式在实务中较为常见，适合个人所得税业务较多的单位，在发生代扣代缴个人所得税时将其统一进行归集。

（三）经营业务发生企业所得税的核算

【例题 5－17·实操题】 B 事业单位有关企业所得税业务如下：

（1）2021 年 12 月 31 日，全年经营收入 500 000 元、经营费用 460 000 元，按照税法规定应缴纳企业所得税 10 000 元，假设税率为 25%。

（2）2022 年 1 月 25 日，将上述税金缴纳至税务部门。

【解析】 账务处理如下：

会计分录		核算要点精讲
（1）年终计算企业所得税		
财务会计	借：所得税费用　10 000 　贷：其他应交税费——应交所得税　10 000	计算过程：应交所得税＝(收入－费用)×25%＝(500 000－460 000)×25%＝10 000（元）。
预算会计	不做账务处理	
（2）缴纳所得税时		
财务会计	借：其他应交税费——应交所得税　10 000 　贷：银行存款　10 000	
预算会计	借：非财政拨款结余——累计结余　10 000 　贷：资金结存——货币资金　10 000	所得税费用是根据非财政拨款收入和费用相抵扣后计算出的金额；本案例的经营结余缴纳的企业所得税，根据制度结转后最终转入“非财政拨款结余”科目。 所得税费用为跨年缴纳，上年度的收入和支出均已结转至“非财政拨款结余”科目，缴纳时不再列支，直接从“预算结余”科目中支出。

第三节　应缴应付预收类业务核算

一、应缴财政款的业务处理

（一）应缴财政款核算范围

应缴财政款核算单位取得或应收的按照规定应当上缴财政的款项，包括应缴国库的款项和应缴财政专户的款项。

应缴国库款包括：代收的纳入预算管理的基金、行政性收费收入、罚没收入、无主财物变价收入、其他按预算管理规定应上缴预算的款项，如固定资产处置净收益、固定资产出租收入等。

应缴财政专户款是事业单位按规定代收的应上缴财政专户的预算外资金，包括国家机关、事业单位和社会团体为履行和代行政府职能，依据国家法律、法规和具有法律效力的规章而收取和安排使用的未纳入国家预算管理的各种财政资金。

【延伸思考】应缴财政款核算时应严格区分应缴国库的款项和应缴财政专户的款项。

解读：应缴国库款上缴后就不再返还；应缴财政专户款返还后形成单位的事业收入。单位在收到和上缴应缴财政款时均不进行账务处理，其主要原因是尚未纳入单位部门预算，不符合预算会计的确认条件；应缴财政专户款返还时预算会计确认预算收入。应缴财政款年末一般应为零，不得在单位留存，但是在实务核算中，单位应注意按照权责发生制原则形成的应缴财政款，单位尚未收到相应的款项，是否应及时上缴，目前制度尚未明确。

（二）主要业务处理举例

【例题 5－18・实操题】2021 年，B 事业单位有关业务如下：

（1）8 月 1 日，取得事业收入 50 000 元，款项已收妥，按规定应上缴财政专户；8 月 15 日，将上述款项上缴至财政专户；9 月 30 日，上述款项返还至单位零余额账户。

（2）资产清查时发现毁损固定资产一批，账面余额为 36 000 元，已计提折旧 30 000 元；报经批准后进行处理，取得残值变价收入 8 000 元，未发生相关费用。

【解析】账务处理如下：

会计分录		核算要点精讲
（1）取得事业收入时		
财务会计	借：银行存款　50 000 　贷：应缴财政款——应缴财政专户款　50 000	取得应上缴财政专户款项时，不直接确认收入。
预算会计	不做账务处理	取得收入应上缴财政专户，尚未纳入单位预算管理，不进行预算会计处理。
（2）实际上缴时		
财务会计	借：应缴财政款——应缴财政专户款　50 000 　贷：银行存款　50 000	
预算会计	不做账务处理	取得收入应上缴财政专户，尚未纳入单位预算管理，不进行预算会计处理；上缴时不进行预算会计处理。

会计分录		核算要点精讲
（3）收到财政返还款时		
财务会计	借：零余额账户用款额度 50 000 　贷：事业收入 50 000	财政专户返还时，财政管理方式不同，账务处理可能不同，本案例假设的上述收入返还至零余额账户，也可能返还至基本银行账户。
预算会计	借：资金结存——零余额账户用款额度 50 000 　贷：事业预算收入 50 000	采用财政专户返还方式管理的事业预算收入，在收到从财政专户返还的事业预算收入时，按照实际收到的返还金额，借记“资金结存——零余额账户用款额度”科目，贷记“事业预算收入”科目。
（4）毁损转入待处理资产		
财务会计	借：待处理财产损溢——待处理财产价值 6 000 　　固定资产累计折旧 30 000 　贷：固定资产 36 000	
预算会计	不做账务处理	
（5）经批准处置固定资产		
财务会计	借：资产处置费用 6 000 　贷：待处理财产损溢——待处理财产价值 6 000	“资产处置费用”科目为账面价值（科目余额减去折旧）。
预算会计	不做账务处理	
（6）经批准处置固定资产		
财务会计	收回处置价款： 借：银行存款 8 000 　贷：待处理财产损溢——处理净收入 8 000 处理收支结清： 借：待处理财产损溢——处理净收入 8 000 　贷：应缴财政款——应缴国库款 8 000	“待处理财产损溢”下设置“处理净收入”明细科目，用于核算处置收回的款项和支付的相关费用。 处理收支结清，处理收入大于处理费用，差额部分应上缴财政；如果发生相关费用，则扣减相关费用后上缴财政。
预算会计	不做账务处理	不属于纳入部门预算管理的范围。

二、应付职工薪酬的业务处理

（一）应付职工薪酬核算范围

“应付职工薪酬”科目应当根据国家有关规定按照“基本工资”“国家统一规定的津贴补贴”“规范津贴补贴（绩效工资）”“改革性补贴”“社会保险费”“住房公积金”“其他个人收入”等进行明细科目核算。其中，“社会保险费”“住房公积金”明细科目核算内容包括单位从职工工资中代扣代缴的社会保险费、住房公积金，以及单位为职工计算缴纳的社会保险费、住房公积金。

应付职工薪酬核算的范围包括在职职工和长期聘用人员，核算的主要内容包括：基本工资（含离退休费，如单位离退休人员尚未移交至社会保险养老机构）、国家统一规定的津贴补贴（绩效工资）、改革性补贴、社会保险费（如职工基本养老保险费、职业年金、基本医疗保险费等）、住房公积金、其他个人收入等。从职工工资中代扣代缴的由职工个人负担的社会保险费、住房公积金，以及单位为职工计算缴纳的社会保险费、住房公积金均在“应付职工薪酬”科目核算；按照税法规定代扣职工个人所得税在“其他应交税费——应交个人所得税”科目核算。为职工垫付的水电费、房租等费用在“其他应收款”科目核算。“应付职工薪酬”科目应按权责发生制原则和费用配比原则按月进行计提。

【延伸思考1】单位劳务派遣人员的福利费是否需要通过“应付职工薪酬”科目核算？

解读：事业单位通过政府购买服务的方式外聘雇员（劳务派遣人员）的费用，财务会计均不通过“应付职工薪酬”科目核算。因为单位与派遣人员不直接签订劳动合同，派遣人员的工资是通过劳务派遣机构发放，单位直接列入费用，劳务公司应该列为应付职工薪酬。

【延伸思考2】单位支付职工差旅费中的伙食补助、交通补助是否需要通过“应付职工薪酬”科目核算？

解读：不需要。应付职工薪酬的核算范围不包括差旅费中的伙食补助和交通补助。

（二）主要业务处理举例

政府会计主体应当根据职工提供服务的受益对象，将下列职工薪酬分情况处理：

（1）应由自制物品负担的职工薪酬，计入自制物品成本。

（2）应由工程项目负担的职工薪酬，属于工程项目建设期间发生的，计入工程成本；不属于工程项目建设期间发生的，计入当期费用。

（3）由自行研发项目负担的职工薪酬，在研究阶段发生的，计入当期费用；在开发阶段发生并且最终形成无形资产的，计入无形资产成本。

【例题5-19·实操题】2021年8—9月，B事业单位有关应付职工薪酬业务如下：

（1）计提8月份专业业务部门职工工资400 000元（基本工资100 000元、绩效工资300 000元），行政部门工资150 000元（工资40 000元、绩效工资110 000元）；同时计提为职工缴纳的住房公积金66 000元（假设比例为12%，业务部门48 000元、行政部门18 000元）和社会保险费154 000元（假设比例为28%，业务部门112 000元、行政部门 42 000 元)。

(2) 计提经营活动部门发生的职工工资 30 000 元(基本工资 10 000 元、绩效工资 20 000 元),计提为职工缴纳的住房公积金(假设比例为 12%)3 600 元和社会保险费(假设比例为 28%)8 400 元。

(3) 计提某项目开发阶段的项目组成员工资 40 000 元(基本工资 15 000 元、绩效工资 25 000 元),计提为职工缴纳的住房公积金(假设比例为 12%)4 800 元和社会保险费(假设比例为 28%)11 200 元。

(4) 因考核不合格,决定与 X 员工解除劳动合同关系,对其补偿 50 000 元,尚未支付款项。

(5) 9 月 5 日,通过银行账户将上述计提的工资发放,并代扣代缴个人所得税(假设整体税率为 3%,不考虑起征点及专项扣除);同时代扣个人应负担的住房公积金(假设比例为 5%)、个人应负担的机关事业单位基本养老保险费(假设比例为 12%);代扣经营活动部门某职工水电费 600 元,假设无其他社保支出。

(6) 9 月 10 日,向税务局缴纳个人代扣的个人所得税;支付代扣的职工水电费;支付职工补偿金。

(7) 9 月 25 日,将代扣的个人住房公积金、社会保险费和单位应负担的部分上缴至相关部门。

【解析】账务处理如下:

会计分录		核算要点精讲
(1) 计提职工薪酬		
财务会计	借:业务活动费用 560 000 单位管理费用 210 000 贷:应付职工薪酬——基本工资 140 000 ——绩效工资 410 000 ——住房公积金 66 000 ——社会保险费 154 000	计提应付职工薪酬时,行政单位统一在"业务活动费用"科目核算;事业单位应根据概念区分业务活动费用和单位管理费用;本案例行政部门的工资应计入单位管理费用核算;单位为职工缴纳的社会保险费、住房公积金在"应付职工薪酬"科目核算,应在计提工资的同时予以计提。
预算会计	不做账务处理	
(2) 计提经营部门职工薪酬		
财务会计	借:经营费用 42 000 贷:应付职工薪酬——基本工资 10 000 ——绩效工资 20 000 ——住房公积金 3 600 ——社会保险费 8 400	
预算会计	不做账务处理	

会计分录		核算要点精讲
（3）计提研发无形资产应负担的职工薪酬		
财务会计	借：研发支出 56 000 贷：应付职工薪酬——基本工资 15 000 ——绩效工资 25 000 ——住房公积金 4 800 ——社会保险费 11 200	计提应由在建工程、加工物品、自行研发无形资产负担的职工薪酬，借记“在建工程”“加工物品”“研发支出”等科目，贷记“应付职工薪酬”科目。
预算会计	不做账务处理	
（4）计提职工补偿款		
财务会计	借：单位管理费用 50 000 贷：应付职工薪酬——职工补偿 50 000	因解除与职工的劳动关系而给予的补偿，借记“单位管理费用”等科目，不记入“业务活动费用”科目。
预算会计	不做账务处理	
（5）支付职工工资并代扣扣款		
财务会计	借：应付职工薪酬——基本工资 165 000 ——绩效工资 455 000 贷：其他应交税费——应交个人所得税 15 438 应付职工薪酬——社会保险费 74 400 ——住房公积金 31 000 其他应付款——水电费 600 银行存款 498 562	代扣的个人所得税在“其他应交税费”科目核算；代扣的个人负担的住房公积金、社会保险费在“应付职工薪酬”科目核算，计算过程： 住房公积金＝工资×5%＝620 000×5%＝31 000（元）； 社会保险费＝工资×12%＝74 400（元）； 个人所得税＝(工资－住房公积金－社会保险费)×3%＝(620 000－31 000－74 400)×3%＝15 438（元）。 代扣水电费600元在“其他应付款”科目核算；水电费不得在税前扣除，实发工资总额＝498 562（元）。
预算会计	借：事业支出 498 562 贷：资金结存——货币资金 498 562	以实际的现金流出确认预算会计支出。
（6）缴纳个人所得税		
财务会计	借：其他应交税费——应交个人所得税 15 438 贷：银行存款 15 438	
预算会计	借：事业支出 15 438 贷：资金结存——货币资金 15 438	以实际的现金流出确认预算会计支出。
（7）支付代扣水电费及职工补偿		
财务会计	借：应付职工薪酬——职工补偿 50 000 贷：银行存款 50 000 借：其他应付款——水电费 600 贷：银行存款 600	职工补偿不缴纳个人所得税。

会计分录		核算要点精讲
预算会计	借：事业支出 50 600 贷：资金结存——货币资金 50 600	以实际的现金流出确认预算会计支出。
(8) 缴纳住房公积金及社会保险费		
财务会计	借：应付职工薪酬——住房公积金 105 400 ——社会保险费 248 000 贷：银行存款 353 400	缴纳时包括个人扣缴部分和单位负担部分。
预算会计	借：事业支出 353 400 贷：资金结存——货币资金 353 400	以实际的现金流出确认预算会计支出。

三、应付票据的业务处理

(一) 应付票据核算范围

应付票据核算事业单位因购买材料、物资等而开出、承兑的商业汇票，包括银行承兑汇票和商业承兑汇票。付款人承兑以后成为汇票的承兑人。经购货人承兑的称商业承兑汇票，经银行承兑的称银行承兑汇票。商业承兑汇票和银行承兑汇票的区别在于承兑人不同，商业承兑汇票是商业信用，银行承兑汇票是银行信用。银行承兑汇票一般由银行签发并承兑，而商业承兑汇票可以不通过银行签发并背书转让，但在信用等级和流通性上低于银行承兑汇票，在银行办理贴现的难度较银行承兑汇票高。

【延伸思考】注意应付票据到期，单位无力支付票款的，银行承兑汇票要转入短期借款，商业承兑汇票则转入应付账款。转入短期借款时，还需要注意预算会计应同时在“债务预算收入”科目核算。

(二) 主要业务处理举例

【例题 5-20 · 实操题】2021 年 8—11 月，B 事业单位有关业务如下：

(1) 8 月 1 日，向 X 公司购买计算机一批共计 400 000 元，已取得相关票据（暂不考虑增值税），款项未支付，货物已验收。

(2) 8 月 20 日，开出 3 月期银行承兑汇票一张 400 000 元，用于抵付上述应收账款，同时向银行支付手续费 200 元。

(3) 11 月 1 日，银行承兑汇票到期，假设有两种情形：

第一，到期后收到银行付款通知，B 事业单位进行账务处理。

第二，到期后无力支付票款，转入短期借款。

【解析】账务处理如下：

会计分录		核算要点精讲
（1）购入固定资产时		
财务会计	借：固定资产　400 000 　贷：应付账款　400 000	根据票据种类及债权人设置明细科目。
预算会计	不做账务处理	
（2）开出承兑汇票抵付应付账款时		
财务会计	借：应付账款　400 000 　贷：应付票据——银行承兑汇票——X　400 000	根据票据种类及债权人设置明细科目。
预算会计	不做账务处理	
（3）向银行支付手续费		
财务会计	借：业务活动费用　200 　贷：银行存款　200	
预算会计	借：事业支出　200 　贷：资金结存——货币资金　200	
（4）如汇票到期正常付款		
财务会计	借：应付票据——银行承兑汇票——X　400 000 　贷：银行存款　400 000	
预算会计	借：事业支出　400 000 　贷：资金结存——货币资金　400 000	
（5）如票据到期后无力支付		
财务会计	借：应付票据——银行承兑汇票——X　400 000 　贷：短期借款　400 000	到期无法支付时，商业承兑汇票（非银行承兑汇票）转入“应付账款”科目；银行承兑汇票转入“短期借款”科目。
预算会计	借：事业支出　400 000 　贷：债务预算收入　400 000	银行承兑汇票到期单位无力支付的，银行将代为偿付相应款项，转为单位的短期借款，相应的单位应确认为债务预算收入，单位与供货商的交易结束转为单位与银行之间的业务。

四、应付账款的业务处理

（一）应付账款核算范围

应付账款核算事业单位因购买物资、接受服务、开展工程建设等而应付的偿还期限在1年以内（含1年）的款项。注意与其他应付款核算的区别。

（二）主要业务处理举例

【例题 5－21·实操题】2021 年 8 月，B 事业单位有关业务如下：

（1）8 月 1 日，向 X 公司购买计算机一批共计 400 000 元，已取得相关票据（暂不考虑增值税），款项未支付，货物已验收。

（2）8 月 20 日，根据合同条款和对方公司的付款申请，通过零余额账户支付相应的款项。

（3）因上月购置的库存材料出现质量问题，但不影响使用，Y 公司为了更好地合作，决定豁免 B 事业单位应付账款 300 000 元，报经批准后进行账务处理。

【解析】账务处理如下：

会计分录		核算要点精讲
（1）购入固定资产时		
财务会计	借：固定资产 400 000 　贷：应付账款——X 公司 400 000	应当按照债权人进行明细核算；应付账款核算 1 年内（含 1 年）的款项，超过 1 年的在长期应付款核算。
预算会计	不做账务处理	
（2）偿付应付账款时		
财务会计	借：应付账款——X 公司 400 000 　贷：零余额账户用款额度 400 000	
预算会计	借：事业支出 400 000 　贷：资金结存——零余额账户用款额度 400 000	
（3）无法偿付或豁免应付账款时		
财务会计	借：应付账款——Y 公司 30 000 　贷：其他收入 30 000	无法偿付非无能力支付，而是因各种原因没有办法再支付相应的款项，如对方单位清算或无法联系等各种原因，进行账务处理时应报财政部门批准。
预算会计	不做账务处理	

五、应付政府补贴款的业务处理

（一）应付政府补贴款核算范围

应付政府补贴款核算负责发放政府补贴的行政单位，按照规定应支付给政府补贴接受者的各种政府补贴款。注意本项目只适用于行政单位。

（二）主要业务处理举例

【例题 5－22・实操题】 2021 年 8 月 1 日，A 行政单位按规定应向 X 单位支付拆迁补贴款 300 000 元，因上级财政拨款未到，款项暂未支付；9 月 10 日，A 行政单位通过零余额账户支付应付 X 单位财政补贴 300 000 元。

【解析】 账务处理如下：

会计分录		核算要点精讲
（1）发生应付政府补贴时		
财务会计	借：业务活动费用 300 000 　贷：应付政府补贴款——拆迁安置——X 单位 300 000	该科目应按照权责发生制要求，发生相关业务时即进行账务处理；按照需要支付的补贴种类和接受者设置明细科目；行政单位仅适用“业务活动费用”科目。
预算会计	不做账务处理	
（2）支付应付政府补贴时		
财务会计	借：应付政府补贴款——拆迁安置——X 单位 300 000 　贷：零余额账户用款额度 300 000	
预算会计	借：行政支出 300 000 　贷：资金结存——零余额账户用款额度 300 000	应付政府补贴款仅适用行政单位的“行政支出”科目。

六、预收账款的业务处理

（一）预收账款核算范围

预收账款核算事业单位预先收取但尚未结算的款项。注意预收账款核算的难点在于如何确认收入。

（二）主要业务处理举例

【例题 5－23・实操题】 某事业单位非独立核算的食堂主要开展员工用餐、会议接待等用餐业务，2021 年 8 月，发生餐费充值、购买食材、公务接待等业务活动，账务处理如下：

（1）2021 年 8 月 1 日，食堂销售餐票或充值卡，收到职工预交的伙食费 3 750 元。

财务会计	预算会计
借：银行存款 3 750 　贷：预收账款——预收伙食费 3 750	借：资金结存——货币资金 3 750 　贷：事业预算收入 3 750

（2）2021 年 8 月 3 日，食堂使用个人预交的伙食费购买食材 3 600 元。

财务会计	预算会计

借：单位管理费用 3 600
  贷：银行存款 3 600
	借：事业支出——商品和服务支出 3 600
	  贷：资金结存——货币资金 3 600

（3）2021 年 8 月 4 日，职工个人使用餐票或就餐卡用餐 5 500 元。

财务会计	预算会计
借：预收账款 5 500 贷：事业收入 5 500	不记账

（4）2021 年 8 月 6 日，食堂承办会议接待用餐，按工作餐每人 50 元标准，一共 60 人的接待规模，在控制的额度 3 000 元范围内购买食材等支出款项，通过财政直接支付方式支付到供货商账户。

财务会计	预算会计

借：单位管理费用 3 000
  贷：财政拨款收入 3 000
	借：事业支出——商品和服务支出 3 000
	  贷：财政拨款预算收入 3 000

七、其他应付款的业务处理

（一）其他应付款核算范围

其他应付款核算收取的押金、存入的保证金、已经报销但尚未偿还银行的本单位公务卡欠款。与其他负债核算范围不同的是，单位发生押金、保证金等其他应付款时，不进行预算会计处理，其主要原因是上述资金不属于单位部门预算管理的资金；后续是否进行预算会计处理应按照政府会计制度进行判断。

如收到押金时，预算会计不进行账务处理，返还时也不进行账务处理，若押金转为收入时则应进行预算会计处理。再如，收到同级政府财政部门预拨的下期预算款、没有纳入预算的暂付款项，采用实拨资金方式通过本单位转拨给下属单位的财政拨款，均没有纳入部门预算，不进行预算会计处理。

（二）主要业务处理举例

1. 发生其他应付及暂收款项时

【例题 5－24·实操题】2021 年 8 月，B 事业单位有关业务如下：

（1）1 日，收到 X 单位通过银行转款 5 000 元投标保证金，收到 Y 单位通过银行转款 10 000 元，因未签署任何协议，无法确认用途。

（2）31 日，开标后 X 单位未中标，根据 X 单位退回投标保证金申请，退回 X 单位上述投标保证金。

（3）31 日，经与 Y 单位沟通，上述款项为捐赠给 B 事业单位用于公益活动，B 事业单位根据合同确认了收入。

【解析】账务处理如下：

会计分录		核算要点精讲
（1）收到暂收款项时		
财务会计	借：银行存款　5 000 　贷：其他应付款——保证金——X 单位　5 000 借：银行存款　10 000 　贷：其他应付款——其他暂收——Y 单位　10 000	按照其他应付款的类别以及债权人等进行明细核算。
预算会计	不做账务处理	暂收款项没有纳入部门预算，将来可能存在退回的情况，在收到款项时预算会计不确认收入。如该款项将来确认收入，则按规定编制预算会计分录；如款项退回，则不进行预算会计处理。
（2）退回款项时		
财务会计	借：其他应付款——保证金——X 单位　5 000 　贷：银行存款　5 000	
预算会计	不做账务处理	收到款项时，预算会计不确认收入；款项退回时，则不进行预算会计处理。
（3）确认收入时		
财务会计	借：其他应付款——其他暂收——Y 单位　10 000 　贷：捐赠收入　10 000	
预算会计	借：资金结存——货币资金　10 000 　贷：其他预算收入——捐赠收入　10 000	收到款项时，预算会计不确认收入；如该款项将来确认收入，则按规定编制预算会计分录。

2. 收到同级政府财政部门预拨的下期预算款和没有纳入预算的暂付款项

【例题 5－25·实操题】B 事业单位有关业务如下：

（1）2021 年 12 月 10 日，因年末财政专网升级，不能在 2022 年 1 月 1 日开通支付系统，同级财政部门提前预拨 2022 年 1—2 月基本运行经费 800 000 元；上述款项拨付至单位银行账户（零余额支付系统升级不能使用），2022 年 3 月 1 日，部门预算批复。

（2）同级财政部门通过 B 事业单位转拨 X 下属单位财政拨款 200 000 元；2021 年 12 月 25 日，通过银行将上述款项转拨至下属单位。

【解析】账务处理如下：

会计分录		核算要点精讲
（1）收到预拨款时		
财务会计	借：银行存款 800 000 贷：其他应付款——预拨款项——财政部门 800 000	按照付款单位（债权人）设置明细科目；同级政府财政部门预拨的下期预算款和没有纳入预算的暂付款项在“其他应付款”科目核算。
预算会计	不做账务处理	预拨款项没有纳入预算，不进行预算会计处理；预算批复时再进行账务处理。
（2）预算批复后		
财务会计	借：其他应付款——预拨款项——财政部门 800 000 贷：财政拨款收入 800 000	
预算会计	借：资金结存——货币资金 800 000 贷：财政拨款预算收入 800 000	预算批复后，正式纳入部门预算，进行预算会计处理。
（3）收到转拨下属单位财政拨款时		
财务会计	借：银行存款 200 000 贷：其他应付款——转拨款——X 单位 200 000	按照应收款单位（债权人）设置明细科目；转拨资金一般通过银行存款转拨，不通过零余额账户。
预算会计	不做账务处理	
（4）转拨下属单位时		
财务会计	借：其他应付款——转拨款——X 单位 200 000 贷：银行存款 200 000	
预算会计	不做账务处理	转拨款项不属于本单位预算，不进行预算会计处理。

3. 已经报销但尚未偿还银行的本单位公务卡欠款

【例题 5－26·实操题】2021 年 8 月，B 事业单位业务部门 X 职工报销公务卡支付的差旅费 3 000 元，因未到还款期，该款项尚未还款；8 月 20 日，还款期前三天，通过零余额账户进行了还款。

【解析】账务处理如下：

会计分录		核算要点精讲
（1）报销公务卡消费时		
财务会计	借：业务活动费用 3 000 贷：其他应付款——公务卡报销 3 000	按照其他应付款类别设置明细科目；实务中公务卡还款由单位统一还款，持卡人报销后尚未到还款期，在“其他应付款”科目核算；单位同性质的业务均在“其他应付款”科目核算。
预算会计	不做账务处理	资金尚未流出。

会计分录		核算要点精讲
（2）偿还公务卡时		
财务会计	借：其他应付款——公务卡报销 3 000 贷：零余额账户用款额度 3 000	
预算会计	借：事业支出 3 000 贷：资金结存——零余额账户用款额度 3 000	

八、长期应付款的业务处理

（一）长期应付款核算范围

长期应付款与应付账款的主要区别为期限不同，长期应付款核算偿还期限超过1年（不含1年）的应付款项；1年内到期的长期应付款不需要转到“应付账款”科目，只需在报表中正确列示即可。

（二）主要业务处理举例

【例题5-27·实操题】C政府单位通过政府采购方式向A公司购买一台大型专用设备，合同总价款100万元，按合同约定工程完成安装调试工作并通过验收后，一次性支付价款97万元，扣留3万元的质量保证金，如果两年后大型专用设备没有质量问题，支付给对方。2021年6月20日，大型专用设备交付且安装调试完毕，已验收入库。C政府单位通过财政直接支付价款，A公司开具了发票。

【解析】账务处理如下：

第一种情况：C政府单位全额支付款项100万元，A公司交回质量保证金3万元。

（1）全额支付款项100万元。

财务会计分录：

借：固定资产/在建工程 1 000 000

贷：财政拨款预算收入/零余额账户用款额度/应付账款 1 000 000

预算会计分录：

借：事业支出/行政支出——财政拨款支出——项目支出

——资本性支出 1 000 000

贷：财政拨款预算收入 1 000 000

（2）A公司交回质量保证金3万元。

财务会计分录：

借：银行存款 30 000

贷：长期应付款——A公司质保金 30 000

预算会计分录：不记账。

(3) 两年后质保期满，大型专用设备没有质量问题，归还 A 公司质量保证金 3 万元。

财务会计分录：

借：长期应付款——A 公司质保金　　30 000

　　贷：银行存款　　30 000

预算会计分录：不记账。

第二种情况：C 政府单位支付款项 97 万元，预扣 3 万元质量保证金。

(1) 付款并预扣质量保证金时。

财务会计分录：

借：固定资产/在建工程　　1 000 000

　　贷：财政拨款收入/零余额账户用款额度等　　970 000

　　　　长期应付款——A 公司质保金　　30 000

预算会计分录：

借：事业支出/行政支出——财政拨款支出——项目支出——资本性支出　　970 000

　　贷：财政拨款预算收入　　970 000

(2) 两年后质保期满，大型专用设备没有质量问题，归还 A 公司质量保证金 3 万元。

财务会计分录：

借：长期应付款——A 公司质保金　　30 000

　　贷：财政应返还额度　　30 000

预算会计分录：

借：事业支出/行政支出——财政拨款支出——项目支出——资本性支出　　30 000

　　贷：资金结存——财政应返还额度　　30 000

第四节　其他负债类业务核算

一、预提费用的业务处理

(一) 预提费用核算范围

预提费用核算单位预先提取的已经发生但尚未支付的费用，如预提的租金费用等。实务中预提费用在使用时，不仅可用于日常消耗性支出，还可用于购置固定资产等资本化支出，如高效使用预提费用购置固定资产业务。

（二）主要业务处理举例

1. 按规定从科研项目收入中提取间接费用或管理费的核算

【例题 5－28 · 实操题】 2021 年 8 月 1 日，B 事业单位收到 X 项目科研经费 50 000 元，款项已收到，已确认事业收入（上述业务账务处理略），按照规定提取 5％的项目管理费；8 月 31 日，使用提取的项目管理费支付应由本项目承担的水电费 300 元。

【解析】 账务处理如下：

<table>
<tr><th colspan="2">会计分录</th><th>核算要点精讲</th></tr>
<tr><td colspan="3">（1）提取项目管理费时</td></tr>
<tr><td>财务会计</td><td>借：业务活动费用　2 500
　贷：预提费用——项目间接费用或管理费
　　——X 项目　2 500</td><td>对于提取的项目间接费用或管理费，应当在“预提费用”科目下设置“项目间接费用或管理费”明细科目，并按项目进行明细核算，计算过程：50 000×5％＝2 500（元）；在实务中，科研项目一般均为专业业务活动，计提时应在“业务活动费用”科目核算，部分行业制度中有相关补充规定。</td></tr>
<tr><td>预算会计</td><td>借：非财政拨款结转——项目间接费用或管理费　2 500
　贷：非财政拨款结余——项目间接费用或管理费　2 500</td><td>“非财政拨款结转——项目间接费用或管理费”科目核算单位取得的科研项目预算收入中，按照规定计提项目间接费用或管理费数额。“非财政拨款结余——项目间接费用或管理费”科目核算单位取得的科研项目预算收入中，按照规定计提的项目间接费用或管理费数额。科研项目未完工时，年末结转至“非财政拨结转”科目，项目资金由该项目专用；预提的项目间接费用或管理费，不再由项目专用而是单位统筹使用，视同单位预算结余的非财政拨款结余。</td></tr>
<tr><td colspan="3">（2）使用项目管理费时</td></tr>
<tr><td>财务会计</td><td>借：预提费用——项目间接费用或管理费
　　——X 项目　300
　贷：银行存款　300</td><td></td></tr>
<tr><td>预算会计</td><td>借：事业支出　300
　贷：资金结存——货币资金　300</td><td>以实际的现金流出确认预算会计支出。</td></tr>
</table>

2. 预提租金费用的核算

【例题 5－29 · 实操题】 2021 年，B 事业单位因用房紧张，非独立核算经营活动租赁外单位房屋，合同约定年租金为 120 000 元，年末时支付。1 月 31 日，该单位预提房租 10 000 元；12 月 31 日，将全年房租通过银行存款支付。

【解析】 账务处理如下：

会计分录		核算要点精讲
（1）预提房租时		
财务会计	借：经营费用 10 000 贷：预提费用——房租 10 000	根据业务性质确认费用类别。
预算会计	不做账务处理	
（2）实际支付房租时		
财务会计	借：预提费用——房租 120 000 贷：银行存款 120 000	全年房租共计 120 000 元。
预算会计	借：经营支出 120 000 贷：资金结存——货币资金 120 000	以实际的现金流出确认预算会计支出。

二、预计负债的业务处理

随着政府会计改革的不断推进，政府会计主体在业务运营过程中，不可避免地会涉及不确定性事项的确认和计量，如行政诉讼、未决诉讼、贷款担保、自然灾害、环境污染整治和承诺（补贴、代偿）等。《政府会计准则第 8 号——负债》对上述不确定性事项在政府综合财务报告中的披露进行了规范，以满足报表信息使用者了解政府会计主体的债务风险状况，预计负债的核算和管理也开始进入政府会计核算体系，这对完善我国政府会计体系、落实权责发生制具有重要意义。

（一）与或有事项相关的概念

1. 法定义务

满足以下任意条件而产生的义务，确认为法定义务：

（1）直接依据法律规定产生的义务。

（2）合同中通过其明确或隐含的条款产生的义务。

如医院按照《中华人民共和国执业医师法》规定，当发生自然灾害、疫情流行、重大突发性事件时，有服从政府调遣的义务等；学校按照《中华人民共和国教育法》规定，有遵照国家有关规定收取费用并公开收费项目的义务等。

2. 推定义务

推定义务指因政府会计主体的行为而产生的义务，包括：

（1）以往实务中的习惯性做法，公开的政策和明确的声明。如医院对危重病人出院后有回访追踪病人恢复情况的义务，学生在学校期间因考试成绩不及格，按学校公开的学籍管理办法应当提供学生重修义务等。

（2）其他方相信政府会计主体履行其责任的合理预期。如通过政府采购网采购的设备或存货，若有质量问题，政府采购中心预期会要求供货商退货或更换所购货物的义务等。

3. 赤字合同

根据该合同履行义务而发生的不可避免的费用超过了预期将获得的经济利益或服务潜力的合同。

（二）或有事项的特点

1. 由过去交易或事项形成的一种现存状况（客观存在）

例如，ABC 高校医学研究所研制的前列腺药在市场上销售情况较好，但是 X 公司认为 ABC 高校有侵犯其专利技术的侵权行为，要求其停止该药的销售，双方各不相让，该公司通过法院状告 ABC 高校，要求 ABC 高校赔偿。人民法院目前已受理，但尚未判决。该交易是由过去的侵权行为引起的，符合或有事项的特点。

2. 结果具有不确定性，是否发生、发生时间或金额是不确定的

例如，ABC 高校下属 XYZ 投资管理公司从银行取得五年期长期借款，ABC 高校为 XYZ 投资管理公司提供了债务担保。对于 ABC 高校来说，该事项是否发生不确定，什么时候发生也不确定。

3. 结果须由未来事项决定

政府会计主体为其他单位提供债务担保的，只有在被担保方到期无力还款时，政府会计主体（担保方）才承担偿还债务的连带责任，目前由于财务制度的限制，政府会计主体一般不得对外提供担保，政府会通过成立再担保公司，来完成上述担保。

4. 不确定因素不能由政府会计主体控制

政府会计主体对于或有事项是否发生、什么时候发生以及金额是多少均是无法控制的。

常见的或有事项有：未决诉讼或仲裁、对外国政府或国际经济组织的贷款担保、自然灾害或公共事件的救助、环境污染整治和承诺（补贴、代偿）等。

（三）或有负债

或有负债属于潜在义务或现时义务，一方面不是很可能导致经济利益流出政府会计主体或该义务的金额不能可靠计量；另一方面不符合负债的确认条件，不进入资产负债表正表列报，只需要在附注中披露即可。

（四）或有资产

或有资产属于潜在资产，不符合资产的确认条件，只有在很可能导致经济利益流入政府会计主体时，才能在附注中披露，不能在资产负债表中列报。

（五）预计负债

预计负债核算单位对因或有事项所产生的现时义务而确认的负债。

预计负债应当按照履行相关现时义务所需支出的最佳估计数进行初始计量。所需支出存在一个连续范围，且该范围内各种结果发生的可能性相同的，最佳估计数应当按照该范围内的中间值确定。

在其他情形下，最佳估计数应当分下列情况确定：

(1) 或有事项涉及单个项目的，按照最可能发生金额确定。

(2) 或有事项涉及多个项目的，按照各种可能结果及相关概率计算确定。

【延伸思考】预计负债在确定最佳估计数时，一般应当综合考虑与或有事项有关的风险、不确定性等因素。政府会计主体清偿预计负债所需支出预期全部或部分由第三方补偿的，补偿金额只有在基本确定能够收到时才能作为资产单独确认。确认的补偿金额不应当超过预计负债的账面余额。政府会计主体应当在报告日对预计负债的账面余额进行复核。有确凿证据表明该账面余额不能真实反映当前最佳估计数的，应当按照当前最佳估计数对该账面余额进行调整。履行该预计负债的相关义务不是很可能导致经济资源流出政府会计主体时，应当将该预计负债的账面余额予以转销。

（六）主要业务处理举例

【例题 5－30・实操题】B 高校于 2020 年 8 月 6 日开展学生校外实习，在学校车队将学生送往实习基地途中发生交通事故，导致 1 名学生死亡。学生家属要求学校进行赔偿，在与学校多次协商均未达成一致的情况下，2020 年 11 月，学生家属向法院起诉，要求 B 高校赔偿 2 000 000 元。B 高校于 2020 年 12 月 10 日收到法院通知。经核实，学生在上车前学校司机并未告知其应当系上安全带，学校确实未尽到安全提醒责任。学校为学生购买了保险，预期可以从保险公司获得保险赔款，高校聘请的法律顾问认为对学生家属赔偿的可能性在 80%以上，最有可能发生的赔偿金额为 1 200 000～1 600 000 元，其中承担诉讼费用 60 000 元。另外，从保险公司得到的赔偿基本上可以确定，B 高校实际支付学生家属赔偿款 1 320 000 元。假设基本确定获得保险公司的补偿金额为 800 000 元。

【解析】账务处理如下：

会计分录		核算要点精讲
(1) 确认预计负债时		
财务会计	借：单位管理费用　60 000 　　其他应收款——保险公司　800 000 　　其他费用——赔偿支出　540 000 　贷：预计负债——未决诉讼　1 400 000	此案例属于诉讼赔偿款，单位发生的诉讼费（支付给律师的费用等）在“单位管理费用”科目核算； 预计负债最佳估计数＝[(120 000＋1 600 000)÷2]＝1 400 000（元）； 若很可能获得保险公司赔款则不能确认为其他应收款资产，必须是基本确定才可以。

会计分录		核算要点精讲
预算会计	不做账务处理	
（2）实际支付赔偿时		
财务会计	借：预计负债——未决诉讼　1 400 000 　贷：银行存款　1 320 000 　　　其他费用　80 000	
预算会计	借：其他支出　1 320 000 　贷：资金结存　1 320 000	
（3）收到保险公司补偿金时		
财务会计	借：银行存款　800 000 　贷：其他应收款——保险公司　800 000	
预算会计	借：资金结存——货币资金　800 000 　贷：其他支出　800 000	补偿的部分冲减其他支出。

【延伸思考】政府会计主体清偿预计负债所需支出预期全部或部分由第三方补偿时，补偿金额只有在基本确定能够收到时才能作为资产单独确认。确认的补偿金额不应当超过预计负债的账面金额。

三、受托代理负债的业务处理

（一）受托代理负债核算范围

“受托代理负债”核算单位接受委托取得受托代理资产时形成的负债。收到受托代理资产即形成负债义务，二者是孪生关系，同生同灭。收到受托代理的现金和银行存款时，财务会计分录借记“库存现金——受托代理资产”“银行存款——受托代理资产”，贷记“受托代理负债”；收到受托代理转赠物资、受托储存保管物资、罚没物资时，财务会计分录借记“受托代理资产”，贷记“受托代理负债”。因此，“受托代理负债”与“受托代理资产”“库存现金”“银行存款”科目共同使用，其平衡公式为：受托代理负债＝受托代理资产＋库存现金——受托代理资资产＋银行存款——受托代理资产；涉及受托代理负债的业务，均不属于纳入部门预算管理的资金，不需要进行预算会计账务处理。将受托代理负债同步纳入核算，有利政府会计主体提高债务风险意识，建立债务风险预警机制，强化内部控制管理。

（二）主要业务处理举例

【例题 5－31·实操题】在 2021 年 3 月之前，A 行政单位没有单独设置工会账户，工会经费由单位代为管理且在日常经费大账中核算。2021 年 3 月 1 日之后，A 行政单位按要求开设了工会账户并单独设置了工会账。2021 年 1 月 5 日，单位代收职工个人工会费 20 000 元，转存单位实有资金账户。2021 年 3 月 8 日，A 行政单位用工会经费购买庆“三八”妇女节的电影票共花费 10 000 元。2021 年 3 月 15 日，通过财政直接支付方式，按工资总额 2%划转经费 100 000 元至工会账户。

（1）2021 年 1 月 5 日，代收职工个人工会会费 20 000 元，账务处理如下：

财务会计	预算会计
借：银行存款——受托代理资产　20 000 　贷：受托代理负债——工会会费　20 000	不记账

（2）2021 年 3 月 8 日，购买电影票 10 000 元，账务处理如下：

财务会计	预算会计
借：受托代理负债——工会经费　10 000 　贷：银行存款——受托代理资产　10 000	不记账

（3）2021 年 3 月 15 日，通过财政直接支付方式，按工资总额 2%划转经费 100 000 元至工会账户，账务处理如下：

财务会计	预算会计
借：业务活动费用——商品和服务支出 100 000 　贷：财政拨款收入　10 000	借：行政支出——商品和服务支出——工会经费 100 000 　贷：财政拨款预算收入　100 000

课程思政

1. 借款及应付利息核算的思政元素

树立风险防范意识，不参与网络赌博，防止陷入套路贷。

2. 其他应交税费业务核算的思政元素

树立依法纳税、诚信纳税的金钱观。

热点思考题

1. 政府单位支付职工差旅费中的伙食补助、交通补助是否需要通过“应付职工薪酬”科目核算？

2. 政府单位劳务派遣人员的福利费是否需要通过“应付职工薪酬”科目核算？

3. 政府会计主体清偿预计负债所需支出预期全部或部分由第三方补偿时，补偿金额在什么情形下才能作为资产单独确认？确认的补偿金额可以超过预计负债的账面金额吗？

4. 政府会计主体预计负债在确定最佳估计数时通常考虑哪些因素?

5. 政府单位工资薪酬个人所得税的核算方法有哪些?

课后习题

一、单项选择题

1. 下列项目中不属于行政事业单位的负债范畴的是(　　)。

A. 应付票据　　B. 应付账款　　C. 应付债券　　D. 应付利息

2. 政府单位在举借债务过程中发生的手续费、佣金应计入(　　)。

A. 辅助费用　　B. 借款利息　　C. 汇兑差额　　D. 管理费用

二、多项选择题

1. 下列各项中政府单位通过“其他应交税费”科目核算的税种有(　　)。

A. 印花税　　B. 城镇土地使用税　　C. 企业所得税　　D. 车船税

2. 按照《政府会计制度——行政事业单位会计科目和报表》规定,下列会计科目中同时适用于行政单位和事业单位会计主体的负债类科目有(　　)。

A. “应缴财政款”　B. “应付政府补贴款”　C. “受托代理负债”　D. “预提费用”

三、判断题

1. 事业单位劳务派遣人员的福利费一律通过“应付职工薪酬”科目核算。(　　)

2. 政府会计主体清偿预计负债所需支出预期全部或部分由第三方补偿时,补偿金额只有在很可能收到时才能作为资产单独确认。确认的补偿金额不应当超过预计负债的账面金额。(　　)

四、实务操作题

资料:甲事业单位为增值税一般纳税人,2021 年 12 月,为开展专业业务活动及其辅助活动人员发放工资 50 万元、津贴 30 万元、奖金 10 万元,按规定应代扣代缴个人所得税 3 万元,该单位以国库授权支付方式支付薪酬并上缴代扣的个人所得税。

要求:根据上述资料编制甲事业单位的相关会计分录。

第六章

政府单位净资产的核算

教学导向

（一）理解政府单位各项净资产的内涵

（二）领悟政府单位各项净资产的确认计量

（三）重点掌握政府单位各项净资产的核算操作

根据《政府会计准则——基本准则》的规定，财务会计下的净资产是指政府会计主体资产扣除负债后的净额，政府会计主体可设置“累计盈余”“专用基金”“权益法调整”“本期盈余”“本年盈余分配”“无偿调拨净资产”“以前年度盈余调整”等科目核算净资产相关业务。本章通过对财务会计净资产类科目核算要点和案例精讲，加强对财务会计净资产类科目的理解，熟悉其在实务中的应用。

第一节　累计盈余业务核算

一、累计盈余的核算内容

“累计盈余”是政府会计制度中新增加的科目，是用来核算政府单位历年实现的盈余扣除盈余分配后滚存的金额，以及因无偿调入调出资产产生的净资产变动额。按照规定上缴、缴回、单位间调剂结转结余资金产生的净资产变动额，以及对以前年度盈余的调整金额均通过本科目核算。

二、主要业务核算举例

【例题 6－1 · 实操题】2021 年 12 月 31 日，B 事业单位有关累计盈余业务如下：

（1）“本年盈余分配”科目贷方余额为 50 000 元，全部为非财政拨款结余形成，按规定提取专用基金（职工福利基金）10 000 元。

（2）“无偿调拨净资产”科目借方余额为 30 000 元。

（3）按照财政部门规定上缴财政拨款结转结余 6 000 元，通过零余额账户支付。

（4）主管部门从同级事业单位调入财政拨款结转资金 20 000 元，款项已到银行账户。

（5）2021 年审计部门对单位进行了审计，根据审计决定，退回上年报销的费用 40 000 元。上述费用为非财政性资金基本支出，通过以前年度盈余调整核算。

【解析】账务处理如下：

会计分录		核算要点精讲
（1）分配专用基金		
财务会计	借：本年盈余分配　10 000 　贷：专用基金　10 000	专用基金提取按照预算会计下计算的提取金额；详细原因请参考“专用基金”科目账务处理。
预算会计	借：非财政拨款结余分配　10 000 　贷：专用结余　10 000	专用基金有三种来源，一是从收入中计提；二是从非财政拨款结余或经营结余中提取；三是按相关规定设置预算会计“专用结余”科目核算从非财政拨款结余或经营结余中提取的部分。
（2）本年盈余分配转入累计盈余		
财务会计	借：本年盈余分配　40 000 　贷：累计盈余　40 000	“本年盈余分配”科目余额为 50 000 元，分配专用基金后为 40 000 元。
预算会计	不做账务处理	不涉及预算会计预算结余科目之间的变动。
（3）无偿调拨净资产转入		
财务会计	借：累计盈余　30 000 　贷：无偿调拨净资产　30 000	“无偿调拨净资产”科目年末余额为借方余额时，相当于全年为净调出，年末转入时减少累计盈余；余额为贷方时则相反。
预算会计	不做账务处理	不涉及预算会计预算结余科目之间的变动。
（4）上缴财政拨款结余		
财务会计	借：累计盈余　6 000 　贷：零余额账户用款额度　6 000	
预算会计	借：财政拨款结余——归集上缴　6 000 　贷：资金结存——零余额账户用款额度　6 000	上缴财政拨款结转结余资金或注销财政拨款结转结余资金额度的，按照实际上缴资金数额或注销的资金额度数额，借记“财政拨款结转——归集上缴”或“财政拨款结余——归集上缴”科目，贷记“资金结存”科目（财政应返还额度、零余额账户用款额度、货币资金）。

<table>
<tr><th colspan="2">会计分录</th><th>核算要点精讲</th></tr>
<tr><td colspan="3">（5）调入财政拨款结转资金</td></tr>
<tr><td>财务会计</td><td>借：银行存款　20 000
　贷：累计盈余　20 000</td><td>从其他单位调入财政拨款结转资金时，按照实际调入金额计入累计盈余，强调的是财政拨款结转资金。</td></tr>
<tr><td>预算会计</td><td>借：资金结存——货币资金　20 000
　贷：财政拨款结转——归集调入　20 000</td><td></td></tr>
<tr><td colspan="3">（6）审计退回资金时</td></tr>
<tr><td>财务会计</td><td>借：银行存款　40 000
　贷：以前年度盈余调整　40 000</td><td>审计退回，相当于减少以前年度费用。</td></tr>
<tr><td>预算会计</td><td>借：资金结存——货币资金　40 000
　贷：非财政拨款结余——年初余额调整　40 000</td><td></td></tr>
<tr><td colspan="3">（7）退回资金转入累计盈余</td></tr>
<tr><td>财务会计</td><td>借：以前年度盈余调整　40 000
　贷：累计盈余　40 000</td><td>审计退回，相当于减少以前年度费用，直接增加年末累计盈余。</td></tr>
<tr><td>预算会计</td><td>不做账务处理</td><td>不涉及预算会计预算结余科目之间的变动；在资金退回时预算会计已进行会计处理。</td></tr>
</table>

【延伸思考】按照规定使用专用基金购置固定资产、无形资产的如何进行会计处理？举例如下：

【例题 6-2·实操题】2021 年 8 月 7 日，B 事业单位使用分配的福利基金购置计算机一台，价款为 5 000 元，款项已支出，暂不考虑相关增值税。

【解析】账务处理如下：

<table>
<tr><th colspan="2">购置计算机会计分录</th><th>核算要点精讲</th></tr>
<tr><td>财务会计</td><td>借：固定资产　5 000
　贷：银行存款　5 000
借：专用基金　5 000
　贷：累计盈余　5 000</td><td>使用专用基金购置固定资产后，将按月计提折旧，计提折旧时进入费用，年末结转时减少累计盈余；购置时提前增加累计盈余，以备以后年度计提折旧时冲抵；详细请参考“专用基金”科目。</td></tr>
<tr><td>预算会计</td><td>借：专用结余　5 000
　贷：资金结余——货币资金　5 000</td><td>非财政性资金分配专用基金时，预算会计在“专用结余”科目核算；支出时从该科目列支；账务处理时与使用从收入中分配的专业基金不同；详细请参考“专用基金”科目。</td></tr>
</table>

第二节　专用基金业务核算

一、专用基金的核算内容

专用基金是核算事业单位按照规定提取或设置的具有专门用途的净资产，主要包括职工福利基金、科技成果转化基金等。

二、主要业务核算举例

（一）年末根据相关规定从本年度非财政拨款结余或经营结余中提取专用基金的核算

【例题 6－3·实操题】2021 年 12 月 31 日，B 事业单位有关科目情况如下：

（1）财政拨款收入（基本支出）300 000 元，相关费用 290 000 元，均为人员工资，已通过零余额账户支付。

（2）事业收入 600 000 元（其中实际收到现金 550 000 元，50 000 元为应收账款确认的收入），业务活动费用 500 000 元（其中已通过现金支付的费用 470 000 元，固定资产折旧费用 30 000 元），以上均为基本支出收支。

（3）捐赠收入 30 000 元（其中某单位捐赠设备确认捐赠收入 28 000 元，其他现金形式捐赠收入 2 000 元）。

（4）经营收入 60 000 元，经营费用 61 000 元，以上收入和费用不涉及往来款项，均为发生的现金收入和费用。

假设以上收入金额和费用均为基本支出，现金包括货币资金和银行存款等，提取职工福利基金比例为 40%。

【解析】计算过程如下：

序号	计算过程	可提取基数	核算要点精讲
1	盈余＝收入－费用＝300 000－290 000＝10 000（元）	0	专用基金提取范围仅为非财政性资金。
2	盈余＝收入－费用＝600 000－500 000＝100 000（元）	可提取基数＝盈余－非现金收入＋非现金费用＝100 000－50 000＋30 000＝80 000（元）	按照预算会计下计算的提取金额，减去通过应收账款确认的收入（现金未流入），加上固定资产折旧（现金未流出）。
3	盈余＝收入－费用＝30 000（元）	可提取基数＝盈余－非现金收入＝30 000－28 000＝2 000（元）	捐赠设备形成的收入没有现金流入，不纳入预算会计的收入，不计提专用基金。

序号	计算过程	可提取基数	核算要点精讲
4	盈余＝收入－费用＝60 000－61 000＝－1 000（元）	可提取基数＝盈余－非现金收入＋非现金费用＝－1 000（元）	财务会计下，经营收入和经营费用形成负的盈余时，均转入本期盈余；预算会计下，经营预算收入减去经营支出为负即经营亏损时，不记入“非财政拨款结余分配”科目，不应纳入专用基金的提取范围。

综合以上计算过程，年末，根据有关规定从本年度非财政拨款结余或经营结余中提取专用基金的基数为 82 000 元（不包括经营亏损 1 000 元，如经营结余为正数则纳入计提范围），计提的专用基金为 82 000×40%＝32 800 元。

账务处理如下：

分配专用基金会计分录		核算要点精讲
财务会计	借：本年盈余分配　32 800 　贷：专用基金——职工福利基金　32 800	专用基金提取按照预算会计下计算的提取金额。
预算会计	借：非财政拨款结余分配　32 800 　贷：专用结余　32 800	预算会计“专用结余”科目核算的仅仅为从非财政拨款结余或经营结余中提取的部分。

（二）根据相关规定从收入中计提专用基金并计入费用及设置其他专用基金的核算

【例题 6－4·实操题】2021 年 12 月，B 事业单位有关业务如下：

（1）当月实现事业收入 300 000 元，其中实际收到现金 250 000 元，50 000 元为应收账款确认为收入，现金包括货币资金和银行存款等，提取专用基金比例为 6%。

（2）31 日，上述应收账款通过银行存款收到（此处省略账务处理），按规定计提专用基金。

（3）假设 B 事业单位为高校，收到企业捐赠的留本基金 20 000 元，款项已收到。

【解析】账务处理如下：

会计分录		核算要点精讲
（1）提取专用基金		
财务会计	借：业务活动费用　15 000 　贷：专用基金　15 000	从收入中提取专用基金并计入费用时，一般按照预算会计下基于预算收入计算提取的金额，本案例预算会计收入为 250 000 元，应提取专用基金为 250 000×6%＝15 000（元）。

会计分录		核算要点精讲
预算会计	不做账务处理	预算会计“专用结余”科目核算的仅仅为从非财政拨款结余或经营结余中提取的部分；从收入中计提专用基金时不进行账务处理，不涉及预算会计科目变动。
（2）收到银行存款后提取专用基金（预算会计确认收入）		
财务会计	借：业务活动费用　3 000 　贷：专用基金　3 000	本案例收到款项时确认预算收入，应提取专用基金为 50 000×6%＝3 000（元）。
预算会计	不做账务处理	从收入中计提专用基金时不进行账务处理，不涉及预算会计科目变动。
（3）设置专用基金		
财务会计	借：银行存款　20 000 　贷：专用基金　20 000	
预算会计	不做账务处理	预算会计“专用结余”科目核算的仅仅为从非财政拨款结余或经营结余中提取的部分；设置的专用基金，没有纳入单位部门预算管理，不纳入预算会计核算范围。

（三）根据相关规定使用专用基金的核算

【例题 6－5・实操题】2021 年 8 月，B 事业单位有关专用基金业务如下：

（1）上月实现事业收入 5 000 000 元，均为通过现金形式取得的收入，按照规定计提专用基金比例为 6%。

（2）使用从收入中提取的专用基金购置计算机一批，价款为 60 000 元（假设折旧年限为 5 年），款项已支付，计算机已验收。

（3）使用从收入中提取的专用基金支付印刷费 4 000 元，款项已通过银行支付。

（4）使用从非财政拨款结余或经营结余中提取的福利基金购买打印机，总价款为 3 000 元（假设折旧年限为 5 年），款项已支付。

（5）使用从非财政拨款结余或经营结余中提取的福利基金购买职工福利大米一批，总价款为 30 000 元，款项已支付并发放给职工。

（6）使用设置的专用基金支付邮寄费 600 元，款项已通过银行支付。

（7）8 月 31 日，上述计算机和打印机分别计提折旧 1 000 元和 50 元。

【解析】账务处理如下：

会计分录		核算要点精讲
(1) 计提专用基金		
财务会计	借：业务活动费用　300 000 　贷：专用基金　300 000	从收入中提取专用基金并计入费用时，一般按照预算会计下基于预算收入计算提取的金额。
预算会计	不做账务处理	
(2) 使用从收入中计提的专用基金购置计算机		
财务会计	借：固定资产　60 000 　贷：银行存款　60 000 借：专用基金　60 000 　贷：累计盈余　60 000	提取专用基金时，财务会计列入费用；使用专用基金购置固定资产后，将按月计提折旧，计提折旧时进入费用，年末结转时将同时减少累计盈余；购置时提前增加累计盈余，以备以后年度计提折旧时冲抵。
预算会计	借：事业支出　60 000 　贷：资金结存——货币资金　60 000	预算会计“专用结余”科目核算的仅仅为从非财政拨款结余或经营结余中提取的部分；从收入中计提专用基金时不进行预算会计账务处理；使用时预算会计在支出科目进行核算。
(3) 使用从收入中计提的专用基金支付印刷费		
财务会计	借：专用基金　4 000 　贷：银行存款　4 000	
预算会计	借：事业支出　4 000 　贷：资金结存——货币资金　4 000	预算会计“专用结余”科目核算的仅仅为从非财政拨款结余或经营结余中提取的部分；从收入中计提专用基金时不进行预算会计账务处理；使用专用基金时预算会计在支出科目进行核算。
(4) 使用分配的专用基金购置打印机		
财务会计	借：固定资产　3 000 　贷：银行存款　3 000 借：专用基金　3 000 　贷：累计盈余　3 000	提取专用基金时，财务会计列入费用；使用专用基金购置固定资产后，将按月计提折旧，计提折旧时进入费用，年末结转时将同时减少累计盈余；购置时提前增加累计盈余，以备以后年度计提折旧时冲抵。
预算会计	借：专用结余　3 000 　贷：资金结存——货币资金　3 000	预算会计“专用结余”科目核算的仅仅为从非财政拨款结余或经营结余中提取的部分。
(5) 使用分配的专用基金用于日常支出		
财务会计	借：专用基金　30 000 　贷：银行存款　30 000	
预算会计	借：专用结余　30 000 　贷：资金结存——货币资金　30 000	预算会计“专用结余”科目核算的仅仅为从非财政拨款结余或经营结余中提取的部分。

会计分录		核算要点精讲
（6）使用设置的专用基金支付邮寄费		
财务会计	借：专用基金　600 　贷：银行存款　600	
预算会计	不做账务处理	预算会计“专用结余”科目核算的仅仅为从非财政拨款结余或经营结余中提取的部分；设置的专用基金，没有纳入单位部门预算管理，不纳入预算会计核算范围。
（7）专用基金购置固定资产计提折旧		
财务会计	借：业务活动费用　1 050 　贷：固定资产累计折旧　1 050	使用专用基金（计提时账务处理已经费用化）形成固定资产后，将按月计提折旧，计提折旧时进入费用，年末结转时将减少累计盈余，因此使用专用基金购置固定资产、无形资产时应按照专用基金使用金额，借记“专用基金”科目，贷记“累计盈余”科目，增加累计盈余，此账务处理方式包括两种来源的专用基金。
预算会计	不做账务处理	

【延伸思考】科学事业单位科技成果转化基金提取和使用如何进行会计处理？举例如下：

【例题 6－6·实操题】A 科研院所 2021 年度事业收入为 1 000 000 元，按照相关规定，提取科技成果转化基金比例为 5%。

【解析】账务处理如下：

提取科技成果转化基金＝1 000 000×5%＝50 000（元）

财务会计	预算会计
借：业务活动费用/单位管理费用　50 000 　贷：专用基金——科技成果转化基金 　　——按照收入计提　50 000	不记账

【例题 6－7·实操题】B 科研院所 2021 年度经营预算收入为 500 000 元，经营支出为 400 000 元，按照相关规定，年末提取科技成果转化基金，计提比例为 5%。

【解析】账务处理如下：

年末提取科技成果转化基金＝(500 000－400 000)×5%＝5 000（元）

财务会计	预算会计
借：本年盈余分配 5 000 贷：专用基金——科技成果转化基金 ——按照结余计提 5 000	借：非财政拨款结余分配 5 000 贷：专用结余——科技成果转化基金 5 000

【例题 6－8·实操题】2021 年 8 月 10 日，C 科研院所使用提取的科技成果转化基金支付高端智库专项人才奖励 160 000 元，款项已通过银行存款支付。该科技成果转化基金从上年事业收入中提取。

【解析】账务处理如下：

财务会计	预算会计
借：专用基金——科技成果转化基金 ——按照收入计提 160 000 贷：银行存款 160 000	借：事业支出——其他资金支出——其他支出 160 000 贷：资金结存——货币资金 160 000

【例题 6－9·实操题】D 事业单位使用提取的科技成果转化基金购置科研设备一台，价款为 80 000 元，其中，使用按照收入提取的专用基金 50 000 元，使用按照结余提取的专用基金 30 000 元。款项已通过银行存款支付，设备验收入库，暂不考虑增值税处理。

【解析】账务处理如下：

财务会计	预算会计
借：固定资产——专用设备 80 000 贷：银行存款 80 000 借：专用基金——科技成果转化基金 ——按照收入计提 50 000 ——按照结余计提 30 000 贷：累计盈余 80 000	借：事业支出——其他资金支出——资本性支出 50 000 专用结余——科技成果转化基金 30 000 贷：资金结存——货币资金 80 000

第三节　权益法调整业务核算

一、权益法调整的核算内容

权益法调整核算的内容仅限于事业单位持有的长期股权投资采用权益法核算时，按照被投资单位除净损益和利润分配以外的所有者权益变动份额调整长期股权投资账面余额而计入净资产的金额。科目金额与“长期股权投资——其他权益变动”科目相等，实务中其他权益变动应结合实际情况进行合理的职业判断。

二、主要业务核算举例

【例题 6－10·实操题】2020 年 8 月 1 日，经批准，B 事业单位使用非财政性资金对外投资取得X公司长期股权投资，投资成本为750 000元，股权比例为75%，按照规定使用权益法。（以上账务处理请参考本书第四章“长期股权投资”科目核算内容。）

（1）2020年12月31日（资产负债表日，一般指12月31日），X公司除净损益和利润分配以外的归属于B事业单位的其他所有者权益变动增加50 000元。

（2）2021年12月31日，X公司除净损益和利润分配以外的归属于B事业单位的其他所有者权益变动减少80 000元。

（3）2022年1月1日，对X公司长期股权投资进行处置。

以上账务处理仅考虑权益法调整科目，不考虑其他科目。

【解析】 账务处理如下：

会计分录		核算要点精讲
（1）2020年其他所有者权益变动（增加）		
财务会计	借：长期股权投资——其他权益变动——X公司 50 000 　贷：权益法调整——X公司 50 000	“长期股权投资”下设“其他权益变动”明细科目，与“权益法调整”科目相对应；按照被投资单位除净损益和利润分配以外的所有者权益变动的份额计列。
预算会计	不做账务处理	
（2）2021年其他所有者权益变动（减少）		
财务会计	借：权益法调整——X公司 80 000 　贷：长期股权投资——其他权益变动——X公司 80 000	“长期股权投资”下设“其他权益变动”明细科目，与“权益法调整”科目相对应；按照被投资单位除净损益和利润分配以外的所有者权益变动的份额计列。
预算会计	不做账务处理	
（3）处置长期股权投资		
财务会计	借：投资收益——X公司 30 000 　贷：权益法调整——X公司 30 000	处置使用权益法核算长期股权投资时，还需要结转原直接计入净资产的相关金额，借记或贷记“权益法调整”科目，贷记或借记“投资收益”科目。本案例处置时为借方余额30 000元，如为贷方余额则做相反分录。
预算会计	不做账务处理	

第四节　本期盈余业务核算

一、本期盈余的核算内容

本期盈余核算政府单位本期各项收入、费用相抵后的余额。

二、主要业务核算举例

【例题6－11·实操题】 2021年12月31日，B事业单位收入和费用科目余额如表6－1所示。

表6－1　收入和费用科目余额

序号	科目名称	期末余额（贷方）	序号	科目名称	期末余额（借方）
1	财政拨款收入	400 000	1	业务活动费用	550 000
2	事业收入	300 000	2	单位管理费用	150 000
3	上级补助收入	5 000	3	经营费用	21 000
4	附属单位上缴收入	10 000	4	资产处置费用	5 000
5	经营收入	20 000	5	上缴上级费用	2 000
6	非同级财政拨款收入	7 000	6	对附属单位补助费用	5 000
7	投资收益	8 000	7	所得税费用	0
8	捐赠收入	30 000	8	其他费用	10 000
9	利息收入	500			
10	租金收入	6 000			
11	其他收入	12 000			
收入合计		798 500	费用合计		743 000

【解析】 账务处理如下：

会计分录		核算要点精讲
（1）期末结转收入		
财务会计	借：财政拨款收入　400 000 　　事业收入　300 000 　　上级补助收入　5 000 　　附属单位上缴收入　10 000 　　经营收入　20 000 　　非同级财政拨款收入　7 000 　　投资收益　8 000 　　捐赠收入　30 000 　　利息收入　500 　　租金收入　6 000 　　其他收入　12 000 　贷：本期盈余　798 500	所有收入转入本期盈余；“投资收益”科目为发生额借方净额时，做相反分录。
预算会计	预算会计收入结转请参考本书预算会计部分内容	

会计分录		核算要点精讲
（2）期末结转费用		
财务会计	借：本期盈余　743 000 　贷：业务活动费用　550 000 　　　单位管理费用　150 000 　　　经营费用　21 000 　　　资产处置费用　5 000 　　　上缴上级费用　2 000 　　　对附属单位补助费用　5 000 　　　其他费用　10 000	本案例经营收入减去经营费用为亏损 1 000 元，按规定转入本期盈余；预算会计下经营结余为负时，不进行结转。
预算会计	预算会计支出结转请参考本书预算会计部分内容	
（3）年末结转		
财务会计	借：本期盈余　55 500 　贷：本年盈余分配　55 500	本案例收入转入 798 500 元，费用转入 743 000 元，年末结转后，科目余额为贷方余额 55 500 元，年末结转将上述金额转入本年盈余分配；如为借方余额，则做相反分录。
预算会计	不做账务处理	

第五节　本年盈余分配业务核算

一、本年盈余分配的核算内容

本年盈余分配核算政府单位本年度盈余分配的情况和结果。

二、主要业务核算举例

【例题 6－12 · 实操题】2021 年 12 月 31 日，B 事业单位有关科目情况如下：

（1）财政拨款收入（基本支出）300 000 元，业务活动费用 290 000 元，均为人员工资，已通过零余额账户支付。

（2）事业收入 600 000 元（其中实际收到现金 550 000 元，50 000 元为应收账款确认的收入），业务活动费用 500 000 元（其中已通过现金支付的费用 470 000 元，固定资产折旧费用 30 000 元），以上均为基本支出收支。

（3）按规定计提专用基金，计提比例为 40%。

假设不考虑其他期间期末结转。

【解析】账务处理如下：

<table>
<tr><th colspan="2">会计分录</th><th>核算要点精讲</th></tr>
<tr><td colspan="3">(1) 期末结转收入</td></tr>
<tr><td>财务会计</td><td>借：财政拨款收入 300 000
事业收入 600 000
贷：本期盈余 900 000</td><td></td></tr>
<tr><td>预算会计</td><td>预算收入结转请参考本书预算会计部分内容</td><td></td></tr>
<tr><td colspan="3">(2) 期末结转费用</td></tr>
<tr><td>财务会计</td><td>借：本期盈余 790 000
贷：业务活动费用 790 000</td><td></td></tr>
<tr><td>预算会计</td><td>预算支出结转请参考本书预算会计部分内容</td><td></td></tr>
<tr><td colspan="3">(3) 年末结转本期盈余</td></tr>
<tr><td>财务会计</td><td>借：本期盈余 110 000
贷：本年盈余分配 110 000</td><td></td></tr>
<tr><td>预算会计</td><td>不做账务处理</td><td></td></tr>
<tr><td colspan="3">(4) 计提专用基金</td></tr>
<tr><td>财务会计</td><td>借：本年盈余分配——计提专用基金 32 000
贷：专用基金 32 000</td><td>专用基金提取范围仅为非财政性资金，财政拨款结余不属于计提范围；按照预算会计下计算的提取金额，减去事业收入通过应收账款确认的收入（现金未流入），加上固定资产折旧（现金未流出）；计算金额＝(收入－费用)×40%＝(550 000－470 000)×40%＝32 000（元）。</td></tr>
<tr><td>预算会计</td><td>借：非财政拨款结余分配 32 000
贷：专用结余 32 000</td><td>预算会计“专用结余”科目核算的仅仅为从非财政拨款结余或经营结余中提取的专用基金。</td></tr>
<tr><td colspan="3">(5) 转入累计盈余</td></tr>
<tr><td>财务会计</td><td>借：本年盈余分配——转入累计盈余 78 000
贷：累计盈余 78 000</td><td>科目余额减去分配的专用基金。</td></tr>
<tr><td>预算会计</td><td>不做账务处理</td><td></td></tr>
</table>

第六节　无偿调拨净资产业务核算

一、无偿调拨净资产的核算内容

无偿调拨净资产核算政府单位无偿调入或调出非现金资产所引起的净资产变动金额。

二、主要业务核算举例

【例题 6-13・实操题】 2021 年 8 月 1 日，B 事业单位发生如下业务：

（1）无偿调入政府储备物资 F 一批，调出方的账面价值为 150 000 元，发生相关税费等 5 000 元。

（2）经批准无偿调出固定资产一项给同级事业单位，原值为 10 000 元，已计提折旧 4 000 元，B 事业单位支付运费 1 000 元（归属于调出方）。

以上款项通过银行存款支付。

【解析】 账务处理如下：

会计分录		核算要点精讲
（1）无偿调入政府储备物资		
财务会计	借：政府储备物资　155 000 　贷：无偿调拨净资产——政府储备物资 150 000 　　　银行存款　5 000	无偿调入政府储备物资按照调出方的价值确定成本。
预算会计	借：其他支出　5 000 　贷：资金结存——货币资金　5 000	
（2）经批准无偿调出固定资产		
财务会计	借：资产处置费用　1 000 　贷：银行存款　1 000 借：固定资产累计折旧　4 000 　　无偿调拨净资产——固定资产　6 000 　贷：固定资产——专用设备　10 000	发生的归属于调出方的相关费用计入资产处置费用； 固定资产账面余额和累计折旧的差额计入无偿调拨净资产； 固定资产的出售、捐赠、调出账务处理原则均不相同。
预算会计	借：其他支出　1 000 　贷：资金结存——货币资金　1 000	归属于调出方的相关费用。
（3）年末转入累计盈余（仅考虑“无偿调拨净资产”科目）		
财务会计	借：无偿调拨净资产——政府储备物资 150 000 　贷：累计盈余　150 000 借：累计盈余　6 000 　贷：无偿调拨净资产——固定资产　6 000	科目余额转入累计盈余。
预算会计	不做账务处理	

第七节　以前年度盈余调整业务核算

一、以前年度盈余调整的核算内容

以前年度盈余调整核算政府单位本年度发生的调整以前年度盈余的事项，包括本年度发生的重要前期差错更正涉及的调整以前年度盈余的事项。

本年度发生的重要前期差错更正涉及的调整以前年度盈余的事项还应结合《政府会计准则第 7 号——会计调整》中重大会计差错的概念，按照相关规定进行账务处理。

二、主要业务核算举例

【例题 6－14·实操题】2021 年，B 事业单位“以前年度盈余调整”科目有关业务如下：

（1）审计部门对单位进行了审计，根据审计决定，退回上年报销的费用 40 000 元，上述费用为非财政性资金基本支出；审计发现 2019 年少计事业收入 3 000 元，相关人员已将上述少计收入的 3 000 元交存银行；审计发现多计提固定资产折旧 5 000 元。

（2）年末资产清查时，盘盈无形资产一项，经评估后确认成本为 20 000 元；转入待处理资产，按照规定报经批准后进行账务处理。

【解析】账务处理如下：

会计分录		核算要点精讲
（1）审计退回资金时（减少费用）		
财务会计	借：银行存款 40 000 贷：以前年度盈余调整——减少以前年度费用 40 000	审计退回，相当于减少以前年度费用。
预算会计	借：资金结存——货币资金 40 000 贷：非财政拨款结余——年初余额调整 40 000	
（2）收回少计收入（增加收入）		
财务会计	借：银行存款 3 000 贷：以前年度盈余调整——增加以前年度收入 3 000	收入已收回。
预算会计	借：资金结存——货币资金 3 000 贷：非财政拨款结余——年初余额调整 3 000	如收入未收回，不进行预算会计处理。
（3）多提折旧（减少费用）		
财务会计	借：固定资产累计折旧 5 000 贷：以前年度盈余调整——减少以前年度费用 5 000	
预算会计	不做账务处理	未发生现金流入流出，计提折旧时不进行预算会计账务处理。
（4）盘盈无形资产转入待处理资产		
财务会计	借：无形资产 20 000 贷：待处理财产损溢 20 000	
预算会计	不做账务处理	

会计分录		核算要点精讲
（5）报经批准处理		
财务会计	借：待处理财产损溢　　20 000 　贷：以前年度盈余调整——盘盈非流动资产　　20 000	
预算会计	不做账务处理	未发生现金流入流出。
（6）转入累计盈余		
财务会计	借：以前年度盈余调整——减少以前年度费用　　45 000 　　　　——盘盈非流动资产　　20 000 　　　　——增加以前年度收入　　3 000 　贷：累计盈余　　68 000	
预算会计	不做账务处理	不涉及预算会计科目变化。

课程思政

1. 结余分配核算的思政元素

明确事业单位财政资金不得涉及单位的结余分配，以促进净资产管理的高效运行，引导财务人员对财政资金要依法依规合理使用，财务人员的违法失信行为要上联合惩戒“黑名单”，“不做假账”才是会计工作的第一要义。

2. 以前年度盈余调整核算的思政元素

塑造财务人员诚信做账的职业意识。

热点思考题

1. 政府单位按照规定使用专用基金购置固定资产、无形资产的如何进行会计处理？

2. 科学事业单位科技成果转化基金提取和使用如何进行会计处理？

3. 政府会计主体专用基金的计提有哪些途径？经营亏损是否纳入专用基金计提基数范围？

4. “本期盈余”和“累计盈余”科目需要设置“财政拨款”和“非同级财政拨款”明细科目吗？

5. 政府会计中处置使用权益法核算的长期股权投资时，还需要结转原直接计入净资产的相关金额吗？如何进行会计处理？

课后习题

一、单项选择题

1. 2×21 年，某政府单位的收入、费用发生额如下：财政拨款收入为 4 500 万元，上级补助收入为 1 500 万元，事业收入为 3 000 万元，经营收入为 500 万元，投资收益为 250 万元，业务活动费用为 4 000 万元，单位管理费用为 2 000 万元，经营费用为 600 万元，资产处置费用为 1 000 万元。不考虑其他因素，该政府单位的本期盈余金额为（　　）万元。

A. 2 250　　B. 1 650　　C. 2 150　　D. 2 050

2. 政府单位年终结账后，若发生以前年度会计事项调整和变更涉及以前年度结余的，一般应直接转入或冲减（　　）。

A. 本年盈余分配　　B. 以前年度盈余调整

C. 专用基金　　D. 累计盈余

二、多项选择题

1. 下列各项中属于政府会计主体净资产的有（　　）。

A. 累计盈余　　B. 资本公积　　C. 盈余公积　　D. 权益法调整

2. 政府单位年终结账后没有余额的净资产有（　　）。

A. 专用基金　　B. 本期盈余　　C. 本年盈余分配　　D. 权益法调整

三、判断题

1. 本年度发生的重要前期差错更正涉及的调整以前年度盈余的事项还应结合《政府会计准则第 7 号——会计调整》中重大会计差错的概念，按照相关规定进行账务处理。（　　）

2. 处置使用权益法核算的长期股权投资时，还需要结转原直接计入净资产的相关金额，借记或贷记“权益法调整”科目，贷记或借记“投资收益”科目。（　　）

四、实务操作题

资料：某事业单位 2021 年末从“本期盈余”贷方余额转入“本年盈余分配”920 000 元，按照有关规定提取专用基金 92 000 元。

要求：

（1）编制将“本期盈余”贷方余额转入“本年盈余分配”时的会计分录。

（2）编制按照有关规定提取专用基金时的会计分录。

（3）编制将“本年盈余分配”科目余额转入“累计盈余”时的会计分录。

第七章

政府单位预算收入的核算

教学导向

（一）理解政府单位各项预算收入的内涵

（二）领悟政府单位各项预算收入的确认计量

（三）重点掌握政府单位各项预算收入核算操作

《政府会计准则——基本准则》中明确规定“预算收入是指政府会计主体在预算年度内依法取得的并纳入预算管理的现金流入”，“预算收入一般在实际收到时予以确认，以实际收到的金额计量”。《政府会计制度——行政事业单位会计科目和报表》中将预算收入类会计业务按照政府会计主体资金来源划分为9类，包括财政拨款预算收入、事业预算收入、上级补助预算收入、附属单位上缴预算收入、经营预算收入、债务预算收入、非同级财政拨款预算收入、投资预算收益以及其他预算收入。本章依据上述文件的基本内容，结合已发布的行业补充规定，通过科目概念分析和业务举例加强对制度的理解。

第一节　财政拨款预算收入业务核算

一、财政拨款预算收入的核算内容

财政拨款预算收入核算政府单位从同级政府财政部门取得的各类财政拨款。

财政拨款是指各级人民政府对纳入预算管理的行政事业单位、社会团体等组织拨付的财政资金，但国务院和国务院财政、税务主管部门另有规定的除外。

同级政府是指行政事业单位和拨款的财政部门在政府层级上属于同一级，又称本级政府，收到财政拨款的行政事业单位是本级政府的财政预算单位。同级政府财政部门根据政府财政预算向财政预算单位拨付财政资金，行政事业单位收到这种财政资金，就形成了单位的财政拨款预算收入。

【延伸思考】"财政拨款预算收入"科目理解与运用的重难点在于对同级财政与非同级财政的区分，同时需要关注非同级财政拨款预算收入与事业单位因专业业务活动、辅助活动等取得非同级财政拨款而形成的事业预算收入的差异，便于实务操作。此外，本科目的明细设置以满足预算管理的需要为前提，账务处理与财务会计的关联性较大，可与"财政拨款收入"科目同步学习。

二、主要业务核算举例

（一）财政直接支付方式下的收入核算

【例题7-1·实操题】2021年8月1日，B事业单位收到财政零余额账户代理银行转来的财政直接支付入账通知书，采用财政直接支付方式支付单位集中采购的自用材料一批，支出总计50 000元。

【解析】账务处理如下：

直接支付外购的材料款会计分录				核算要点精讲
财务会计	借：库存物品 　贷：财政拨款收入	50 000	 50 000	零余额直接支付，支付时直接确认财务会计财政拨款收入。
预算会计	借：事业支出 　贷：财政拨款预算收入	50 000	 50 000	现金流出，预算会计直接确认为支出。

（二）财政授权支付方式下的收入核算

【例题7-2·实操题】2021年8月1日，B事业单位收到零余额账户代理银行转来的财政授权支付额度到账通知书，取得财政授权额度10 000元。8月15日，财政授权支付方式支付单位集中采购的自用材料一批，支出总计5 000元。

【解析】账务处理如下：

会计分录				核算要点精讲
（1）取得财政授权额度				
财务会计	借：零余额账户用款额度 　贷：财政拨款收入	10 000	 10 000	取得零余额账户用款额度时确认财务会计财政拨款收入。
预算会计	借：资金结存 　贷：财政拨款预算收入	10 000	 10 000	取得零余额账户用款额度时确认预算会计财政拨款预算收入。
（2）授权支付外购的材料款				
财务会计	借：库存物品 　贷：零余额账户用款额度	5 000	 5 000	财政授权支付，支付时减少零余额账户用款额度。
预算会计	借：事业支出 　贷：资金结存	5 000	 5 000	现金流出，预算会计确认支出。

（三）实拨资金方式下的收入核算

【例题 7-3·实操题】2021 年 8 月 1 日，B 事业单位收到银行存款进账单，财政部门拨入人员经费 10 000 元。2021 年度又收到财政部门拨入属于下年预算的 2022 年 1 月份某项目经费 5 000 元。

【解析】账务处理如下：

会计分录		核算要点精讲
（1）收到本期预算的财政拨款		
财务会计	借：银行存款 10 000 贷：财政拨款收入 10 000	取得银行存款时确认财务会计财政拨款收入。
预算会计	借：资金结存 10 000 贷：财政拨款预算收入 10 000	取得银行存款时确认预算会计财政拨款预算收入。
（2）取得下期预算的财政拨款		
财务会计	借：银行存款 5 000 贷：其他应付款 5 000	未纳入本期部门预算管理的现金收支财务会计通过往来核算。
预算会计	不做账务处理	未纳入本期部门预算管理的现金收支预算会计不计收入，登记备查账簿。

（四）年末确认财政拨款预算收入的核算

【例题 7-4·实操题】B 事业单位 2021 年年末根据代理银行提供的对账单，发现本年度收到的零余额账户用款额度 10 000 元，仅支出 7 000 元，剩余 3 000 元需作额度注销处理。同时已知本年财政部门批复的财政授权支付预算指标数为 12 000 元。

【解析】账务处理如下：

会计分录		核算要点精讲
（1）零余额账户用款额度余额注销		
财务会计	借：财政应返还额度 3 000 贷：零余额账户用款额度 3 000	注销零余额账户用款额度时财务会计资产分类形态发生变化。
预算会计	借：资金结存——财政应返还额度 3 000 贷：资金结存——零余额账户用款额度 3 000	注销零余额账户用款额度时预算会计资金结存形态发生变化。
（2）确认未下达的零余额账户用款额度		
财务会计	借：财政应返还额度 2 000 贷：财政拨款收入 2 000	确认未下达零余额账户用款额度时确认财务会计财政拨款收入。
预算会计	借：资金结存——财政应返还额度 2 000 贷：财政拨款预算收入 2 000	确认未下达的零余额账户用款额度时确认预算会计财政拨款预算收入。

（五）年末结转的核算

【例题 7-5·实操题】B 事业单位年末结转。已知本年确认的财政拨款累计 20 000

元，其中基本支出拨款 15 000 元，项目支出拨款 5 000 元。

【解析】账务处理如下：

年末结转会计分录		核算要点精讲
财务会计	借：财政拨款收入 20 000 贷：本期盈余 20 000	财务会计期末结转将收入类科目余额转入净资产类科目。
预算会计	借：财政拨款预算收入 20 000 贷：财政拨款结转——本年收支结转 20 000	预算会计年末结转将预算收入类科目余额转入预算结余类科目。

第二节　事业预算收入业务核算

一、事业预算收入的核算内容

事业预算收入是事业单位最主要的预算收入类别，是用来核算事业单位开展专业业务活动及其辅助活动取得的现金流入，此外还包括事业单位因开展科研及其辅助活动从非同级政府财政部门取得的经费拨款。

专业业务活动是指事业单位根据本单位专业特点所从事或开展的主要业务活动，如教育事业单位的教学活动、科学事业单位的科研活动、卫生健康事业单位的医疗活动、文化事业单的演出活动等。

辅助活动是指与专业业务活动相关，直接为专业业务活动服务的技术支持活动、后勤保障活动及其他有关活动。

通过开展上述活动取得的收入，均作为事业预算收入进行核算。因开展专项事业活动而取得的本级政府横向转拨财政款和非本级政府的财政专项拨款，也属于事业预算收入；事业单位实行“收支两条线”管理上缴财政专户的资金，由财政返还时也属于事业预算收入。

【延伸思考 1】事业预算收入与非同级财政拨款预算收入、经营预算收入有何区别？

（1）事业预算收入与非同级财政拨款预算收入的区别。

解读：事业单位收到同级政府的其他部门单位或者非同级政府的财政部门或业务部门单位的非同级财政拨款，有两种情况：一种是要求接受资金的事业单位为这种拨款提供对等专项服务，如接受项目资金的条件是要完成项目并提供项目研究成果等；另一种则不一定有这种对等交换要求。显然，前者属于政府购买服务，所以收到的财政资金属于单位提供服务获得的事业收入，按照事业预算收入处理；后者属于单位的非同级财政拨款预算收入。

（2）事业预算收入与经营预算收入的区别。

解读：事业单位取得经营预算收入的经营活动有些和单位取得事业预算收入的事业活动形式类似，从形式上看都是专业业务活动及其辅助活动，都进行收费。判定单位活动取得的现金流入是事业预算收入还是经营预算收入，关键要看该活动是否具有营利性。如果事业单位开展该活动不是为了完成单位的事业任务，而是为了获取高于活动成本的收入，则属于以营利为目的的经营活动，从而取得的现金流入就属于经营预算收入，否则，属于事业预算收入。

【延伸思考2】事业预算收入的核算难点，首先，在于辨认事业单位的专业业务活动及其辅助活动，业务活动的界定直接影响科目金额的归集。其次，需要注意事业预算收入的计量是以实际收到的金额来确认的，这一点与财务会计中事业收入之间存在因增值税确认产生的永久性差异。以上两点需要在学习与实务工作中明确并加以注意。

二、主要业务核算举例

（一）事业单位实行“收支两条线”，收到从财政专户返还的事业预算收入核算

【例题7-6·实操题】B事业单位为高等教育机构，2021年8月共收到新学生缴纳的学费计20 000 000元，存入学校银行账户。月底将本月学费缴入财政专户。次月收到财政部门返还的学费收入20 000 000元，存入单位银行账户。

【解析】账务处理如下：

会计分录		核算要点精讲
（1）收到学生缴纳的学费		
财务会计	借：银行存款　20 000 000 　贷：应缴财政款　20 000 000	通过“应缴财政款”科目核算。
预算会计	不做账务处理	不登记预算会计账户。
（2）将收到的学费缴入财政专户		
财务会计	借：应缴财政款　20 000 000 　贷：银行存款　20 000 000	通过“应缴财政款”科目核算。
预算会计	不做账务处理	不登记预算会计账户。
（3）收到财政部门返还的学费收入		
财务会计	借：银行存款　20 000 000 　贷：事业收入　20 000 000	财政返还时确认收入。
预算会计	借：资金结存——货币资金　20 000 000 　贷：事业预算收入　20 000 000	财政返还时确认预算收入。

（二）收到其他事业预算收入核算

【例题7－7·实操题】B事业单位为高等教育机构，2021年8月中标某政府主管部门使用本级政府财政拨款资金招标的科研任务，收到项目拨款10 000元，款项已拨入单位银行账户。当月B事业单位与某公司签订一项科研合同，约定合同总价为10 000元，第一笔款项5 000元已于合同签订日汇入单位账户，假设单位从事科研活动适用的增值税税率为3%。

【解析】账务处理如下：

会计分录		核算要点精讲
（1）收到非同级财政拨入的科研款		
财务会计	借：银行存款　10 000 　贷：预收账款　10 000	通过“预收账款”科目核算，不确认事业收入。
预算会计	借：资金结存　10 000 　贷：事业预算收入——科研预算收入 　　　——非同级财政拨款　10 000	收到现金流入时确认预算收入。
（2）收到公司汇入的科研款		
财务会计	借：银行存款　5 000 　贷：应交增值税　146 　　　预收账款　4 854	通过“预收账款”科目核算，不确认事业收入。
预算会计	借：资金结存——货币资金　5 000 　贷：事业预算收入——科研预算收入 　　　——其他资金收入　5 000	收到现金流入时按照实际收到的款项金额确认预算收入。

【延伸思考】科学事业单位对合作项目款如何进行账务处理？

【例题7－8·实操题】B事业单位牵头组织并中标了一项科技部重点研发计划项目。项目下设3个课题。B单位作为项目牵头单位，需要及时足额地向课题单位拨付研究经费。2021年8月5日，B单位收到科技部下拨的专项资金1 000 000元，其中B单位为课题一承担单位，本次研究经费为300 000元，其他700 000元按照项目任务安排，需要转拨给课题二和课题三的承担单位。2021年8月20日，B单位完成经费转拨。

【解析】账务处理如下：

（1）2021年8月5日，B单位收到项目经费1 000 000元。

财务会计分录：

借：银行存款　1 000 000

　贷：预收账款　1 000 000

预算会计分录：

借：资金结存　　1 000 000
　贷：事业预算收入　　1 000 000

（2）2021 年 8 月 20 日，B 单位向合作单位转拨项目经费 700 000 元。

财务会计分录：

借：预收账款　　700 000
　贷：银行存款　　700 000

预算会计分录：

借：事业预算收入　　700 000
　贷：资金结存　　700 000

（三）年末结转的核算

【例题 7－9·实操题】 B 事业单位年末结转。已知本年因开展专业业务活动及辅助活动共收到现金流入 20 000 元，其中专项项目资金收入 5 000 元，非专项资金收入 15 000 元。

【解析】 账务处理如下：

年末结转会计分录		核算要点精讲
财务会计	借：事业收入　20 000 　贷：本期盈余　20 000	财务会计期末结转将收入类科目余额转入净资产类科目。
预算会计	借：事业预算收入　20 000 　贷：非财政拨款结转——本年收支结转　5 000 　　其他结余　15 000	预算会计年末结转将预算收入类科目余额转入预算结余类科目。

第三节　上级补助预算收入业务核算

一、上级补助预算收入的核算内容

上级补助预算收入是事业单位从主管部门和上级单位取得的非财政补助现金流入。事业单位的上级单位有时会出于帮助事业单位解决活动中的资金需要，定期或定向补助给事业单位财政拨款以外的资金。这种资金包括上级单位自己可分配使用的非财政补助资金，以及上级单位集中向其他下级单位拨付的资金。事业单位收到上级单位拨付的这类非财政拨款资金作为上级补助预算收入核算。

上级补助预算收入的落脚点在于非财政补助现金流入，这是其区别于财政拨款预算收入的特征，尤其是在财政拨款采用实拨资金的方式下，财政拨款和上级补助都是从上级单位拨入本单位的银行账户，前者是财政部门拨付的财政资金，后者则是非财政补助资金。

【延伸思考】上级补助预算收入的核算难点关键在于准确区分事业单位收到的资金流入是否属于主管部门或上级单位的补助资金，且资金的来源为非财政补助资金。实务工作中会计人员应结合实际情况，紧扣项目定义加以辨别。

二、主要业务核算举例

（一）收到上级补助预算收入的核算

【例题 7-10·实操题】 2021 年 8 月，B 事业单位收到上级主管单位拨来的专项补助资金 50 000 元，存入单位银行账户。

【解析】 账务处理如下：

收到上级单位拨入的补助资金会计分录		核算要点精讲
财务会计	借：银行存款 50 000 贷：上级补助收入 50 000	收到拨款时确认上级补助收入。
预算会计	借：资金结存——货币资金 50 000 贷：上级补助预算收入 50 000	收到拨款时同步确认上级补助预算收入。

（二）年末结转的会计处理

【例题 7-11·实操题】 B 事业单位年末结转。已知本年累计收到上级主管单位拨来的补助资金共 200 000 元，其中专项资金 50 000 元，非专项资金 150 000 元。

【解析】 账务处理如下：

年末结转会计分录		核算要点精讲
财务会计	借：上级补助收入 200 000 贷：本期盈余 200 000	财务会计期末结转将收入类科目余额转入净资产类科目。
预算会计	借：上级补助预算收入 200 000 贷：非财政拨款结转——本年收支结转 50 000 其他结余 150 000	预算会计年末结转将预算收入类科目余额转入预算结余类科目。

第四节 附属单位上缴预算收入业务核算

一、附属单位上缴预算收入的核算内容

附属单位上缴预算收入是事业单位取得附属独立核算单位根据有关规定上缴的现

金流入。附属单位因偿还事业单位为附属单位在支出中垫支的各种费用而交给事业单位的资金，不能作为附属单位上缴预算收入，其中事业单位已经列入预算支出的，还应当冲减事业单位的相关预算支出（当年度）或调整事业单位预算结余（以前年度）。

【延伸思考】附属单位上缴预算收入认定的关键点是什么？

解读：附属单位上缴预算收入与上级补助预算收入同属于调剂性收入。要把握三个关键点：事业单位与资金来源单位之间存在的所属关系；附属单位具有独立法人资格；收支独立核算，收入上缴有规可依。这三点是理解“附属单位上缴预算收入”科目内涵的关键。

二、主要业务核算举例

（一）收到附属单位上缴预算收入的核算

【例题 7-12·实操题】B 事业单位 2021 年 8 月收到附属单位上缴的专项资金 50 000 元，存入单位银行账户。

【解析】账务处理如下：

收到附属单位上缴的专项资金会计分录		核算要点精讲
财务会计	借：银行存款 50 000 　贷：附属单位上缴收入 50 000	收到上缴资金时确认附属单位上缴收入。
预算会计	借：资金结存——货币资金 50 000 　贷：附属单位上缴预算收入 50 000	收到上缴资金时同步确认附属单位上缴预算收入。

（二）年末结转的会计处理

【例题 7-13·实操题】B 事业单位年末结转。已知本年累计收到附属单位上缴的资金共 200 000 元，其中专项资金 50 000 元，非专项资金 150 000 元。

【解析】账务处理如下：

年末结转会计分录		核算要点精讲
财务会计	借：附属单位上缴收入 200 000 　贷：本期盈余 200 000	财务会计期末结转将收入类科目余额转入净资产类科目。
预算会计	借：附属单位上缴预算收入 200 000 　贷：非财政拨款结转——本年收支结转 50 000 　　　其他结余 150 000	预算会计年末结转将预算收入类科目余额转入预算结余类科目。

第五节 经营预算收入业务核算

一、经营预算收入的核算内容

经营预算收入核算事业单位在专业业务活动及其辅助活动之外开展非独立核算经营活动取得的现金流入。某些事业单位在为社会提供公益服务的同时，利用自身资源，开展一些以营利为目的的业务，如事业单位内部非独立核算的单位食堂对外提供市场定价的餐饮服务，或事业单位按照市场价格出售单位生产的产品或服务等。事业单位开展这些活动不是为了完成事业任务，而是为了获得收益，补充事业单位的资金来源。因此这些活动属于单位的经营活动，其收入纳入单位预算管理，成为事业单位的经营预算收入。另外，如果事业单位从事经营活动的是独立于事业单位的另一个会计主体，即使该单位将经营活动取得的收入上缴给事业单位，也不属于事业单位自身的经营预算收入。

【延伸思考1】 经营预算收入与事业预算收入有何区别？

解读：事业单位取得经营预算收入的经营活动有些和单位取得事业预算收入的事业活动形式类似，从形式上看均属于专业业务活动及其辅助活动，均存在收费。如何判定单位活动取得的现金流入是事业预算收入还是经营预算收入，就要看该活动是否具有营利性。如果事业单位开展该活动不是为了完成单位的事业任务，而是为了获取高于活动成本的收入，那就属于以营利为目的的经营活动，从而取得的现金流入就属于经营预算收入；否则，就属于事业预算收入。

【延伸思考2】 经营预算收入核算的难点有哪些？

解读：经营预算收入核算的难点、关键点在于理解事业单位专业业务活动及其辅助活动与经营活动的区别，要认识到事业单位开展事业活动的公益属性与开展经营活动的营利属性之间的本质不同。事业单位开展经营活动对外收费的目的是获得收益，补充事业经费的来源，是一种市场行为。实务中需要会计人员结合实际情况，紧扣科目定义加以辨别。

二、主要业务核算举例

（一）收到经营预算收入的核算

【例题7-14·实操题】 B事业单位2021年8月收到单位内部非独立核算部门开展经营活动取得的资金收入50 000元，存入单位银行账户，暂不考虑增值税。

【解析】账务处理如下：

收到经营收入会计分录		核算要点精讲
财务会计	借：银行存款　50 000 　贷：经营收入　50 000	开展经营活动资金流入时确认经营收入。
预算会计	借：资金结存——货币资金　50 000 　贷：经营预算收入　50 000	开展经营活动资金流入时同步确认经营预算收入。

（二）年末结转的会计处理

【例题7-15·实操题】B事业单位年末结转。已知本年累计收到经营活动资金流入200 000元，经营活动资金流出180 000元。

【解析】账务处理如下：

年末结转会计分录		核算要点精讲
财务会计	借：经营收入　200 000 　贷：本期盈余　200 000 借：本期盈余　180 000 　贷：经营费用　180 000	财务会计期末将收入类科目余额转入净资产类科目。
预算会计	借：经营预算收入　200 000 　贷：经营结余　200 000 借：经营结余　180 000 　贷：经营支出　180 000	预算会计年末将预算收入类科目余额转入预算结余类科目。

第六节　债务预算收入业务核算

一、债务预算收入的核算内容

债务预算收入核算事业单位按照规定从银行和其他金融机构等借入的、纳入部门预算管理的、不以财政资金作为偿还来源的债务本金。

债务预算收入满足现金流入与纳入单位预算管理两项要件，因此属于预算收入类科目。本项目实际反映的是事业单位对于银行和其他金融机构的资金占用。事业单位取得债务本金，在财务会计上反映的是单位资产增加，负债增加；在预算会计上则确认预算收入，由此造成财务会计收入金额与预算会计预算收入金额的永久性差异。

【延伸思考1】不能列作债务预算收入核算范围的情形有哪些？

解读：事业单位在向金融机构借款过程中支付的银行贷款手续费等，应当作为其他预算支出，不能冲减债务预算收入。行政事业单位在业务活动中因资金周转困难，从上级部门、其他单位取得的临时借款，不纳入单位预算管理，也就不计入债务预算收入。

【延伸思考 2】债务预算收入核算的难点是什么？

解读：债务预算收入核算的难点主要体现在与财务会计核算的区别上，债务预算收入直观展示了同一经济业务在权责发生制和收付实现制下的核算区别，前者侧重权利义务关系，事业单位借入贷款资金，取得资金使用权，同时增加债务风险；后者侧重纳入单位预算管理的现金流入，事业单位收到的贷款资金，确认债务预算收入。

二、主要业务核算举例

（一）收到各项短期或长期借款核算

【例题 7－16・实操题】 B 事业单位 2021 年 8 月经批准从某银行借入为期三年的基建专项贷款 100 000 元，存入单位银行账户，三年后，单位将自筹的还款资金归还银行（不考虑银行利息支出）。

【解析】 账务处理如下：

会计分录		核算要点精讲
（1）借入贷款资金		
财务会计	借：银行存款 100 000 　贷：长期借款 100 000	借入贷款资金，财务会计资产增加的同时增加负债。
预算会计	借：资金结存 100 000 　贷：账务预算收入 100 000	借入贷款资金，预算会计确认债务预算收入。
（2）归还贷款资金		
财务会计	借：长期借款 100 000 　贷：银行存款 100 000	归还贷款资金，财务会计资产减少的同时减少负债。
预算会计	借：债务还本支出 100 000 　贷：资金结存 100 000	归还贷款资金，预算会计确认债务还本支出。

（二）年末结转的会计处理

【例题 7－17・实操题】 B 事业单位年末结转。已知本年累计借入贷款资金共 200 000 元，其中专项资金 50 000 元，非专项资金 150 000 元。

【解析】 账务处理如下：

年末结转会计分录		核算要点精讲
财务会计	不做账务处理	
预算会计	借：债务预算收入 200 000 　贷：非财政拨款结转——本年收支结转 50 000 　　　其他结余 150 000	预算会计年末将预算收入类科目余额转入预算结余类科目。

第七节　非同级财政拨款预算收入业务核算

一、非同级财政拨款预算收入的核算内容

非同级财政拨款预算收入核算单位从非同级政府财政部门取得的财政拨款，包括本级横向转拨财政款和非本级财政拨款。行政事业单位通常不直接取得跨政府层级的财政拨款，但有时因为完成某项特定任务，而从上级或下级政府的财政部门或主管部门获得的财政拨款就属于非同级财政拨款预算收入。某些本级政府财政资金，由财政部门按照财政预算切块分配给某些政府主管部门，这些政府主管部门是财政资金的预算单位。而后再由这些政府主管部门分配给具体的资金使用单位，即将本级政府财政资金横向转拨。作为这种财政资金使用单位的行政事业单位，获得有关主管部门转拨来的财政预算资金，就属于本单位的非同级财政拨款预算收入。

【延伸思考 1】“非同级财政拨款预算收入”科目与“事业预算收入——非同级财政拨款”科目有何区别？

解读：如果事业单位因开展专业业务活动及其辅助活动而取得非同级财政拨款收入，即单位需要因接受拨款向拨款或转拨款单位提供对等的事业服务，那么取得的非同级财政拨款资金，就属于单位的事业预算收入，应当通过“事业预算收入——非同级财政拨款”科目核算。如事业单位因开展科研及其辅助活动从非同级政府财政部门取得经费拨款，应当记入“事业预算收入——非同级财政拨款”科目，不通过“非同级财政拨款预算收入”科目核算。

【延伸思考 2】非同级财政拨款预算收入确认的关键是什么？

解读：非同级财政拨款预算收入核算时需要辨别资金来源与资金用途，注意其与财政拨款预算收入、事业预算收入之间的区别。行政事业单位取得来自上下级政府财政部门或主管部门的经费拨款或来自同级政府其他主管部门的横向转拨经费资金，且不以单位提供专业业务活动及辅助活动为对价，是确认非同级财政拨款预算收入的两个重要前提。实务工作中需要会计人员结合实际情况，紧扣科目定义加以辨别。

二、主要业务核算举例

（一）取得非同级财政拨款预算收入的核算

【例题 7－18·实操题】B事业单位为中央预算单位。2021年8月收到单位所在地

某市财政部门拨付本单位的一笔专项经费100 000元，存入单位银行账户。

【解析】账务处理如下：

收到专项经费拨款会计分录		核算要点精讲
财务会计	借：银行存款 100 000 贷：非同级财政拨款收入 100 000	收到拨款时财务会计确认非同级财政拨款收入。
预算会计	借：资金结存——货币资金 100 000 贷：非同级财政拨款预算收入 100 000	收到拨款时预算会计同步确认非同级财政拨款预算收入。

（二）年末结转的会计处理

【例题7-19·实操题】 B事业单位年末结转。已知本年累计收到非同级财政拨款资金共200 000元，其中专项资金50 000元，非专项资金150 000元。

【解析】账务处理如下：

年末结转会计分录		核算要点精讲
财务会计	借：非同级财政拨款收入 200 000 贷：本期盈余 200 000	财务会计期末将收入类科目余额转入净资产类科目。
预算会计	借：非同级财政拨款预算收入 200 000 贷：非财政拨款结转——本年收支结转 50 000 其他结余 150 000	预算会计年末将预算收入类科目余额转入预算结余类科目。

第八节　投资预算收益业务核算

一、投资预算收益的核算内容

投资预算收益核算事业单位取得的按照规定纳入部门预算管理的属于投资收益性质的现金流入，包括股权投资收益、出售或收回债券投资所取得的收益和债券投资利息收入。其中，股权投资收益包括事业单位收到的被投资企业向股东分配的现金股利或利润以及事业单位转让股权投资取得的现金净收入，再扣除原投资支出后的差额。出售或收回债券投资所取得的收益是指出售或收回债券投资所得的现金净收入，再扣除原投资支出后的差额。若出售债券投资的现金净收入扣除原投资支出结果为负数，则事业单位取得的即为负的投资预算收益。

【延伸思考1】 投资预算收益与附属单位上缴预算收入有何区别？

解读：事业单位的附属单位中，有些已经转为企业法人。这类企业上缴事业单位的收入是附属单位上缴预算收入还是投资预算收益，要看事业单位与其所属的企业法人之间的产权关系及经济关系。如果事业单位与所属企业法人在产权、资产、职工福利等方面没有厘清，事业单位还承担着所属企业的职工福利、负债偿还，或者还由所属企业化单位免费使用事业单位资产等，那么事业单位所属的企业上缴的这部分收入就是事业单位的附属单位上缴预算收入；如果事业单位与其举办的企业或单位之间产权明晰、财务上各自独立，事业单位与所属企业或单位是投资与被投资关系，事业单位所属单位上缴的收入性质是因为投资关系而向投资者分配的企业利润，则属于事业单位的投资预算收益。

【延伸思考2】“投资预算收益”科目核算的难点是什么？

解读：“投资预算收益”科目与财务会计下的“短期投资”“长期债券投资”“长期股权投资”“应收利息”“应收股利”“应缴财政款”“投资收益”等科目关联度较高，在案例中一般会同时出现，学习时需要注重科目之间的因果关系，科目使用的前提条件等，这些正是本科目核算的难点所在。

二、主要业务核算举例

（一）出售或到期收回本年度取得的短期、长期债券投资

【例题7-20·实操题】B事业单位2021年8月到期收回当年投资的债券，收到本息金额合计55 000元，存入单位银行账户。已知购买成本为50 000元。

【解析】账务处理如下：

会计分录		核算要点精讲
（1）购买债券投资时		
财务会计	借：短期投资　50 000 　贷：银行存款　50 000	财务会计资产形态从现金资产变化为投资资产。
预算会计	借：投资支出　50 000 　贷：资金结存——货币资金　50 000	预算会计确认投资支出。
（2）收回债券投资时取得的投资收益		
财务会计	借：银行存款　55 000 　贷：短期投资　50 000 　　　投资收益　5 000	财务会计确认投资收益。
预算会计	借：资金结存——货币资金　55 000 　贷：投资支出　50 000 　　　投资预算收益　5 000	预算会计同步确认投资预算收益。

（二）出售或到期收回以前年度取得的短期、长期债券投资

【例题7-21·实操题】B事业单位2021年8月到期收回2020年度投资的债券，收

到本息金额合计 55 000 元，存入单位银行账户。已知购买成本为 50 000 元。

【解析】 账务处理如下：

会计分录		核算要点精讲
（1）购买债券投资时		
财务会计	借：短期投资 50 000 　贷：银行存款 50 000	财务会计资产形态从现金资产变化为投资资产。
预算会计	借：投资支出 50 000 　贷：资金结存——货币资金 50 000	预算会计确认投资支出。
（2）2020 年末结转		
财务会计	不做账务处理	财务会计不做处理。
预算会计	借：其他结余 50 000 　贷：投资支出 50 000	预算会计年末结转将预算支出类科目余额转入预算结余类科目。
（3）2021 年收回债券投资时取得的投资收益		
财务会计	借：银行存款 55 000 　贷：短期投资 50 000 　　　投资收益 5 000	财务会计确认投资收益。
预算会计	借：资金结存——货币资金 55 000 　贷：其他结余 50 000 　　　投资预算收益 5 000	预算会计同步确认投资预算收益，注意注销的是其他结余不是投资支出。

（三）持有的短期投资以及分期付息、一次还本的长期债券投资收到的利息

【例题 7 - 22·实操题】 B 事业单位 2021 年 8 月使用单位闲置资金投资三年期国债，按月付息，到期还本。当月收到债券投资利息 5 000 元，存入单位银行账户。

【解析】 账务处理如下：

会计分录		核算要点精讲
（1）持有期间按月确认应收未收利息		
财务会计	借：应收利息 5 000 　贷：投资收益 5 000	财务会计通过应收未收利息确认投资收益。
预算会计	不做账务处理	预算会计不做处理。
（2）收到利息收入		
财务会计	借：银行存款 5 000 　贷：应收利息 5 000	财务会计通过应收未收利息确认投资收益。
预算会计	借：资金结存——货币资金 5 000 　贷：投资预算收益 5 000	预算会计在实际收到利息时确认投资预算收益。

（四）持有长期股权投资取得被投资单位分派的现金股利或利润

【例题 7－23·实操题】B 事业单位 2021 年 8 月收到被投资单位利润分红 50 000 元，存入单位银行账户。已知 B 事业单位采用成本法核算该笔长期股权投资。

【解析】账务处理如下：

会计分录		核算要点精讲
（1）被投资单位宣告分派现金股利或利润		
财务会计	借：应收股利　50 000 　贷：投资收益　50 000	财务会计通过应收未收股利确认投资收益。
预算会计	不做账务处理	预算会计不做处理。
（2）实际收到被投资单位发放的现金股利或利润		
财务会计	借：银行存款　50 000 　贷：应收股利　50 000	财务会计通过应收未收股利确认投资收益。
预算会计	借：资金结存　50 000 　贷：投资预算收益　50 000	预算会计在实际收到股利时确认投资预算收益。

（五）出售、转让以非货币性资产取得的长期股权投资

【例题 7－24·实操题】B 事业单位 2021 年 8 月经批准处置一笔长期股权投资，收到转让价款 500 000 元。截至资产处置日，该笔长期股权投资账面价值为 480 000 元，尚未领取的现金股利为 10 000 元，发生处置费用 5 000 元。已知该笔长期股权投资为以现金以外的其他资产取得，按照规定将处置时取得的投资收益纳入本单位预算管理。

【解析】账务处理如下：

处置现金以外其他资产取得的长期股权投资会计分录		核算要点精讲
财务会计	借：资产处置费用　480 000 　贷：长期股权投资　480 000 借：银行存款　500 000 　贷：应收股利　10 000 　　　银行存款　5 000 　　　投资收益　5 000 　　　应缴财政款　480 000	财务会计按照取得价款扣减投资账面余额、应收股利和相关税费后的差额确认投资收益，计算过程：500 000－480 000－10 000－5 000＝5 000（元）。
预算会计	借：资金结存——货币资金　150 000 　贷：投资预算收益　150 000	预算会计按照取得价款扣减投资账面余额和相关税费后的差额确认投资预算收益，计算过程：500 000－480 000－5 000＝15 000（元）。

（六）年末结转的会计处理

【例题 7－25·实操题】B 事业单位年末结转。已知本年累计确认投资预算收益共 20 000 元。

【解析】账务处理如下：

年末结转会计分录		核算要点精讲
财务会计	借：投资收益 20 000 　贷：本期盈余 20 000	财务会计期末将收入类科目余额转入净资产类科目。
预算会计	借：投资预算收益 20 000 　贷：其他结余 20 000	预算会计年末将预算收入类科目余额转入预算结余类科目。

第九节　其他预算收入业务核算

一、其他预算收入的核算内容

其他预算收入核算事业单位除财政拨款预算收入、事业预算收入、上级补助预算收入、附属单位上缴预算收入、经营预算收入、债务预算收入、非同级财政拨款预算收入、投资预算收益之外的纳入部门预算管理的现金流入，包括捐赠预算收入、利息预算收入、租金预算收入、现金盘盈收入等。

【延伸思考 1】捐赠预算收入不包括行政事业单位收到的捐赠款项中捐赠人指定其他受赠人的资金；利息预算收入不包括事业单位债券投资取得的债券利息。

【延伸思考 2】其他预算收入核算的难点是什么？

解读：其他预算收入的核算难点在于对需要计入其他预算收入的业务事项进行辨认并加以确认。其他预算收入在定义中以排除和列举的方式描述了科目的适用范围，其他不在此列的预算收入在计入其他预算收入时需要多加考虑。

二、主要业务核算举例

（一）取得其他预算收入的核算

【例题 7－26·实操题】B 事业单位 2021 年 8 月接受某基金会用于专项用途的捐赠款 20 000 元，存入单位银行账户。

【解析】账务处理如下：

收到现金捐赠会计分录		核算要点精讲
财务会计	借：银行存款　20 000 　贷：捐赠收入　20 000	财务会计按照实际收到的金额确认捐赠收入。
预算会计	借：资金结存　20 000 　贷：其他预算收入——捐赠预算收入　20 000	预算会计按照实际收到的金额确认捐赠预算收入。

（二）发现现金盘盈核算

【例题7-27·实操题】 B事业单位2021年8月盘点现金发现盘盈1 000元，经核查无法查明原因，经批准作为单位其他预算收入。

【解析】账务处理如下：

会计分录		核算要点精讲
（1）发现现金盘盈		
财务会计	借：库存现金　1 000 　贷：待处理财产损溢　1 000	财务会计按照溢余金额转入待处理财产损溢。
预算会计	借：资金结存——货币资金　1 000 　贷：其他预算收入——现金盘盈收入　1 000	预算会计确认现金盘盈预算收入。
（2）属于无法查明原因的盘盈，报经批准后		
财务会计	借：待处理财产损溢　1 000 　贷：其他收入　1 000	财务会计转入其他收入。
预算会计	不做账务处理	预算会计不做处理。

（三）收到除捐赠、利息、租金外其他预算收入的核算

【例题7-28·实操题】 B事业单位2019年8月收到科技服务创收成果款20 000元，存入单位银行账户。

【解析】账务处理如下：

收到科技成果转化收入会计分录		核算要点精讲
财务会计	借：银行存款　20 000 　贷：其他收入　20 000	财务会计按照实际收到的金额确认其他收入。
预算会计	借：资金结存　20 000 　贷：其他预算收入　20 000	预算会计按照实际收到的金额确认其他预算收入。

（四）年末结转的会计处理

【例题 7－29·实操题】 B 事业单位年末结转。已知本年累计确认其他预算收入共 200 000 元，其中专项资金 50 000 元，非专项资金 150 000 元。

【解析】 账务处理如下：

年末结转会计分录		核算要点精讲
财务会计	借：其他收入 200 000 　贷：本期盈余 200 000	财务会计期末将收入类科目余额转入净资产类科目。
预算会计	借：其他预算收入 200 000 　贷：非财政拨款结转——本年收支结转 50 000 　　　其他结余 150 000	预算会计年末将预算收入类科目余额转入预算结余类科目。

课程思政

预算收入核算的思政元素

在当前反腐的高压态势下，腐败温床的“小金库”经过多轮清理仍然存在于一些党政机关之中。通过国家颁布实施的新预算法教育引导财务人员进一步增强树立诚信意识、法制意识的会计职业操守，坚持依法照章办事，自觉做到不设“小金库”，不断增强风险意识和自我保护能力，谋求平安职业生涯。

热点思考题

1. 政府单位财政拨款预算收入核算中如何对同级财政与非同级财政进行区分？非同级财政拨款预算收入与事业单位因专业业务活动、辅助活动等取得非同级财政拨款而形成的事业预算收入的差异是什么？

2. 非同级财政拨款预算收入与事业预算收入——非同级财政拨款有何区别？

3. 科学事业单位对合作项目款如何进行账务处理？

4. 事业单位在向金融机构借款过程中支付的银行贷款手续费以及行政事业单位在业务活动中因资金周转困难，从上级部门、其他单位取得的临时借款，是否列作债务预算收入？如不列入应在哪列支？

5. 行政事业单位收到的捐赠款项中捐赠人指定其他受赠人的资金以及事业单位债券投资取得的债券利息是否通过“其他预算收入”科目核算？

课后习题

一、单项选择题

1. 下列各项关于科研事业单位的业务或事项会计处理的表述中，正确的是（　　）。

A. 涉及现金收支的业务采用预算会计核算，不涉及现金收支的业务采用财务会计核算

B. 开展技术咨询服务收取的劳务费（不含增值税）在预算会计下确认为其他预算收入

C. 年度终了，根据本年度财政直接支付预算指标数与本年财政直接支付实际支出数的差额，确认为其他预算收入

D. 财政授权支付方式下年度终了根据代理银行提供的对账单核对无误后注销零余额账户用款额度的余额并于下年初恢复

2. 在预算会计体系中，单位通过（　　）科目核算事业单位按照规定从银行和其他金融机构等借入的、纳入部门预算管理的、不以财政资金作为偿还来源的债务本金。

A. “投资预算收益”　　　　B. “经营预算收入”

C. “债务预算收入”　　　　D. “其他预算收入”

二、多项选择题

1. 下列各项中属于其他预算收入范畴的有（　　）。

A. 捐赠预算收入　　　　B. 利息预算收入

C. 非同级财政拨款预算收入　　　　D. 现金盘盈收入

2. 关于政府单位非财政拨款收支业务，下列表述正确的有（　　）。

A. 对外捐赠现金资产的，预算会计中应计入其他支出

B. 事业活动中涉及增值税的，应按实际收到的金额扣除增值税后的差额确认事业预算收入

C. 取得长期借款时，应按实际取得的借款金额贷记“债务预算收入”科目

D. 从财政专户返还的事业收入，应通过事业收入核算

三、判断题

1. 捐赠预算收入包括行政事业单位已收到的捐赠款项中捐赠人指定其他受赠人的资金。（　　）

2. 利息预算收入包括事业单位债券投资取得的债券利息。（　　）

四、实务操作题

资料：X 大学为财政全额拨款的市属高校，实行国库集中支付和政府采购制度。经当地财政部门核准，X 高校的工资支出和 20 万元以上的物品和服务采购支出实行财政直接支付方式。

（1）2021 年 12 月 10 日，X 高校收到财政国库支付执行机构委托代理银行转来的财

政直接支付入账通知书和工资发放明细表，通知书和明细表中注明的工资支出额为 900 万元，代理银行已将 900 万元划入单位职工个人账户。

（2）2021 年 12 月 16 日，X 高校按照规定的政府采购程序与某供货商签订了一份购买实验设备的合同，合同标的金额为 60 万元。X 高校根据发票验货后，向财政国库支付执行机构提交了财政直接支付申请书，向财政申请支付供货商货款，并收到银行转来的用于支付供货商货款的财政直接支付入账通知书，通知书载明金额为 60 万元。

（3）2021 年 12 月 20 日，收到代理银行转来的财政直接支付通知书，财政直接支付教学楼维修工程款 25 万元。

（4）截至 2021 年 12 月 31 日，X 高校当年财政直接支付的实际支出额为 24 800 万元，当年的预算指标数为 25 300 万元。

要求：根据上述资料编制 X 高校的相关会计分录。

第八章

政府单位预算支出的核算

教学导向

（一）理解政府单位各项预算支出的内涵

（二）领悟政府单位各项预算支出的确认计量

（三）重点掌握政府单位各项预算支出核算操作

预算支出是预算会计的核心要素，《政府会计准则——基本准则》中明确规定“预算支出是指政府会计主体在预算年度内依法发生并纳入预算管理的现金流出”，“一般在实际支付时予以确认，以实际支付的金额计量”。《政府会计制度——行政事业单位会计科目和报表》中将预算支出分为8种主要类型，包括行政支出、事业支出、经营支出、上缴上级支出、对附属单位补助支出、投资支出、债务还本支出和其他支出。本章依据上述文件的基本内容，结合已发布的特殊行业补充规定，通过科目概念分析和业务举例加强对制度的理解。

第一节　行政支出业务核算

一、行政支出的核算内容

行政支出核算行政单位履行其职责实际发生的各项现金流出。

行政单位是指进行国家行政管理、组织经济建设和文化建设、维护社会公共秩序的单位，主要包括国家权力机关、行政机关、司法机关以及实行预算管理的其他机关、政党组织等。

行政单位履行其职责，是行政单位在依法对国家政治、经济和社会公共事务进行管理时履行其应承担的职责和所具有的功能。

【延伸思考1】“行政支出”科目与其他预算支出科目的关系是什么？

解读：“行政支出”“事业支出”“经营支出”“上缴上级支出”“对附属单位补助支出”“投资支出”“债务还本支出”“其他支出”科目构成预算支出类科目的主要内容。其中，“行政支出”科目的核算主体仅包括行政单位履行其职责实际发生的各项现金流出，“事业支出”“经营支出”“上缴上级支出”“对附属单位补助支出”“投资支出”“债务还本支出”科目的核算主体为事业单位，“其他支出”科目的核算主体为行政及事业单位，存在明显差异。

【延伸思考2】如何快速判断资金流出为预算支出？

解读：按照《政府会计制度——行政事业单位会计科目和报表》的规定，“单位对于纳入部门预算管理的现金收支业务，在采用财务会计核算的同时应当进行预算会计核算；对于其他业务，仅需进行财务会计核算”。这在实际上明确了预算会计中预算支出核算的范围。所以，实际判断时可以通过两个步骤来进行：第一步，判断业务是否存在现金流出，如果不是，则不需要进行预算会计核算，仅在财务会计中核算；第二步，如果业务是现金支出，则同时判断其是否纳入部门预算管理，如纳入，则需在预算会计中同步核算。

【延伸思考3】如何判断支出与费用的区别？

解读：预算支出以收付实现制为基础，一般在实际支付时予以确认，以实际支付的金额计量。财务会计中的费用是指报告期内导致政府会计主体净资产减少的、含有服务潜力或者经济利益的经济资源的流出。费用以权责发生制为基础，其确认应该同时满足以下条件：与费用相关的含有服务潜力或者经济利益的经济资源很可能流出政府会计主体；含有服务潜力或者经济利益的经济资源流出会导致政府会计主体资产减少或者负债增加；流出金额能够可靠地计量。

在实务中，预算支出与费用确认不一致的情形分为两类。第一类为确认预算支出但不同时确认费用；第二类为确认费用但不同时确认预算支出。确认预算支出但不同时确认费用的业务发生了纳入部门预算管理的现金流出，但在权责发生制下并不将其确认为费用，如支付应付款项的支出、支付预付账款的支出、为取得存货或政府储备物资等计入物资成本的支出、为购建固定资产等的资本性支出、偿还借款本金支出等。确认费用但不同时确认预算支出的业务发生了权责发生制下应确认的费用，但没有发生纳入部门预算管理的现金流出，如发出存货或政府储备物资等确认的费用、计提的折旧费用和摊销费用、确认的资产处置费用（处置资产价值）、应付款项确认的费用、预付账款确认的费用等。

二、主要业务核算举例

（一）为履职人员计提并支付职工薪酬

【例题8-1·实操题】2021年8月1日，A行政单位计提当月职工工资85 000元

（其中基本工资 30 000 元，津贴补贴 20 000 元，绩效工资 35 000 元），单位承担养老保险 10 000 元，单位承担医疗保险 5 000 元。2021 年 8 月 31 日，以财政直接支付方式发放职工工资，并代扣个人所得税 10 000 元及社会保险费个人部分 5 000 元。

【解析】账务处理如下：

会计分录		核算要点精讲
（1）计提时，按照计算的金额		
财务会计	借：业务活动费用　100 000 　贷：应付职工薪酬——基本工资　30 000 　　——国家统一规定的津贴补贴　20 000 　　——规范津贴补贴（绩效工资）　35 000 　　——社会保险费　15 000	计提职工工资时，按全额计提。 行政单位为实现其职工目标，依法履职或开展专业业务活动及其辅助活动所发生的各项费用，均在“业务活动费用”科目中核算，“单位管理费用”科目仅事业单位使用，需注意区别。
预算会计	不做账务处理	对于无现金流出的业务，“行政支出”科目不做处理。
（2）实际支付职工工资、代扣个人所得税及社会保险费个人部分时		
财务会计	借：应付职工薪酬——基本工资　30 000 　——国家统一规定的津贴补贴　20 000 　——规范津贴补贴（绩效工资）　35 000 　贷：财政拨款收入　70 000 　　其他应交税费　10 000 　　应付职工薪酬——社会保险费　5 000	向职工支付工资时，对尚未缴纳的税款等，需由“应付职工薪酬”科目转入“其他应交税费”科目核算。
预算会计	借：行政支出　70 000 　贷：财政拨款预算收入　70 000	“行政支出”科目的金额为实际支付的部分。
（3）实际缴纳社会保险时		
财务会计	借：应付职工薪酬——社会保险费　20 000 　贷：财政拨款收入　20 000	
预算会计	借：行政支出　20 000 　贷：财政拨款预算收入　20 000	
（4）实际缴纳税款时		
财务会计	借：其他应交税费　10 000 　贷：财政拨款收入　10 000	
预算会计	借：行政支出　10 000 　贷：财政拨款预算收入　10 000	金额为实际缴纳的金额。

（二）为履职发生的外部人员劳务费

【例题 8-2·实操题】2021 年 7 月 10 日，A 行政单位为开展“疫情防控宣传小区行”工作，安排某街道办小区退休老人 20 人编排防疫情景剧，并在单位辖区所在小区展开巡演，为期 40 天。2021 年 8 月 1 日，计提拟向情景剧参演人员发放的劳务费 50 000 元，其中包括个人所得税 5 000 元。2021 年 8 月 31 日，以财政直接支付方式实际支付劳务费及税款。

【解析】 账务处理如下：

会计分录		核算要点精讲
（1）计提时，按照计算的金额		
财务会计	借：业务活动费用 50 000 　贷：其他应付款 50 000	对于计提应发的外部人员劳务费，通过“其他应付款”科目核算。
预算会计	不做账务处理	对于无现金流出的业务，“行政支出”科目不做处理。
（2）实际支付并代扣个人所得税时		
财务会计	借：其他应付款 50 000 　贷：财政拨款收入 45 000 　　　其他应交税费 5 000	向外部人员发放劳务费时，对尚未缴纳的税款等需由“其他应付款”科目转入“其他应交税费”科目核算。
预算会计	借：行政支出 45 000 　贷：财政拨款预算收入 45 000	“行政支出”科目的金额为实际支付给个人的部分。
（3）实际缴纳税款时		
财务会计	借：其他应交税费 5 000 　贷：财政拨款收入 5 000	
预算会计	借：行政支出 5 000 　贷：财政拨款预算收入 5 000	金额为实际缴纳的金额。

（三）为履职发生的预付款项

【例题 8－3·实操题】 2019 年 8 月，A 行政单位为宣传打黑除恶专项治理工作成果，编写完成宣传文稿《打黑除恶永不停歇，专项治理成果初显》，并计划在全市主要车站、码头、公园等公共场所集中宣传，需制作各类大小宣传展牌 100 块。2019 年 8 月 1 日，A 行政单位在全市已中标的宣传展牌制作机构中选择业务精湛的宣传展牌制作机构 M，经商定制作展牌 100 块，A 行政单位预付制作费 9 000 元，待 2019 年 8 月 31 日宣传工作完成后再另行结算补付 1 000 元。A 行政单位所有款项均以财政直接支付方式支付。

【解析】 账务处理如下：

会计分录		核算要点精讲
（1）预付账款支付款项时		
财务会计	借：预付账款 9 000 　贷：财政拨款收入 9 000	按照实际预付的金额，通过“预付账款”科目核算。

会计分录		核算要点精讲
预算会计	借：行政支出　9 000 　贷：财政拨款预算收入　9 000	对于明确的预付款项，预算会计需同步处理。
（2）结算时（补付资金）		
财务会计	借：业务活动费用　10 000 　贷：预付账款　9 000 　　　财政拨款收入　1 000	在预付款项时，预付金额未计入业务活动费用，实际结算时全额计入业务活动费用。
预算会计	借：行政支付　1 000 　贷：财政拨款预算收入　1 000	“行政支出”科目的金额为结算时补付的金额。

（四）为履职购买固定资产

【例题 8-4·实操题】A 行政单位为完善档案保存，提高档案查阅效率，将纸质档案电子化工作确认为 2021 年重点工作之一。为此，A 行政单位 2021 年 8 月 1 日向政府采购指定供应商购买电子扫描仪 5 台，用于单位纸质档案的电子化扫描工作。通过财政直接支付方式支付款项 10 000 元。A 行政单位在实际使用过程中发现，其中一台设备因电源故障无法使用，且市场上已无相同或相近型号产品，无法更换。2021 年 8 月 31 日，经与供应商协商，决定退回故障设备，涉及金额 2 000 元。

【解析】账务处理如下：

会计分录		核算要点精讲
（1）购买扫描仪时		
财务会计	借：固定资产　10 000 　贷：财政拨款收入　10 000	对于购买单价超过 1 000 元，使用期限超过 1 年的设备，作为固定资产管理。
预算会计	借：行政支出　10 000 　贷：财政拨款预算收入　10 000	按实际支付金额核算。
（2）购货退回时		
财务会计	借：财政拨款收入　2 000 　贷：固定资产　2 000	特指当年发生的，跨年度的退回不在此科目核算。
预算会计	借：行政支出　2 000 　贷：财政拨款预算收入　2 000	特指当年发生的，跨年度的退回不在此科目核算。

（五）年末结转

【例题 8-5·实操题】A 行政单位为中央预算单位，因业务开展需要，2021 年使用同级财政资金发生支出 10 000 元，使用非财政专项资金发生支出 20 000 元，使用非财政非专项资金发生支出 5 000 元，2021 年 12 月 31 日年末结转。

【解析】账务处理如下：

年末结转时会计分录		核算要点精讲
预算会计	借：财政拨款结转——本年收支结转 10 000 非财政拨款结转——本年收支结转 20 000 其他结余 5 000 贷：行政支出 35 000	财政拨款结转核算财政款支出。 非财政拨款结转核算非同级财政专项资金支出。 其他结余核算非同级财政非专项资金支出。

第二节　事业支出业务核算

一、事业支出的核算内容

事业支出核算事业单位开展专业业务活动及其辅助活动实际发生的各项现金流出。

事业单位指由政府利用国有资产设立的，从事教育、科技、文化、卫生等活动的社会服务组织，一般是国家设置的带有一定的公益性质的机构，但不属于政府机构。

专业业务活动指事业单位依据本单位特点，发挥专业人才的科技文化知识，向社会提供教育、科技、文化、卫生等公共服务而从事或开展的主要业务活动，如教育事业单位的教学活动、卫生事业单位的医疗活动等。

辅助活动指事业单位开展专业业务活动时，为辅助专业业务活动的开展而提供的其他公共服务活动。

【延伸思考】事业支出与其他预算支出的关系是什么？

解读：事业单位开展专业业务活动及其辅助活动实际发生的各项现金流出在“事业支出”科目中核算，在专业业务活动以及辅助活动以外的其余相关支出如投资、经营活动等，在相应的“投资支出”“经营支出”等科目中核算，需注意区分。

二、主要业务核算举例

（一）为开展业务活动计提并支付职工薪酬

【例题 8-6·实操题】B事业单位是一家军工系列的设计研究院。2021 年 8 月 1 日，计提当月业务部门在职职工工资 90 000 元（其中基本工资 20 000 元，津贴补贴 20 000 元，绩效工资 30 000 元，养老保险 15 000 元，医疗保险 5 000 元），管理部门在职职工工资 45 000 元（其中基本工资 10 000 元，津贴补贴 10 000 元，绩效工资 15 000 元，养老保险 7 500 元，医疗保险 2 500 元），离休人员工资 15 000 元，退休人员工资 15 000 元，当月应缴个人所得税 13 500 元。2021 年 8 月 31 日，通过自有资金以银行存款形式实际支付工资、税款及社会保险费。（假设考虑单位承担社保部分，不考虑社保个人部分。）

【解析】账务处理如下：

会计分录		核算要点精讲
（1）计提时，按照计算的金额		
财务会计	借：业务活动费用　90 000 　　单位管理费用　75 000 　贷：应付职工薪酬——基本工资（含离退休费）　60 000 　　　——国家统一规定的津贴补贴　30 000 　　　——规范津贴补贴（绩效工资）　45 000 　　　——社会保险费　30 000	计提职工工资时，按全额计提。 在事业单位中，管理部门承担的相关薪酬通过“单位管理费用”科目核算，业务部门承担的相关薪酬通过“业务活动费用”科目核算。 事业单位离退休人员计提的工资，通过“应付职工薪酬——基本工资（含离退休费）”科目核算。
预算会计	不做账务处理	对于无现金流出的业务，“事业支出”科目不做处理。
（2）实际支付职工工资、缴纳社会保险费并代扣个人所得税时		
财务会计	借：应付职工薪酬——基本工资（含离退休费）　60 000 　　——国家统一规定的津贴补贴　30 000 　　——规范津贴补贴（绩效工资）　45 000 　　——社会保险费　30 000 　贷：银行存款　151 500 　　　其他应交税费　13 500	向职工支付工资时，对尚未缴纳的税款等，需由“应付职工薪酬”科目转入“其他应交税费”科目核算。
预算会计	借：事业支出　151 500 　贷：资金结存——货币资金　151 500	“事业支出”科目的金额为实际支付给个人的部分。
（3）实际缴纳税款时		
财务会计	借：其他应交税费　13 500 　贷：银行存款　13 500	
预算会计	借：事业支出　13 500 　贷：资金结存——货币资金　13 500	金额为实际缴纳的金额。

（二）为开展业务活动发生的外部人员劳务费

【例题 8－7・实操题】B 事业单位为一家大型科研院所单位，为了解最新科学研究前沿问题，规范学术研究伦理，2021 年 8 月 1 日，邀请知名专家学者前来进行为期一天的“学术研究前瞻与规范”问题专题讲座，按相关规定向该知名专家学者计提并支付劳务费 1 000 元，代扣个人所得税 40 元。2021 年 8 月 31 日，以银行存款形式实际支付劳务费及税款。

【解析】账务处理如下：

会计分录		核算要点精讲
(1) 计提时，按照计算的金额		
财务会计	借：单位管理费用 1 000 贷：其他应付款 960 其他应交税费 40	对于计提应发的外部人员劳务费，通过"其他应付款"科目核算。
预算会计	不做账务处理	对于无现金流出的业务，"事业支出"科目不做处理。
(2) 实际支付时		
财务会计	借：其他应付款 960 贷：银行存款 960	按实际支付金额冲减已挂账的其他应付款。
预算会计	借：事业支出 960 贷：资金结存——货币资金 960	"事业支出"科目的金额为实际支付给个人的部分。
(3) 实际缴纳税款时		
财务会计	借：其他应交税费 40 贷：银行存款 40	
预算会计	借：事业支出 40 贷：资金结存——货币资金 40	金额为实际缴纳的金额。

(三) 为开展业务活动发生的预付款项

【例题 8-8·实操题】B事业单位为一家大型公立三甲医院，是国家区域医疗中心，为了更好地开展疑难危重症诊断工作，2019年经上级部门批准，决定购买大型CT机一台，采购金额为10 000 000元。按照合同约定，B事业单位2019年8月1日向供应商预付款项7 000 000元，由供应商负责采购和安装。2019年8月10日，CT机到货并进行安装工作；8月25日，安装工作完成并验收合格；8月31日，支付结算款2 000 000元，留两年质保金1 000 000元。2021年8月26日，CT机无质量问题，支付质保金1 000 000元。上述款项均通过银行存款支付。

【解析】账务处理如下：

会计分录		核算要点精讲
(1) 支付预付账款时		
财务会计	借：预付账款 7 000 000 贷：银行存款 7 000 000	按照实际预付的金额，通过"预付账款"科目核算。
预算会计	借：事业支出 7 000 000 贷：资金结存——货币资金 7 000 000	对于明确的预付款项，预算会计需同步处理。
(2) CT机到货安装时		
财务会计	借：在建工程 10 000 000 贷：预付账款 7 000 000 应付账款 2 000 000 长期应付款 1 000 000	对于1年以上的质保金，通过"长期应付款"科目核算，1年以内的质保金通过"其他应付款"科目核算。

会计分录		核算要点精讲
预算会计	不做账务处理	
（3）CT机安装完成验收合格时		
财务会计	借：固定资产　10 000 000 　贷：在建工程　10 000 000	安装完成的设备需由在建工程转为固定资产。
预算会计	不做账务处理	
（4）支付结算款时		
财务会计	借：应付账款　2 000 000 　贷：银行存款　2 000 000	
预算会计	借：事业支出　2 000 000 　贷：资金结存——货币资金　2 000 000	
（5）支付质保金时		
财务会计	借：长期应付款　1 000 000 　贷：银行存款　1 000 000	
预算会计	借：事业支出　1 000 000 　贷：资金结存——货币资金　1 000 000	事业支出金额以实际支付金额为准。

（四）为开展业务活动购买物资

【例题8-9·实操题】B事业单位为一家大型科研单位，并牵头开展国家自然科学基金重大研究项目。为支持项目研究开展，2021年8月1日，B事业单位使用国家自然科学基金专项经费购买大猩猩10只，并依托单位动物实验管理中心进行喂养和使用，支付款项100 000元。2021年8月31日，其中1只大猩猩因不符合试验开展要求，退回供应商，金额为10 000元，款项通过银行存款形式支付或收回。

【解析】账务处理如下：

会计分录		核算要点精讲
（1）购买大猩猩时		
财务会计	借：业务活动费用　100 000 　贷：银行存款　100 000	科学研究单位为开展科学试验发生的费用通过“业务活动费用”科目核算。对于购买的物品应资本化或费用化，需判断所购物品的价值和使用期限及形态。 大猩猩等试验用品不符合资产定义，应费用化处理。
预算会计	借：事业支出　100 000 　贷：资金结存——货币资金　100 000	按实际支付金额核算。
（2）购货退回时		
财务会计	借：银行存款　10 000 　贷：业务活动费用　10 000	特指当年发生的，跨年度的退回不在此核算。
预算会计	借：资金结存——货币资金　10 000 　贷：事业支出　10 000	特指当年发生的，跨年度的退回不在此核算。

（五）年末结转

【例题 8－10·实操题】B 事业单位因相关业务开展需要，2021 年使用同级财政拨款发生支出 20 000 元，使用非财政专项资金发生支出 10 000 元，使用非财政非专项资金发生支出 5 000 元，2021 年 12 月 31 日年末结转。

【解析】账务处理如下：

年末结转时会计分录		核算要点精讲
预算会计	借：财政拨款结转——本年收支结转　20 000 　非财政拨款结转——本年收支结转　10 000 　其他结余　5 000 贷：事业支出　35 000	财政拨款结转核算财政拨款支出。 非财政拨款结转核算非同级财政专项资金支出。 其他结余核算非同级财政非专项资金支出。

第三节　经营支出业务核算

一、经营支出的核算内容

经营支出核算事业单位在专业业务活动及其辅助活动之外开展非独立核算经营活动实际发生的各项现金流出。

非独立核算通常指没有完整的会计凭证和会计账簿体系，只记录部分经济业务的单位所进行的会计核算。

经营活动指事业单位在专业业务活动及其辅助活动之外开展经营业务的活动。

【延伸思考】经营支出与事业支出的关系是什么？

解读：经营支出与事业支出存在较大差异，难点主要在于如何区分事业单位的专业业务活动、辅助活动及经营活动。相应的业务支出，应考虑业务特点、既往规则以及行业共性，根据实际情况进行判断和处理。

二、主要业务核算举例

（一）为开展经营活动计提并支付职工薪酬

【例题 8－11·实操题】B 事业单位为地矿勘探单位，负责出版全国地矿勘探专业学术杂志，内设有非独立核算的杂志社，B 事业单位将杂志社相关活动列为经营活动（后续案例同），2021 年 8 月 1 日，B 事业单位杂志社计提当月杂志社编辑工资 50 000 元，其中包括个人所得税 5 000 元。2021 年 8 月 31 日，以银行存款形式实际支付工资及税款。

【解析】账务处理如下：

会计分录		核算要点精讲
(1) 计提时，按照计算的金额		
财务会计	借：经营费用 50 000 贷：应付职工薪酬 50 000	计提职工工资时，按全额计提。
预算会计	不做账务处理	对于无现金流出的业务，“经营支出”科目不做处理。
(2) 实际支付职工工资并代扣个人所得税时		
财务会计	借：应付职工薪酬 50 000 贷：银行存款 45 000 其他应交税费 5 000	向职工支付工资时，对尚未缴纳的税款等，需由“应付职工薪酬”科目转入“其他应交税费”科目核算。
预算会计	借：经营支出 45 000 贷：资金结存 45 000	“经营支出”科目的金额为实际支付给个人的部分。
(3) 实际缴纳税款时		
财务会计	借：其他应交税费 5 000 贷：银行存款 5 000	
预算会计	借：经营支出 5 000 贷：资金结存 5 000	金额为实际缴纳的金额。

（二）为开展经营活动发生的外部人员劳务费

【例题 8－12·实操题】B 事业单位为地矿勘探单位，负责出版全国地矿勘探专业学术杂志，内设有非独立核算的杂志社。2021 年 7 月，杂志社收到投稿 200 篇，通过单位外审稿专家完成全部投稿文章的审核工作。2021 年 8 月 1 日，计提向单位外部审稿专家人员发放的劳务费 20 000 元，其中包括个人所得税 2 000 元。2021 年 8 月 31 日，以银行存款形式实际支付劳务费及税款。

【解析】账务处理如下：

会计分录		核算要点精讲
(1) 计提时，按照计算的金额		
财务会计	借：经营费用 20 000 贷：其他应付款 20 000	对于计提应发的外部人员劳务费，通过“其他应付款”科目核算。
预算会计	不做账务处理	对于无现金流出的业务，“经营支出”科目不做处理。

<table>
<tr><th colspan="2">会计分录</th><th>核算要点精讲</th></tr>
<tr><td colspan="3">（2）实际支付并代扣个人所得税时</td></tr>
<tr><td>财务会计</td><td>借：其他应付款　20 000
　贷：银行存款　18 000
　　　其他应交税费　2 000</td><td>向外部人员发放劳务费时，对尚未缴纳的税款等，需由“其他应付款”科目转入“其他应交税款”科目核算。</td></tr>
<tr><td>预算会计</td><td>借：经营支出　18 000
　贷：资金结存——货币资金　18 000</td><td>“经营支出”科目的金额为实际支付给个人的部分。</td></tr>
<tr><td colspan="3">（3）实际缴纳税款时</td></tr>
<tr><td>财务会计</td><td>借：其他应交税费　2 000
　贷：银行存款　2 000</td><td></td></tr>
<tr><td>预算会计</td><td>借：经营支出　2 000
　贷：资金结存　2 000</td><td>金额为实际缴纳的金额。</td></tr>
</table>

（三）为开展经营活动发生的预付款项

【例题 8－13·实操题】B事业单位为地矿勘探单位，负责出版全国地矿勘探专业学术杂志，内设有非独立核算的杂志社。为便利杂志审稿需要，B事业单位杂志社购买专用审稿系统，价格为 100 000 元。2021 年 8 月 1 日，按照合同约定预付 50%款项；8 月 15 日，系统完成安装和验收工作；8 月 31 日，支付剩余 50%款项，款项均以银行存款形式支付。

【解析】账务处理如下：

<table>
<tr><th colspan="2">会计分录</th><th>核算要点精讲</th></tr>
<tr><td colspan="3">（1）支付预付账款时</td></tr>
<tr><td>财务会计</td><td>借：预付账款　50 000
　贷：银行存款　50 000</td><td>按照实际预付的金额，通过“预付账款”科目核算。</td></tr>
<tr><td>预算会计</td><td>借：经营支出　50 000
　贷：资金结存　50 000</td><td>对于明确的预付款项，预算会计需同步处理。</td></tr>
<tr><td colspan="3">（2）结算时（补付资金）</td></tr>
<tr><td>财务会计</td><td>借：无形资产　100 000
　贷：预付账款　50 000
　　　银行存款　50 000</td><td>实际结算时金额计入无形资产。</td></tr>
<tr><td>预算会计</td><td>借：经营支出　50 000
　贷：资金结存——货币资金　50 000</td><td>“经营支出”科目的金额为结算时补付的金额。</td></tr>
</table>

【例题 8－14·实操题】续上例，B事业单位杂志社购买专用审稿系统，价格为 100 000 元。2021 年 8 月 1 日，按照合同约定预付 100%款项；8 月 10 日，系统完成安装和验收工作。9 月 10 日，B事业单位使用时发现部分功能未达到设计要求但不影响使用。问题反馈至软件供应商处后，经协商，软件供应商退回 5%的款项。款项均通过银行存款支

付或收回。

【解析】账务处理如下：

会计分录			核算要点精讲
（1）支付预付账款时			
财务会计	借：预付账款 　贷：银行存款	100 000 　100 000	按照实际预付的金额，通过“预付账款”科目核算。
预算会计	借：经营支出 　贷：资金结存——货币资金	100 000 　100 000	对于明确的预付款项，预算会计需同步处理。
（2）无形资产入库时			
财务会计	借：无形资产 　贷：预付账款	100 000 　100 000	完成安装验收后确认无形资产。
预算会计	不做账务处理		无资金流出时预算会计不做账务处理。
（3）发生资金退回时			
财务会计	借：银行存款 　贷：无形资产	10 000 　10 000	
预算会计	借：资金结存——货币资金 　贷：经营支出	10 000 　10 000	对于退回的资金，需冲减已计入的经营支出。

【例题 8-15·实操题】续上例，B事业单位杂志社为学习了解全国专业杂志举办情况，派遣员工参加于北京举行的2019年全国杂志专业研讨会。按研讨会相关要求，B事业单位2021年8月1日向研讨会举办机构支付参会费1 000元，员工8月3—5日前往参会，8月10日报销交通费和住宿费合计1 500元。款项均以银行存款支付。

【解析】账务处理如下：

会计分录			核算要点精讲
（1）暂付款项时			
财务会计	借：其他应收款 　贷：银行存款	1 000 　1 000	对于暂付款项，通过“其他应收款”科目核算。
预算会计	不做账务处理		对于暂付款项，在支付款项时可不做预算会计处理。
（2）结算或报销时			
财务会计	借：经营费用 　贷：其他应收款 　　　银行存款	2 500 　1 000 　1 500	以实际报销金额确定费用科目金额。
预算会计	借：经营支出 　贷：资金结存——货币资金	2 500 　2 500	暂付款项，结算或报销时进行预算会计处理。

（四）为开展经营活动购买物资

【例题 8-16·实操题】续上例，B事业单位杂志社为开展杂志经营活动，2021年8

月 1 日，购买中性笔 20 盒，支付款项 800 元，2021 年 8 月 31 日，其中一部分因质量问题退回，金额 100 元。款项均通过银行存款支付或收回。

【解析】 账务处理如下：

会计分录		核算要点精讲
（1）购买办公用品时		
财务会计	借：经营费用 800 贷：银行存款 800	
预算会计	借：经营支出 800 贷：资金结存——货币资金 800	按实际支付金额核算。
（2）购货退回时		
财务会计	借：银行存款 100 贷：经营费用 100	特指当年发生的，跨年度的退回不在此核算。
预算会计	借：经营支出 100 贷：资金结存——货币资金 100	特指当年发生的，跨年度的退回不在此核算。

（五）年末结转

【例题 8－17·实操题】 A 事业单位因经营活动需要，2019 年发生经营支出 100 000 元，2021 年 12 月 31 日年末结转。

【解析】 账务处理如下：

年末结转会计分录		核算要点精讲
预算会计	借：经营结余 100 000 贷：经营支出 100 000	经营支出结转通过“经营结余”科目核算。

第四节　上缴上级支出和对附属单位补助支出业务核算

一、上缴上级支出和对附属单位补助支出的核算内容

上缴上级支出是指事业单位按照财政部门和主管部门的规定上缴上级单位款项发生的现金流出。对附属单位补助支出指事业单位用财政拨款预算收入之外的收入对附属单位补助发生的现金流出。

财政部门是指国家行政机关中负责财政管理工作的机构，如财政部、财政厅等。

主管部门是负责事业单位业务管理的部门。上级单位是可对事业单位行使管理权的单位。

附属单位是事业单位举办的具备独立法人资质、独立核算的单位。

【延伸思考】上缴上级支出与对附属单位补助支出的关系是什么？

解读：上缴上级支出与对附属单位补助支出的核算主体通常为上下级关系。事业单位以财政拨款以外的资金对附属单位的支出在对附属单位补助支出中核算。附属单位按照规定需向上级单位上缴的资金支出为上缴上级支出。

二、主要业务核算举例

（一）按规定向上级单位上缴资金

【例题 8-18·实操题】2020 年 8 月，B 事业单位的主管部门和财政部门共同商议确定，B 事业单位按每年财政拨款及专项资金以外其他资金形成的收入总额的 5%上缴收入。2021 年 12 月 31 日，B 事业单位报表显示其财政拨款及专项资金以外其他资金收入总额为 1 000 000 元，计算并计提当月应上缴上级资金 50 000 元；2021 年 12 月 31 日，实际支付应上缴资金。款项均通过银行存款支付。

【解析】账务处理如下：

会计分录		核算要点精讲
（1）按照规定计算出应当上缴的金额		
财务会计	借：上缴上级费用　50 000 　贷：其他应付款　50 000	对于应付的上缴上级费用，通过“其他应付款”科目核算。
预算会计	不做账务处理	对于无现金流出的业务，“上缴上级支出”科目可不做处理。
（2）实际上缴应缴的金额		
财务会计	借：其他应付款　50 000 　贷：银行存款等　50 000	
预算会计	借：上缴上级支出　50 000 　贷：资金结存——货币资金　50 000	“上缴上级支出”科目的金额为实际上缴的资金金额。

（二）向附属单位补助资金

【例题 8-19·实操题】B 事业单位为一家大型地理信息勘测机构，为解决年轻职工顾虑，提高职工工作积极性，专门举办附属幼儿园，解决职工的托儿困境。B 事业单位为支持附属幼儿园建设，更新园内幼儿学习设施，2021 年 8 月 1 日，经研究决定向其支付补助资金 200 000 元，用于更新安全桌椅、滑滑梯设施，款项通过银行存款支付。

【解析】账务处理如下：

补助资金会计分录		核算要点精讲
财务会计	借：对附属单位补助费用 200 000 　贷：银行存款 200 000	
预算会计	借：对附属单位补助支出 200 000 　贷：资金结存——货币资金 200 000	“对附属单位补助支出”科目的金额为实际补助资金金额。

（三）年末结转

【例题 8-20·实操题】 B 事业单位 2021 年按规定上缴上级单位资金 50 000 元，向附属单位补助资金 10 000 元，2021 年 12 月 31 日年末结转。

【解析】 账务处理如下：

年末结转会计分录		核算要点精讲
预算会计	借：其他结余 60 000 　贷：上缴上级支出 50 000 　　对附属单位补助支出 10 000	上缴上级支出和对附属单位补助支出年末结转，通过“其他结余”科目进行。

第五节　投资支出业务核算

一、投资支出的核算内容

投资支出是指事业单位以货币资金对外投资发生的现金流出。

【延伸思考】 投资支出理解与运用的重难点首先在于明确投资支出是否符合相关规章制度要求。其次，若存在投资收益，需判断是否纳入事业单位预算范畴，不在事业单位预算范畴的投资收益收回处理存在差异。最后，需清楚投资支出中的账面金额与实际收回金额的时间差异，处理也会有不同。

二、主要业务核算举例

（一）以货币资金对外投资

【例题 8-21·实操题】 B 事业单位为环保科研院所，其账面上留存有累计形成的银行资金 50 000 000 元。为盘活资金存量，提高资金效率，B 事业单位经批准决定 2021 年 8 月 1 日购买三年期国债 10 000 000 元，以银行存款支付。

【解析】 账务处理如下：

购买国债会计分录		核算要点精讲
财务会计	借：长期债券投资 10 000 000 贷：银行存款 10 000 000	购买时，按照实际购买的金额记账。
预算会计	借：投资支出 10 000 000 贷：资金结存——货币资金 10 000 000	“投资支出”科目的金额为实际支付购买国债的金额。

（二）出售、对外转让或到期收回本年度以货币资金取得的对外投资

【例题 8－22·实操题】 B事业单位2021年8月10日购买的10 000 000元三个月短期国债于2021年11月10日到期，金额10 500 000元已收入银行（无须上缴）。

【解析】 账务处理如下：

购买国债会计分录		核算要点精讲
财务会计	借：银行存款 10 500 000 贷：短期投资 10 000 000 投资收益 500 000	计提时，按照计算的金额记账。
预算会计	借：资金结存 10 500 000 贷：投资支出 10 000 000 投资预算收益 500 000	投资收益通过“投资预算收益”科目核算。

【例题 8－23·实操题】 B事业单位2019年8月1日购买的三年期国债2022年8月1日到期，款项已收入银行（无须上缴）。

【解析】 账务处理如下：

购买国债会计分录		核算要点精讲
财务会计	借：银行存款 10 500 000 贷：短期投资 10 000 000 投资收益 500 000	计提时，按照计算的金额记账。
预算会计	借：资金结存 10 500 000 贷：其他结余 10 000 000 投资预算收益 500 000	对于非当年的投资收回，需通过“其他结余”科目核算。

（三）年末结转

【例题 8－24·实操题】 B事业单位2019年投资支出30 000元，2021年12月31日年末结转。

【解析】 账务处理如下：

年末结转会计分录		核算要点精讲
预算会计	借：其他结余 30 000 贷：投资支出 30 000	投资支出年末结转，通过“其他结余”科目进行。

第六节　债务还本支出业务核算

一、债务还本支出的核算内容

债务还本支出是指事业单位偿还自身承担的纳入预算管理的从金融机构举借债务本金的现金流出。

【延伸思考】债务还本支出理解与运用的重难点首先在于明确其核算范围为从金融机构取得的借款，对于从其他性质机构取得的借款，不在本科目中核算。其次，本科目核算内容仅包括债务本金，对债务附带的利息在“其他支出”科目核算，不在本科目核算。

二、主要业务核算举例

（一）以货币资金偿还借款

【例题 8－25・实操题】B 事业单位为地质勘探院，为抓住发展机遇，抢先开展某项专业地质勘探工作。2021 年 2 月 1 日，B 事业单位经批准向银行借款 3 000 000 元；2021 年 8 月 1 日，到期偿还本息共计 3 100 000 元，款项以银行存款支付。

【解析】账务处理如下：

偿还借款会计分录				核算要点精讲
财务会计	借：短期借款 　　其他费用 　贷：银行存款	3 000 000 100 000 	 3 100 000	偿还债务时，按照实际偿还的债务本金记账。
预算会计	借：债务还本支出 　　其他支出 　贷：资金结存	3 000 000 100 000 	 3 100 000	“债务还本支出”科目仅核算债务本金，利息不在其中核算。

（二）年末结转

【例题 8－26・实操题】B 事业单位 2021 年偿还向金融机构借款本金 1 000 000 元，2021 年 12 月 31 日年末结转。

【解析】账务处理如下：

年末结转会计分录		核算要点精讲
预算会计	借：其他结余　1 000 000 　贷：债务还本支出　1 000 000	“债务还本支出”科目年末结转，通过“其他结余”科目进行。

第七节　其他支出业务核算

一、其他支出的核算内容

其他支出是指行政单位和事业单位除行政支出、事业支出、经营支出、上缴上级支出、对附属单位补助支出、投资支出、债务还本支出以外的各项现金流出，包括利息支出、对外捐赠现金支出、现金盘亏损失、接受捐赠（调入）和对外捐赠（调出）非现金资产发生的税费支出、资产置换过程中发生的相关税费支出、罚没支出等。

【延伸思考】“其他支出”科目与“其他预算支出”科目有何区别？

解读：“其他支出”科目核算主体包括行政单位和事业单位；“行政支出”科目核算主体仅包括行政单位；“事业支出”“经营支出”“上缴上级支出”“对附属单位补助支出”“投资支出”“债务还本支出”科目核算主体仅包括事业单位。对于能明确归入“行政支出”“事业支出”等科目的不得随意纳入“其他支出”科目核算。

二、主要业务核算举例

（一）利息支出

【例题8－27·实操题】B事业单位为一所高等职业技术院校，为进一步提高职业技术实践水平，拟购买专门机床。2021年2月1日，经批准向银行借款3 000 000元；2021年8月1日，到期偿还本息共计3 100 000元，款项以银行存款支付。

【解析】偿还债务时，按照实际偿还的债务本金记账，账务处理如下：

财务会计分录：

借：短期借款　3 000 000

　　其他费用　100 000

　贷：银行存款　3 100 000

预算会计分录：

借：债务还本支出　　3 000 000
　其他支出　　100 000
　贷：资金结存——货币资金　　3 100 000

（二）对外捐赠现金资产

【例题8-28·实操题】B事业单位为大型公立医院，为支持健康中国战略，响应医疗扶贫号召，2021年8月1日，经批准向对口帮扶的偏远山区人民医院捐赠医疗人员培训基金50 000元，款项以银行存款支付。

【解析】捐赠时，按照捐赠的金额记账，账务处理如下：

财务会计分录：

借：其他费用　　50 000
　贷：银行存款　　50 000

预算会计分录：

借：其他支出　　50 000
　贷：资金结存——货币资金　　50 000

（三）现金盘亏损失

【例题8-29·实操题】B事业单位为高等学校，按照学校内部控制管理规范要求，2021年8月1日，突击进行单位出纳岗位现场盘点工作，发现现金短款520元。

【解析】发现现金短款时，账务处理如下：

财务会计分录：

借：待处理财产损溢　　520
　贷：库存现金　　520

预算会计分录：

借：其他支出　　520
　贷：资金结存——货币资金　　520

（四）接受捐赠（无偿调入）和对外捐赠（无偿调出）非现金资产发生的税费支出

【例题8-30·实操题】A行政单位为教育部门，2021年8月1日，某教育基金会与A行政单位达成协议，捐赠教学投影仪、桌椅等相关设备一批，协议约定发生的相关税费及运输费由A行政单位承担，金额10 000元。款项以财政直接支付方式支付。

【解析】账务处理如下：

接受捐赠支出税费运输费会计分录		核算要点精讲
财务会计	借：其他费用　10 000 　贷：财政拨款收入　10 000	
预算会计	借：其他支出　10 000 　贷：财政拨款预算收入　10 000	按实际支付金额核算。

（五）年末结转

【例题 8－31·实操题】 B 事业单位 2021 年发生其他支出 50 000 元，其中涉及非财政专项资金 20 000 元，非财政非专项资金 30 000 元，2021 年 12 月 31 日年末结转。

【解析】 账务处理如下：

年末结转会计分录		核算要点精讲
预算会计	借：其他结余　30 000 　非财政拨款结转——本年收支结转　20 000 　贷：其他支出　50 000	其他支出中，非财政非专项资金支出的部分通过“其他结余”科目结转，非财政专项资金支出的部分通过“非财政拨款结转——本年收支结转”科目结转。

课程思政

预算支出核算的思政元素

行政事业单位使用的是国家财政资金，资金使用的规范性和安全性的要求比较高。财务是反腐倡廉、制度把关的“第一关”，也是资金保障、服务中心的“第一线”。这就要求财务人员要有正确的价值观，廉洁自律，将会计职业道德的要求内化于心、外化于形，这是每个财务人员必备的职业修养。

热点思考题

1. 政府单位如何快速判断资金流出为预算支出？

2. 政府单位如何判断支出与费用的区别？

3. 事业单位按月向生活困难的在职职工和困难遗属发放补助，预算会计分录应记入哪个科目核算？支付在职人员的加班产生的餐费、误餐支出呢？

4. 事业单位偿还借款本金和利息是否都计入债务还本支出？

5. 对附属单位补助支出属于事业单位“长期股权投资”科目的核算内容吗？

课后习题

一、单项选择题

1. 下列各项预算支出中，仅包括行政单位履行其职责实际发生的各项现金流出的是（　　）。

A. 行政支出　　　　B. 经营支出

C. 对附属单位补助支出　　D. 债务还本支出

2. 在预算会计体系中，单位通过（　　）科目核算事业单位偿还自身承担的纳入预算管理的从金融机构举借债务本金的现金流出。

A. “上缴上级支出”　　B. “对附属单位补助支出”

C. “债务还本支出”　　D. “其他预算支出”

二、多项选择题

1. 下列各项中属于其他预算支出范畴的有（　　）。

A. 对外捐赠现金支出　　B. 利息支出

C. 投资支出　　D. 资产置换过程中发生的税费支出

2. 下列各项中属于行政事业单位共有的预算支出的有（　　）。

A. 对外捐赠现金支出　　B. 利息支出

C. 现金盘亏损失　　D. 资产置换过程中发生的税费支出

三、判断题

1. “债务还本支出”科目核算内容既包括债务本金，也包括对债务附带的利息支出。（　　）

2. 上缴上级支出与对附属单位补助支出的核算主体通常为上下级关系。事业单位以财政拨款以外的资金对附属单位的支出在对附属单位补助支出中核算。附属单位按照规定需向上级单位上缴的资金支出为上缴上级支出。（　　）

四、实务操作题

资料：2×21 年 12 月，北京某高校发生下列业务：

(1) 12 月 3 日，以现金 120 000 元偿还 D 公司借款本息，其中利息为 20 000 元。

(2) 12 月 20 日，向中国红十字会捐款 100 000 元。

(3) 12 月 25 日，支出环保罚款 2 0000 元。

(4) 12 月 28 日，接受校友捐赠的现金资产 120 000 元，并支付相关税费 2 000 元。

(5) 年末结转。

要求：按照时间顺序编制该项业务的相关会计分录。

第九章

政府单位预算结余的核算

教学导向

（一）理解政府单位各项预算结余的内涵

（二）领悟政府单位各项预算结余的确认计量

（三）重点掌握政府单位各项预算结余核算操作

《政府会计准则——基本准则》中明确规定“预算结余是指政府会计主体预算年度内预算收入扣除预算支出后的资金余额，以及历年滚存的资金余额”，“预算结余包括：结余资金和结转资金”，“结余资金是指年度预算执行末了，预算收入实际完成数扣除预算支出和结转资金后剩余的资金”，“结转资金是指预算安排项目的支出年末尚未执行完毕或者因故未执行，且下年需要按原用途继续使用的资金”。《政府会计制度——行政事业单位会计科目和报表》中将预算结余类会计业务按照政府会计主体资金结转结余情况划分为 9 大类，包括资金结存、财政拨款结转、财政拨款结余、非财政拨款结转、非财政拨款结余、专用结余、经营结余、其他结余、非财政拨款结余分配等。本章依据上述文件的基本内容，结合已发布的特殊行业补充规定，通过科目概念分析和业务举例加强对制度的理解。

第一节　资金结存业务核算

一、资金结存的核算内容

资金结存核算行政事业单位纳入部门预算管理的资金的流入、流出、调整和滚存等情况。

【延伸思考】一般情况下财务会计的库存现金、银行存款、其他货币资金、零余额账户用款额度以及财政应返还额度的相关业务均属于资金结存的核算范围。在预算会计实操层面，资金结存与预算收入、预算支出、预算结余之间的对应关系，使预算会计账户之间进行借贷平衡记账得以实现。

二、主要业务核算举例

（一）预算资金流入的账务处理

1. 财政授权支付方式取得的预算收入

【例题9-1·实操题】 B事业单位2021年8月1日收到代理银行转来的财政授权支付额度到账通知书，通知书中注明的月度授权支付额度为500 000元。

【解析】 会计分录如下：

收到财政授权支付额度到账通知书		核算要点精讲
财务会计	借：零余额账户用款额度 500 000 贷：财政拨款收入 500 000	收到财政拨款资金，确认财政拨款收入。
预算会计	借：资金结存——零余额账户用款额度 500 000 贷：财政拨款预算收入 500 000	资金流入，借记“资金结存”科目。

【延伸思考】 财政直接支付方式取得的预算收入，不存在资金流入行政事业单位的情况，故不属于“资金结存”科目核算范围。

2. 收到调入的财政拨款结转资金

【例题9-2·实操题】 B事业单位2021年8月1日收到代理银行转来的财政授权支付额度到账通知书，通知书中注明从其他单位调入财政拨款结转资金500 000元。

【解析】 会计分录如下：

收到从其他单位调入的财政拨款结转资金		核算要点精讲
财务会计	借：零余额账户用款额度 500 000 贷：累计盈余 500 000	收到调入财政拨款结转资金时，确认累计盈余。
预算会计	借：资金结存——零余额账户用款额度 500 000 贷：财政拨款结转——归集调入 500 000	资金流入，借记“资金结存”科目。

3. 收到调入的财政拨款结转资金

【例题9-3·实操题】 B事业单位2021年度财政直接支付预算指标数与当年财政直接支付实际支出数的差额为500 000元。

【解析】 会计分录如下：

本年度未下达的预算指标数		核算要点精讲
财务会计	借：财政应返还额度——财政直接支付 500 000 贷：财政拨款收入 500 000	年度未下达预算指标数确定时，确认财政拨款收入。
预算收入	借：资金结存——财政应返还额度 500 000 贷：财政拨款预算收入 500 000	资金流入，借记“资金结存”科目。

4. 国库集中支付以外的其他支付方式取得的预算收入

【例题9-4·实操题】B事业单位2021年8月1日以银行存款转账方式取得财政拨款收入100 000元。

【解析】会计分录如下：

以银行存款转账方式取得预算收入		核算要点精讲
财务会计	借：银行存款 100 000 贷：财政拨款收入 100 000	收到款项时确认财政拨款收入。
预算会计	借：资金结存——货币资金 100 000 贷：财政拨款预算收入 100 000	资金流入，借记“资金结存”科目。

（二）预算资金流出的账务处理

1. 财政授权支付方式下的预算支出

【例题9-5·实操题】B事业单位2021年8月1日使用本年度财政授权支付额度购买物资300 000元。

【解析】会计分录如下：

使用本年度财政支付额度支出		核算要点精讲
财务会计	借：库存物品 300 000 贷：零余额账户用款额度 300 000	授权支付款项时，贷记“零余额账户用款额度”科目。
预算会计	借：事业支出 300 000 贷：资金结存——零余额账户用款额度 300 000	资金流出，贷记“资金结存”科目。

【例题9-6·实操题】B事业单位2021年8月10日收到退回的使用本年度财政支付额度购买物资款项300 000元。

【解析】会计分录如下：

收到使用本年度财政支付额度款项的退回		核算要点精讲
财务会计	借：零余额账户用款额度 300 000 贷：库存物品 300 000	收到款项时，借记“零余额账户用款额度”科目。
预算会计	借：资金结存——零余额账户用款额度 300 000 贷：事业支出 300 000	资金流入，借记“资金结存”科目。

2. 以前年度财政直接支付方式的预算支出

【例题9-7·实操题】B事业单位2021年8月1日使用以前年度财政直接支付额度购买大型设备，支付款项500 000元。

【解析】会计分录如下：

使用以前年度财政直接支付额度支出		核算要点精讲
财务会计	借：固定资产 500 000 贷：财政应返还额度 500 000	支付款项时，贷记“财政应返还额度”科目。
预算会计	借：事业支出 500 000 贷：资金结存——财政应返还额度 500 000	资金流出，贷记“资金结存”科目。

【例题 9-8 · 实操题】 B 事业单位 2021 年 8 月 10 日收到退回的使用以前年度财政直接支付额度购买大型设备款项 500 000 元。

【解析】 会计分录如下：

收到退回的使用以前年度财政直接支付的款项		核算要点精讲
财务会计	借：财政应返还额度 500 000 贷：以前年度盈余调整 500 000	收到款项时，借记“财政应返还额度”科目。
预算会计	借：资金结存——财政应返还额度 500 000 贷：财政拨款结转 500 000	资金流入，借记“资金结存”科目。

【例题 9-9 · 实操题】 B 事业单位 2021 年 8 月 10 日收到退回的使用以前年度财政授权支付购买大型设备款项 500 000 元。

【解析】 会计分录如下：

收到退回的使用以前年度财政授权支付的款项		核算要点精讲
财务会计	借：零余额账户用款额度 500 000 贷：以前年度盈余调整 500 000	收到款项时，借记“零余额账户用款额度”科目。
预算会计	借：资金结存——零余额账户用款额度 500 000 贷：财政拨款结转 500 000	资金流入，借记“资金结存”科目。

3. 非国库集中支付方式的预算支出

【例题 9-10 · 实操题】 B 事业单位 2021 年 8 月 1 日以银行存款转账方式购买大型设备，支付 100 000 元。

【解析】 会计分录如下：

以非国库集中支付方式支出		核算要点精讲
财务会计	借：固定资产 100 000 贷：银行存款 100 000	支付款项时，贷记“银行存款”“库存现金”等科目。
预算会计	借：事业支出 100 000 贷：资金结存——货币资金 100 000	资金流出，贷记“资金结存”科目。

4. 上缴财政结转结余资金

【例题 9-11 · 实操题】 B 事业单位 2021 年 8 月 1 日按照规定上缴财政拨款结转结余资金 1 000 000 元，其中，结转资金 500 000 元，结余资金 500 000 元。

【解析】会计分录如下：

上缴财政拨款结转结余资金		核算要点精讲
财务会计	借：累计盈余　1 000 000 　贷：财政应返还额度　1 000 000	上缴款项时冲减累计盈余。
预算会计	借：财政拨款结转——归集上缴　500 000 　　财政拨款结余——归集上缴　500 000 　贷：资金结存——财政应返还额度　1 000 000	资金流出，贷记“资金结存”科目。

5. 缴回非财政拨款结转资金

【例题 9-12·实操题】B事业单位2021年8月1日按照规定向原资金拨入单位缴回非财政拨款结转资金1 000 000元。

【解析】会计分录如下：

缴回非财政拨款结转结余资金		核算要点精讲
财务会计	借：累计盈余　1 000 000 　贷：银行存款　1 000 000	缴回款项时冲减累计盈余。
预算会计	借：非财政拨款结转——缴回资金　1 000 000 　贷：资金结存——货币资金　1 000 000	资金流出，贷记“资金结存”科目。

6. 使用专用基金的预算支出

【例题 9-13·实操题】根据《关于事业单位提取专用基金比例问题的通知》（财教〔2012〕32号）规定，B事业单位按年度非财政拨款结余的40%计提职工福利基金。2021年8月1日，B事业单位按照规定使用职工福利基金购买价值30 000元的健身器材一批，用于丰富职工业余生活。

【解析】会计分录如下：

使用从非财政拨款结余或经营结余中计提的专用基金		核算要点精讲
财务会计	借：固定资产　30 000 　贷：银行存款　30 000 借：专用基金　30 000 　贷：累计盈余　30 000	使用专用基金购置固定资产支付款项时，借记“专用基金”科目，贷记“累计盈余”科目，同时借记“固定资产”科目，贷记“银行存款”科目。
预算会计	借：专用结余　30 000 　贷：资金结存——货币资金　30 000	资金流出，贷记“资金结存”科目。

【例题 9-14·实操题】B事业单位为一家综合型公立医院，2021年8月1日，按照规定使用计提的医疗风险基金支付诉讼费3 000元。

【解析】会计分录如下：

使用从收入中计提的专用基金		核算要点精讲
财务会计	借：专用基金 3 000 　贷：银行存款 3 000	使用专用基金支付款项时，借记“专用基金”科目，贷记“银行存款”科目。
预算会计	借：事业支出 3 000 　贷：资金结存——货币资金 3 000	资金流出，贷记“资金结存”。

7. 事业单位缴纳所得税

【例题 9-15·实操题】B事业单位2021年8月1日缴纳上年度所得税1 000 000元。

【解析】会计分录如下：

实际缴纳所得税		核算要点精讲
财务会计	借：其他应交税费——应交所得税 1 000 000 　贷：银行存款 1 000 000	实际支付税款时，冲销其他应交税费。
预算会计	借：非财政拨款结余——累计结余 1 000 000 　贷：资金结存——货币资金 1 000 000	资金流出，贷记“资金结存”科目。

（三）预算资金形式转换的账务处理

1. 年末注销财政用款额度

【例题 9-16·实操题】B事业单位2021年12月31日核对代理银行提供的对账单，本年度零余额账户用款额度余额为500 000元，予以注销。

【解析】会计分录如下：

本年度未下达的预算指标数		核算要点精讲
财务会计	借：财政应返还额度——财政授权支付 500 000 　贷：零余额账户用款额度 500 000	注销零余额账户用款额度时，确认财政应返还额度。
预算会计	借：资金结存——财政应返还额度 500 000 　贷：资金结存——零余额账户用款额度 500 000	资金流入，借记“资金结存”科目。

【例题 9-17·实操题】接上例，B事业单位2022年1月1日收到代理银行提供的额度恢复到账通知书，上年度注销的零余额账户用款额度500 000元予以恢复。

【解析】会计分录如下：

恢复上年度零余额账户用款额度		核算要点精讲
财务会计	借：零余额账户用款额度 500 000 　贷：财政应返还额度——财政授权支付 500 000	恢复零余额账户用款额度时，冲销财政应返还额度。
预算会计	借：资金结存——零余额账户用款额度 500 000 　贷：资金结存——财政应返还额度 500 000	资金流入且资金流出，借贷方均记入“资金结存”科目。

2. 从零余额账户提取现金

【例题 9-18·实操题】A行政单位2021年8月1日从零余额账户提取现金10 000

元，用于报销差旅费。

【解析】会计分录如下：

从零余额账户提取现金		核算要点精讲
财务会计	借：库存现金 10 000 　贷：零余额账户用款额度 10 000	提取款项时，贷记“零余额账户用款额度”科目。
预算会计	借：资金结存——货币资金 10 000 　贷：资金结存——零余额账户用款额度 10 000	资金流入且资金流出，借贷方均记入“资金结存”科目。

【例题 9-19·实操题】A 行政单位 2021 年 8 月 2 日将从零余额账户提取的现金 10 000 元退回至账户。

【解析】会计分录如下：

将零余额账户提取现金退回		核算要点精讲
财务会计	借：零余额账户用款额度 10 000 　贷：库存现金 10 000	退回款项时，借记“零余额账户用款额度”科目。
预算会计	借：资金结存——零余额账户用款额度 10 000 　贷：资金结存——货币资金 10 000	资金流入且资金流出，借贷方均记入“资金结存”科目。

第二节　财政拨款结转业务核算

一、财政拨款结转的核算内容

财政拨款结转是指行政事业单位当年预算已执行但尚未完成，或因故未执行，下一年度需要按照原用途继续使用的同级财政拨款结转的滚存资金，主要包括基本支出结转与项目支出结转。基本支出结转指用于行政事业单位基本预算支出的当期和滚存财政拨款结转；项目支出结转指用于行政事业单位项目预算支出，且项目当年已执行但尚未完成形成的当期和滚存财政拨款结转，或项目因故当期未执行，需要推迟到下年执行形成的当期或滚存财政拨款结转。

二、主要业务核算举例

（一）与会计差错更正、以前年度支出收回相关的会计处理

1. 会计差错更正导致以前年度财政拨款结转资金退回

【例题 9-20·实操题】2021 年 8 月 1 日，B 事业单位发现，2020 年漏记零余额账户用款额度 500 000 元，属于 2020 年度财政拨款结转资金，应做出会计差错更正。

【解析】会计分录如下：

会计差错更正增加财政拨款结转年初余额		核算要点精讲
财务会计	借：零余额账户用款额度 500 000 贷：以前年度盈余调整 500 000	以前年度财政拨款结转资金变动，影响以前年度盈余调整。
预算会计	借：资金结存——零余额账户用款额度 500 000 贷：财政拨款结转——年初余额调整 500 000	以前年度财政拨款结转资金变动，影响年初余额调整。

2. 购货退回等以前年度财政拨款结转资金收回

【例题 9－21·实操题】2021 年 8 月 1 日，B 事业单位发现，2020 年发生的一项固定资产采购，因价格有误退回零余额账户用款额度 500 000 元，属于以前年度财政拨款结转资金。

【解析】会计分录如下：

退回零余额账户用款额度		核算要点精讲
财务会计	借：零余额账户用款额度 500 000 贷：以前年度盈余调整 500 000	以前年度财政拨款结转资金变动，影响以前年度盈余调整。
预算会计	借：资金结存——零余额账户用款额度 500 000 贷：财政拨款结转——年初余额调整 500 000	以前年度财政拨款结转资金变动，影响年初余额调整。

（二）与财政拨款结转资金调整业务相关的账务处理

1. 收到调入的财政拨款结转资金

【例题 9－22·实操题】B 事业单位 2021 年 8 月 1 日收到代理银行通知书，通知书上注明收到财政授权支付方式下，从其他单位调入的财政拨款结转资金额度 500 000 元。

【解析】会计分录如下：

收到从其他单位调入的财政拨款结转资金		核算要点精讲
财务会计	借：零余额账户用款额度 500 000 贷：累计盈余 500 000	财政拨款结转资金调入时，增加累计盈余。
预算会计	借：资金结存——零余额账户用款额度 500 000 贷：财政拨款结转——归集调入 500 000	财政拨款结转资金调入时，增加归集调入。

2. 向其他单位调出财政拨款结转资金

【例题 9－23·实操题】B 事业单位 2021 年 8 月 1 日以银行存款转账方式向其他单位调出财政拨款结转资金 300 000 元。

【解析】会计分录如下：

向其他单位调出财政拨款结转资金		核算要点精讲
财务会计	借：累计盈余 300 000 贷：银行存款 300 000	财政拨款结转资金调出时，减少累计盈余。
预算会计	借：财政拨款结转——归集调出 300 000 贷：资金结存——货币资金 300 000	财政拨款结转资金调出时，减少归集调出。

3. 上缴财政拨款结转资金或注销财政拨款结转额度

【例题 9－24·实操题】B事业单位2021年8月1日按规定以银行存款转账方式上缴财政拨款结转资金1 000 000元。

【解析】会计分录如下：

上缴财政拨款结转资金		核算要点精讲
财务会计	借：累计盈余　1 000 000 　贷：银行存款　1 000 000	上缴款项时，减少累计盈余。
预算会计	借：财政拨款结转——归集上缴　1 000 000 　贷：资金结存——货币资金　1 000 000	上缴款项时，增加归集上缴。

4. 单位内部调剂财政拨款结余资金

【例题 9－25·实操题】2021年末，某行政单位经财政部门批准，将以前年度财政拨款结余资金85 000元调整用于本单位未完工的A项目。

【解析】会计分录如下：

经批准调剂财政拨款结余资金		核算要点精讲
财务会计	不做账务处理	调剂结余资金时，财务会计不做账务处理。
预算会计	借：财政拨款结余——单位内部调剂　85 000 　贷：财政拨款结转——单位内部调剂　85 000	调剂结余资金，减少财政拨款结余，增加财政拨款结转。

（三）与年末财政拨款结转和结余业务相关的账务处理

1. 年末结转财政拨款预算收入、财政拨款预算支出

【例题 9－26·实操题】B事业单位2021年末财政拨款预算收入贷方发生额为1 000 000元，事业支出借方发生额为800 000元，其中财政拨款支出为500 000元（本案例仅结转与财政拨款结转相关的部分）。

【解析】会计分录如下：

年末结转财政拨款预算收入与支出		核算要点精讲
财务会计	不做账务处理	财务会计不做账务处理。
预算会计	借：财政拨款预算收入　1 000 000 　贷：财政拨款结转——本年收支结转　1 000 000 借：财政拨款结转——本年收支结转　500 000 　贷：事业支出　500 000	支出结转仅包括财政拨款支出部分。

2. 年末冲销有关明细科目余额

【例题 9－27·实操题】B事业单位2021年末“财政拨款结转——本年收支结转”科目贷方余额20 000元，“财政拨款结转——年初余额调整”科目贷方余额10 000元，

“财政拨款结转——归集调入”科目贷方余额 30 000 元，“财政拨款结转——归集调出”科目借方余额 20 000 元，“财政拨款结转——归集上缴”科目借方余额 30 000 元，“财政拨款结转——单位内部调剂”科目贷方余额 10 000 元。

【解析】会计分录如下：

冲销上述明细科目余额		核算要点精讲
财务会计	不做账务处理	财务会计不做账务处理。
预算会计	借：财政拨款结转——本年收支结转 20 000 ——年初余额调整 10 000 ——归集调入 30 000 ——单位内部调剂 10 000 贷：财政拨款结转——累计结转 70 000 借：财政拨款结转——累计结转 50 000 贷：财政拨款结转——归集调出 20 000 ——归集上缴 30 000	冲销相关明细科目时，均结转至“累计结转”明细科目。

3. 年末项目结余资金结转

【例题 9-28·实操题】B 事业单位 2021 年末 C 项目结余资金 50 000 元按有关规定转入财政拨款结余。

【解析】会计分录如下：

年末结转财政拨款结余资金		核算要点精讲
财务会计	不做账务处理	财务会计不做账务处理。
预算会计	借：财政拨款结转——累计结转 50 000 贷：财政拨款结余——结转转入 50 000	项目结余资金需分析后再认定。

第三节 财政拨款结余业务核算

一、财政拨款结余的核算内容

财政拨款结余是指支出预算工作目标已完成，或由于受政策变化、计划调整等因素影响工作终止，当年剩余的财政拨款资金。

【延伸思考】财政拨款结转和财政拨款结余的主要区别如下：

1. 预算执行情况不同

财政拨款结转是指当年支出预算已执行但尚未完成，或因故未执行的情况下的财政款项。而财政拨款结余就是支出预算工作目标已完成，或由于受政策变化、计划调整等因素影响工作终止的财政款项。

2. 资金的管理不同

财政款结转资金原则上结转下年维续使用，项目支出结转资金结转下年按原用途继续使用。财政拨款结余资金要全部统筹用于编制以后年度部门预算，按预算管理的有关规定，用在该部门相关支出。

3. 用途管理不同

财政拨款结转资金不能随意修改用途，而财政拨款结余资金可以留着作为下年部门其他项目的预算。

二、主要业务核算举例

（一）与会计差错更正、以前年度支出收回相关的会计处理

1. 会计差错更正导致以前年度财政拨款结余资金退回

【例题 9－29·实操题】2021 年 8 月 1 日，B 事业单位发现，2020 年发生会计差错，导致多记零余额账户用款额度 500 000 元，且属于 2020 年度财政拨款结余资金，应做出会计差错更正。

【解析】会计分录如下：

会计差错更正减少以前年度财政拨款结余		核算要点精讲
财务会计	借：以前年度盈余调整　500 000 　贷：零余额账户用款额度　500 000	以前年度财政拨款结余资金变动，影响以前年度盈余调整。
预算会计	借：财政拨款结余——年初余额调整　500 000 　贷：资金结存——零余额账户用款额度 500 000	以前年度财政拨款结余资金变动，影响年初余额调整。

2. 购货退回等以前年度财政拨款结余资金收回

【例题 9－30·实操题】2021 年 8 月 1 日，B 事业单位发现，上年发生的一台大型设备采购，因价格有误，退回零余额账户用款额度 500 000 元，属于以前年度财政拨款结余资金。

【解析】会计分录如下：

退回零余额账户用款额度		核算要点精讲
财务会计	借：零余额账户用款额度　500 000 　贷：以前年度盈余调整　500 000	以前年度财政拨款结余资金变动，影响以前年度盈余调整。
预算会计	借：资金结存——零余额账户用款额度 500 000 　贷：财政拨款结余——年初余额调整　500 000	以前年度财政拨款结余资金变动，影响年初余额调整。

（二）与财政拨款结余资金调整业务相关的账务处理

1. 上缴财政拨款结余资金或注销财政拨款结余额度

【例题9-31·实操题】B事业单位2021年8月1日按规定以银行存款转账方式上缴财政拨款结余资金1 000 000元。

【解析】会计分录如下：

上缴财政拨款结余资金		核算要点精讲
财务会计	借：累计盈余 1 000 000 贷：银行存款 1 000 000	上缴款项时，减少累计盈余。
预算会计	借：财政拨款结余——归集上缴 1 000 000 贷：资金结存——货币资金 1 000 000	上缴款项时，增加归集上缴。

2. 单位内部调剂财政拨款结余资金

【例题9-32·实操题】B事业单位2021年末将经财政部门批准的C项目结余资金50 000元调整用于D项目支出。

【解析】会计分录如下：

经批准调剂财政拨款结余资金		核算要点精讲
财务会计	不做账务处理	调剂结余资金时，财务会计不做账务处理。
预算会计	借：财政拨款结余——单位内部调剂 50 000 贷：财政拨款结转——单位内部调剂 50 000	调剂结余资金，减少财政拨款结余，增加财政拨款结转。

（三）与年末财政拨款结转和结余业务相关的账务处理

1. 年末结转财政拨款结余性质的项目金额

【例题9-33·实操题】B事业单位2021年末"财政拨款结转——累计结转"科目贷方发生额500 000元，其中符合结余性质的项目余额200 000元。

【解析】会计分录如下：

年末结转财政拨款结余性质的项目余额		核算要点精讲
财务会计	不做账务处理	财务会计不做账务处理。
预算会计	借：财政拨款结转——累计结转 200 000 贷：财政拨款结余——结转转入 200 000	结余性质的项目余额需分析后再认定。

2. 年末冲销有关明细科目项目余额

【例题9-34·实操题】B事业单位2021年年末"财政拨款结余——年初余额调整"科目贷方余额10 000元，"财政拨款结余——归集上缴"科目借方余额30 000元，"财政拨款结余——单位内部调剂”科目借方余额 10 000 元，“财政拨款结余——结转转入”科目贷方余额 30 000 元。

【解析】会计分录如下：

冲销上述明细科目余额		核算要点精讲
财务会计	不做账务处理	财务会计不做账务处理。
预算会计	借：财政拨款结余——年初余额调整　10 000 　　　　　　　——结转转入　30 000 　贷：财政拨款结余——累计结余　40 000 借：财政拨款结余——累计结余　40 000 　贷：财政拨款结余——归集上缴　30 000 　　　　　　　——单位内部调剂　10 000	冲销相关明细科目时，均结转至“累计结余”明细科目。

第四节　非财政拨款结转业务核算

一、非财政拨款结转的核算内容

非财政拨款结转是指行政事业单位用同级财政以外的预算资金来源中，具有专项项目限定用途，但项目尚未完成、需要继续用于原指定项目用途的剩余资金。行政事业单位非财政拨款结转包括：单位的事业预算收入、上级补助预算收入、附属单位上缴预算收入、非同级财政拨款预算收入、债务预算收入、其他预算收入中存在限定用途的收入在项目未完成时的剩余资金。

二、主要业务核算举例

（一）与会计差错更正、以前年度支出收回相关的会计处理

【例题 9－35·实操题】2021 年 8 月 1 日，B 事业单位发现，2020 年“库存现金”科目贷方发生额少记 500 元，属非同级财政拨款结转资金，应做出会计差错更正。

【解析】会计分录如下：

会计差错更正非财政拨款资金支付		核算要点精讲
财务会计	借：以前年度盈余调整　500 　贷：库存现金　500	以前年度非财政拨款结转资金变动，影响以前年度盈余调整。
预算会计	借：非财政拨款结转——年初余额调整　500 　贷：资金结转——货币资金　500	以前年度非财政拨款结转资金变动，影响年初余额调整。

（二）与非财政拨款结转资金调整业务相关的账务处理

【例题 9－36·实操题】 B 事业单位 2021 年 8 月 1 日按规定以银行存款转账方式缴回项目出资方 500 000 元，属于非财政拨款结转资金。

【解析】 会计分录如下：

缴回非财政拨款结转资金		核算要点精讲
财务会计	借：累计盈余 500 000 贷：银行存款 500 000	缴回非财政拨款结转资金，影响累计盈余。
预算会计	借：非财政拨款结转——缴回资金 500 000 贷：资金结转——货币资金 500 000	缴回非财政拨款结转资金，增加缴回资金。

（三）与非财政拨款结转资金计提业务相关的账务处理

【例题 9－37·实操题】 B 事业单位 2021 年 8 月 1 日按照规定从科研项目预算收入中提取项目管理费或间接费 100 000 元。

【解析】 会计分录如下：

从科研项目预算收入中提取项目管理费或间接费		核算要点精讲
财务会计	借：单位管理费用 100 000 贷：预提费用——项目间接费用或管理费 100 000	提取时，增加预提费用。
预算会计	借：非财政拨款结转——项目间接费用或管理费 100 000 贷：非财政拨款结余——项目间接费用或管理费 100 000	提取时，由非财政拨款结转结转至非财政拨款结余。

（四）与年末非财政拨款结转和结余业务相关的账务处理

1. 年末结转非财政拨款专项资金收入与支出

【例题 9－38·实操题】 B 事业单位 2021 年末"事业预算收入""上级补助预算收入""附属单位上缴预算收入""非同级财政拨款预算收入""债务预算收入""其他预算收入"科目本年发生额中的专项资金收入分别为 100 0000 元、50 000 元、30 000 元、800 000 元、40 000 元、20 000 元；"事业支出""其他支出"科目本年发生额中的非财政拨款专项资金支出分别为 50 000 元、20 000 元。

【解析】 会计分录如下：

年末结转非财政拨款专项资金收入与支出		核算要点精讲
财务会计	不做账务处理	财务会计不做账务处理。

年末结转非财政拨款专项资金收入与支出		核算要点精讲
预算会计	借：事业预算收入 100 000 上级补助预算收入 50 000 附属单位上缴预算收入 30 000 非同级财政拨款预算收入 800 000 债务预算收入 40 000 其他预算收入 20 000 贷：非财政拨款结余——本年收支结转 1 040 000 借：非财政拨款结转——本年收支结转 70 000 贷：事业支出 50 000 其他支出 20 000	预算收入与预算支出中的非财政拨款专项资金需分析认定。

2. 年末冲销有关明细科目余额

【例题9-39·实操题】B事业单位2021年末"非财政拨款结转——年初余额调整"科目贷方余额10 000元，"非财政拨款结转——项目间接费用或管理费"科目借方余额30 000元，"非财政拨款结转——缴回资金"科目借方余额10 000元，"非财政拨款结转——本年收支结转"科目贷方余额300 000元。

【解析】会计分录如下：

冲销上述明细科目余额		核算要点精讲
财务会计	不做账务处理	财务会计不做账务处理。
预算会计	借：非财政拨款结转——年初余额调整 10 000 ——本年收支结转 300 000 贷：非财政拨款结转——累计结转 310 000 借：非财政拨款结转——累计结转 40 000 贷：非财政拨款结转——项目间接费用或管理费 30 000 ——缴回资金 10 000	冲销相关明细科目时，均结转至"累计结转"明细科目。

3. 年末结转资金转入结余资金

【例题9-40·实操题】B事业单位2021年末将留归本单位使用的非财政拨款专项剩余资金转入非财政拨款结余30 000元。

【解析】会计分录如下：

结转资金转入结余资金		核算要点精讲
财务会计	不做账务处理	财务会计不做账务处理。
预算会计	借：非财政拨款结转——累计结转 30 000 贷：非财政拨款结余——结转转入 30 000	分析非财政拨款专项结转资金各项目情况后再转至"非财政拨款结余——结转转入"科目。

第五节　非财政拨款结余业务核算

一、非财政拨款结余的核算内容

非财政拨款结余是指行政事业单位同级财政以外的预算资金来源中，无专项项目限定用途的非财政拨款资金的剩余资金。行政事业单位非财政拨款结余是由单位取得的事业预算收入、上级补助预算收入、附属单位上缴预算收入、经营预算收入、非同级财政拨款预算收入、债务预算收入、投资预算收益、其他预算收入扣除限定项目用途的部分资金后的剩余资金，与其相对应的资金支出相抵后的结余资金滚存数额。

二、主要业务核算举例

（一）与会计差错更正、以前年度支出收回相关的会计处理

【例题 9-41·实操题】 2021 年 8 月 1 日，B 事业单位发现，2020 年发生会计差错，导致“银行存款”科目贷方发生额漏记 5 000 元，属于非同级财政拨款结余资金，应做出会计差错更正。

【解析】 会计分录如下：

会计差错更正非财政拨款结余资金支付		核算要点精讲
财务会计	借：以前年度盈余调整　5 000 　贷：银行存款　5 000	以前年度非财政拨款结余资金变动，影响以前年度盈余调整。
预算会计	借：非财政拨款结余——年初余额调整　5 000 　贷：资金结存——货币资金　5 000	以前年度非财政拨款结余资金变动，影响年初余额调整。

（二）与非财政拨款结转资金计提业务相关的账务处理

【例题 9-42·实操题】 B 事业单位 2021 年 8 月 1 日按照规定从科研项目预算收入中提取项目管理费或间接费 100 000 元。

【解析】 会计分录如下：

从科研项目预算收入中提取项目管理费或间接费		核算要点精讲
财务会计	借：单位管理费用　100 000 　贷：预提费用——项目间接费用或管理费　100 000	提取时，增加预提费用。
预算会计	借：非财政拨款结转——项目间接费用或管理费　100 000 　贷：非财政拨款结余——项目间接费用或管理费　100 000	提取时，由非财政拨款结余结转至非财政拨款结转。

（三）与非财政拨款结余资金使用业务相关的账务处理

【例题 9-43·实操题】B事业单位2021年以银行存款方式缴纳企业所得税200 000元。

【解析】会计分录如下：

缴纳企业所得税		核算要点精讲
财务会计	借：其他应交税费——应交所得税　200 000 　贷：银行存款　200 000	财务会计不做账务处理。
预算会计	借：非财政拨款结余——累计结余　200 000 　贷：资金结存——货币资金　200 000	缴纳所得税，减少非财政拨款结余——累计结余。

（四）与年末非财政拨款结转和结余业务相关的账务处理

1. 年末结转非财政拨款专项结余资金

【例题 9-44·实操题】B事业单位2021年末将留归本单位使用的非财政拨款专项剩余资金转入非财政拨款结余200 000元。

【解析】会计分录如下：

结转留归本单位使用的非财政拨款专项结余资金		核算要点精讲
财务会计	不做账务处理	财务会计不做账务处理。
预算会计	借：非财政拨款结转——累计结转　200 000 　贷：非财政拨款结余——结转转入　200 000	剩余资金结转的前提是项目已完成。

2. 年末冲销有关明细科目余额

【例题 9-45·实操题】B事业单位2021年末“非财政拨款结余——年初余额调整”科目贷方余额10 000元，“非财政拨款结余——项目间接费用或管理费”科目借方余额30 000元，“非财政拨款结余——结转转入”科目贷方余额10 000元。

【解析】会计分录如下：

冲销上述明细科目余额		核算要点精讲
财务会计	不做账务处理	财务会计不做账务处理。
预算会计	借：非财政拨款结余——年初余额调整　10 000 　　　　　　　　——结转转入　10 000 　贷：非财政拨款结余——累计结转　20 000 借：非财政拨款结余——累计结转　30 000 　贷：非财政拨款结余——项目间接费用或管理费　30 000	冲销相关明细科目时，均结转至“累计结转”明细科目。

3. 年末事业单位结转“非财政拨款结余分配”科目余额

【例题 9-46·实操题】B事业单位2021年末“非财政拨款结余分配”科目借方余额

30 000 元。

【解析】会计分录如下：

结转“非财政拨款结余分配”科目余额		核算要点精讲
财务会计	不做账务处理	财务会计不做账务处理。
预算会计	借：非财政拨款结余——累计结余 30 000 贷：非财政拨款结余分配 30 000	年末结账后，“非财政拨款结余分配”科目应无余额。

【例题 9-47·实操题】B 事业单位 2021 年末“非财政拨款结余分配”科目贷方余额 50 000 元。

【解析】会计分录如下：

结转“非财政拨款结余分配”科目余额		核算要点精讲
财务会计	不做账务处理	财务会计不做账务处理。
预算会计	借：非财政拨款结余分配 50 000 贷：非财政拨款结余——累计结余 50 000	年末结账后，“非财政拨款结余分配”科目应无余额。

4. 年末行政单位结转“其他结余”科目余额

【例题 9-48·实操题】A 行政单位 2021 年末“其他结余”科目借方余额 30 000 元（负结余）。

【解析】会计分录如下：

结转“其他结余”科目余额		核算要点精讲
财务会计	不做账务处理	财务会计不做账务处理。
预算会计	借：非财政拨款结余——累计结转 30 000 贷：其他结余 30 000	年末结账后，“其他结余”科目应无余额。

【例题 9-49·实操题】A 行政单位 2021 年末“其他结余”科目贷方余额 50 000 元（正结余）。

【解析】会计分录如下：

结转“其他结余”科目余额		核算要点精讲
财务会计	不做账务处理	财务会计不做账务处理。
预算会计	借：其他结余 50 000 贷：非财政拨款结余——累计结转 50 000	年末结转后，“其他结余”科目应无余额。

【延伸思考】“非财政拨款结余”科目理解的难点在于对非同级财政拨款结转与结余资金的区分，二者在资金方面同源，在用途上分别为专项项目限定用途与非限定用途。

一般情况下，行政事业单位每一预算期间的非同级财政拨款、非专项资金的结余年末均要结转至非财政拨款结余。首先，行政事业单位应对非财政拨款、非专项资金的收入与支出进行结转，核算出非财政拨款的预算收支结余。其中，事业单位应对本期结余的非财政拨款、非专项资金进行分配，提取专用结余；其次，完成上述结转与分配后，将本期的非财政拨款、非专项资金结余结转至“非财政拨款结余”科目。最后，对非财政拨款资金结余的滚存数的变动情况进行核算。

此外，需要关注的是非财政拨款结余资金的计提、使用、结转、年末冲销等绝大部分业务均在同一总账科目内设置了专门的明细科目，用于归集结余资金的变动情况，与财务会计关联性不大。

第六节　专用结余业务核算

一、专用结余的核算内容

专用结余反映事业单位按照规定从非财政拨款结余中提取的具有专门用途的资金的变动和滚存情况。一般情况下，包括职工福利基金以及其他按照规定设定、从非财政拨款结余中提取的专用基金等。

【延伸思考1】专用结余不适用于行政单位。

【延伸思考2】事业单位从收入中按一定比例提取的专用基金，其实质属于预提费用，与非财政拨款结余分配业务有所不同，计入费用类科目，不属于“专用结余”科目核算范围。

二、主要业务核算举例

（一）从本年度非财政拨款结余或经营结余中提取基金

【例题9-50·实操题】B事业单位2021年末“非财政拨款结余”科目贷方余额为500 000元，按40%比例提取职工福利基金。

【解析】会计分录如下：

提取专用结余		核算要点精讲
财务会计	借：本年盈余分配　200 000 　贷：专用基金　200 000	提取专用基金，增加专用基金。
预算会计	借：非财政拨款结余分配　200 000 　贷：专用结余　200 000	提取专用基金，增加专用结余。

（二）使用从非财政拨款结余或经营结余中提取的专用基金

【例题9-51·实操题】B事业单位2021年8月1日按照规定使用职工福利基金500

元，用于购买职工阅览室图书。

【解析】会计分录如下：

使用专用结余（未形成资产的）		核算要点精讲
财务会计	借：专用基金 500 　贷：银行存款 500	使用时，减少专用基金。
预算会计	借：专用结余 500 　贷：资金结存——货币资金 500	使用时，减少专用结余。

【延伸思考】若购买图书形成资产的，按下列方式入账：

使用专用结余购置固定资产、无形资产		核算要点精讲
财务会计	借：固定资产 50 000 　贷：银行存款 50 000 借：专用基金 50 000 　贷：累计盈余 50 000	使用时，减少专用基金。
预算会计	借：专用结余 50 000 　贷：资金结存——货币资金 50 000	使用时，减少专用结余。

第七节　经营结余业务核算

一、经营结余的核算内容

经营结余反映事业单位本年度经营活动收支相抵后余额弥补以前年度经营亏损后的余额。

经营结余＝经营预算收入－经营支出－以前年度经营亏损

【延伸思考1】经营结余不适用于行政单位。

【延伸思考2】注意事业单位经营结余年末结转业务的逻辑顺序。首先，事业单位应将本年度经营预算收入与经营支出进行结转；其次，根据经营正结余或负结余来判断是否结转至非财政拨款结余分配账户。

二、主要业务核算举例

（一）结转经营预算收入与经营支出

【例题9－52·实操题】B事业单位2021年末经营预算收入为500 000元，经营支出为 450 000 元。

【解析】会计分录如下：

结转经营预算收入与经营支出		核算要点精讲
财务会计	不做账务处理	财务会计不做账务处理。
预算会计	借：经营预算收入　500 000 　贷：经营结余　500 000 借：经营结余　450 000 　贷：经营支出　450 000	经营收支结转，均转至经营结余。

（二）结转经营结余

【例题 9－53・实操题】 B 事业单位 2021 年末经营预算收入为 500 000 元，经营支出为 450 000 元，不存在弥补以前年度亏损。

【解析】会计分录如下：

结转经营预算收支结余		核算要点精讲
财务会计	不做账务处理	财务会计不做账务处理。
预算会计	借：经营结余　50 000 　贷：非财政拨款结余分配　50 000	结转的前提为不存在经营亏损。

第八节　其他结余业务核算

一、其他结余的核算内容

其他结余反映行政事业单位本年度除财政拨款收支、非同级财政专项资金收支和经营收支以外各项收支相抵后的余额。

【延伸思考】“其他结余”科目与其他科目是什么关系？

解读：一般情况下，与其他结余年末收支结转业务相关的会计科目主要是“事业预算收入”“上级补助预算收入”“附属单位上缴预算收入”“非同级财政拨款预算收入”“债务预算收入”“其他预算收入”“投资预算收益”“行政支出”“事业支出”“其他支出”“上缴上级支出”“对附属单位补助支出”“投资支出”“债务还本支出”；与其他结余年末结余分配相关的会计科目主要是“非财政拨款结余——累计结余”（行政单位适用）、“非财政拨款结余分配”（事业单位适用）。

二、主要业务核算举例

（一）结转相关预算收入与支出

【例题 9-54·实操题】 B 事业单位 2021 年末“事业预算收入”“上级补助预算收入”“附属单位上缴预算收入”“非同级财政拨款预算收入”“债务预算收入”“其他预算收入”科目本年发生额中的非专项资金收入发生额分别为 500 000 元、100 000 元、50 000 元、30 000 元、50 000 元、200 000 元，“投资预算收益”科目本年贷方发生额为 60 000 元；“事业支出”“其他支出”科目本年发生额中的非同级财政、非专项资金支出本年发生额分别为 300 000 元、30 000 元，“上缴上级支出”“对附属单位补助支出”“投资支出”“债务还本支出”科目本年发生额分别为 80 000 元、40 000 元、1 000 000 元、50 000 元。

【解析】 会计分录如下：

结转相关预算收入与支出		核算要点精讲
财务会计	不做账务处理	财务会计不做账务处理。
预算会计	借：事业预算收入 500 000 　　上级补助预算收入 100 000 　　附属单位上缴预算收入 50 000 　　非同级财政拨款预算收入 30 000 　　债务预算收入 50 000 　　其他预算收入 200 000 　　投资预算收益 60 000 　贷：其他结余 990 000 借：其他结余 1 500 000 　贷：事业支出 300 000 　　　其他支出 30 000 　　　上缴上级支出 80 000 　　　对附属单位补助支出 40 000 　　　投资支出 1 000 000 　　　债务还本支出 50 000	区分“事业预算收入”“上级补助预算收入”“附属单位上缴预算收入”“非同级财政拨款预算收入”“债务预算收入”“其他预算收入”科目下各非专项资金收入；区分“事业支出”“其他支出”科目本年发生额中的非同级财政、非专项资金支出。

（二）结转其他结余

【例题 9-55·实操题】 A 行政单位 2021 年末将“其他结余”科目贷方余额 50 000 元结转至“非财政拨款结余”科目。

【解析】 会计分录如下：

结转其他结余		核算要点精讲
财务会计	不做账务处理	财务会计不做账务处理。
预算会计	借：其他结余 50 000 　贷：非财政拨款结余——累计结余 50 000	其他结余最终结转至非财政拨款结余。

【例题 9－56・实操题】 B 事业单位 2021 年末将"其他结余"科目贷方余额 30 000 元结转至非财政拨款结余科目。

【解析】 会计分录如下：

结转其他结余		核算要点精讲
财务会计	不做账务处理	财务会计不做账务处理。
预算会计	借：其他结余　30 000 　贷：非财政拨款结余分配　30 000	其他结余可结转至"非财政拨款结余"科目。

【例题 9－57・实操题】 B 事业单位 2021 年末将"其他结余"科目借方余额 10 000 元结转至"非财政拨款结余分配"科目。

【解析】 会计分录如下：

结转其他结余		核算要点精讲
财务会计	不做账务处理	财务会计不做账务处理。
预算会计	借：非财政拨款结余分配　10 000 　贷：其他结余　10 000	其他结余可结转至"非财政拨款结余分配"科目。

第九节　非财政拨款结余分配业务核算

一、非财政拨款结余分配的核算内容

非财政拨款结余分配反映事业单位本年度非财政拨款结余分配的情况和结果。

【延伸思考 1】 非财政拨款结余分配仅适用于事业单位会计主体。

【延伸思考 2】 非财政拨款结余分配核算的难点在于事业单位"经营结余"科目借方存在余额（负结余），代表事业单位存在经营亏损，则不做转入非财政拨款结余分配账户。

二、主要业务核算举例

（一）与年末相关结余结转转入的账务处理

1. 年末其他结余结转转入

【例题 9－58・实操题】 B 事业单位 2021 年末将"其他结余"科目贷方余额 50 000 元结转至"非财政拨款结余分配"科目。

【解析】会计分录如下：

其他结余结转转入		核算要点精讲
财务会计	不做账务处理	财务会计不做账务处理。
预算会计	借：其他结余 50 000 贷：非财政拨款结余分配 50 000	事业单位其他结余最终结转至“非财政拨款结余分配”科目。

2. 年末经营结余结转转入

【例题 9－59・实操题】 B事业单位2021年末将“经营结余”科目贷方余额60 000元结转至“非财政拨款结余分配”科目。

【解析】会计分录如下：

其他结余结转转入		核算要点精讲
财务会计	不做账务处理	财务会计不做账务处理。
预算会计	借：经营结余 60 000 贷：非财政拨款结余分配 60 000	事业单位“经营结余”科目存在贷方余额时，结转至“非财政拨款结余分配”科目。

（二）提取专用基金业务的账务处理

【例题 9－60・实操题】 B事业单位2021年末根据相关规定提取职工福利基金50 000元。

【解析】会计分录如下：

计提专用基金		核算要点精讲
财务会计	借：本年盈余分配 50 000 贷：专用基金 50 000	提取专用基金，属于本年盈余分配。
预算会计	借：非财政拨款结余分配 50 000 贷：专用结余 50 000	提取专用基金，属于非财政拨款结余分配。

（三）年末结转非财政拨款结余分配业务的账务处理

【例题 9－61・实操题】 B事业单位2021年末将“非财政拨款结余分配”科目借方余额10 000元结转至“非财政拨款结余”科目。

【解析】会计分录如下：

结转非财政拨款结余分配		核算要点精讲
财务会计	不做账务处理。	财务会计不做账务处理。
预算会计	借：非财政拨款结余——累计结余 10 000 贷：非财政拨款结余分配 10 000	非财政拨款结余分配可结转至“非财政拨款结余”科目。

【例题 9－62·实操题】B 事业单位 2021 年末将"非财政拨款结余分配"科目贷方余额 30 000 元结转至"非财政拨款结余"科目。

【解析】会计分录如下：

结转非财政拨款结余分配		核算要点精讲
财务会计	不做账务处理	财务会计不做账务处理。
预算会计	借：非财政拨款结余分配　30 000 　贷：非财政拨款结余——累计结余　30 000	"非财政拨款结余分配"科目余额可结转至"非财政拨款结余"科目。

课程思政

预算结余核算的思政元素

由于种种原因，各部门各单位在编制预算时还存在"头戴三尺帽、不怕砍一刀"的思想，还存在预算"报天书"的现象。同时，由于现行预算审核机制尚不健全，一些项目在没有有效的可行性研究报告和评审报告的情况下盲目上马，也在一定程度上造成了财政资金的大量结余。为此预算单位要加强会计领导工作，积极开展会计诚信教育，加强会计人员的法律法规意识和责任意识，提高会计人员的职业道德素质。会计人员在工作中要敢于抵制、揭露违法乱纪行为，依法履行职责，不利用职务之便谋取私利，要努力提高服务意识，提升服务质量。

热点思考题

1. 事业单位发生经营亏损，能否使用非财政拨款结余弥补？

2. 政府单位违反规定多报销的费用、多发放的津贴补贴，应如何进行会计差错更正？

3. 经营结余、非财政拨款结余分配仅适用于行政事业单位会计主体吗？

4. 事业单位从收入中按一定比例提取的专用基金，属于"专用结余"科目的核算范围吗？

5. 财政直接支付方式取得的预算收入属于"资金结存"科目的核算范围吗？

课后习题

一、单项选择题

1. 下列关于政府单位预算结转结余的表述中，不正确的是（　　）。

A. 财政拨款结转结余核算同级财政部门拨款收支相抵后的资金

B. 非财政拨款结转核算非同级财政部门拨款专项资金收支相抵后的资金

C. 非财政拨款结余是有限定用途的结余资金

D. 其他结余核算单位非同级财政非专项资金收支相抵后的资金

2. 在预算会计体系中，核算事业单位偿还自身承担的纳入预算管理的从金融机构举借债务本金的现金流出的会计分录为（　　）。

A. 借：非财政拨款结余——累计结余
　　贷：应交税费（所得税）

B. 借：非财政拨款结余——累计结余
　　贷：资金结存——货币资金

C. 借：非财政拨款结转
　　贷：资金结存——货币资金

D. 借：应交税费（所得税）
　　贷：资金结存——货币资金

二、多项选择题

1. 下列关于政府单位财政拨款结转结余的核算表述正确的有（　　）。

A. 年末“财政拨款结余”的明细科目，除累计结余外，均无余额

B. 从其他单位调入的财政拨款结转资金，应增记累计盈余的金额

C. 年末应将财政拨款结转的余额全部转入财政拨款结余

D. 因以前年度会计差错调整财政拨款结转资金的，应借记“以前年度盈余调整”科目

2. 2×21 年末，甲事业单位各收支科目余额如下：“经营预算收入”为 100 万元，“经营支出”为 150 万元，“事业预算收入——专项资金收入”为 300 万元，“事业预算收入——非专项资金收入”为 250 万元，“上级补助预算收入——专项资金收入”为 180 万元，“上级补助预算收入——非专项资金收入”为 200 万元，“附属单位上缴预算收入——专项资金收入”为 320 万元，“附属单位上缴预算收入——非专项资金收入”为 260 万元，“行政支出——专项资金支出”为 110 万元，“行政支出——非专项资金支出”为 90 万元，“事业支出——专项资金支出”为 190 万元，“事业支出——非专项资金支出”为 130 万元。不考虑其他因素，下列关于甲事业单位的会计处理正确的有（　　）。

A. “经营结余”科目为－50 万元

B. “非财政拨款结转”科目为 500 万元

C. “其他结余”科目为 990 万元

D. “非财政拨款结余分配”科目为－50 万元

三、判断题

1. “经营结余”科目如为借方余额，为经营亏损，应结转至“非财政拨款结余分配”科目借方。（　　）

2. 年末，完成结转后，行政单位将“其他结余”科目余额转入“非财政拨款结

余——累计结余”科目；事业单位将“其他结余”科目余额转入“非财政拨款结余分配”科目。（　）

四、实务操作题

资料：2×21 年 12 月，某事业单位对其收支科目进行分析：

（1）“经营预算收入”本年发生额为 188 万元；

（2）“经营支出”本年发生额为 128 万元；

（3）“事业预算收入”和“上级补助预算收入”本年发生额中的非专项资金收入分别为 200 万元、40 万元；

（4）“事业支出”和“其他支出”本年发生额中的非财政非专项资金支出分别为 160 万元、20 万元；

（5）“对附属单位补助支出”本年发生额为 40 万元。

要求：根据上述资料，做出该单位的年末相关账务处理。

第三篇

政府会计报表的编制列报

第十章

政府单位报表编制与列报

教学导向

（一）理解政府单位财务会计报表与预算报表的组成

（二）领悟政府单位现金流量表的编制原理

（三）重点掌握政府单位资产负债表的编报操作

行政事业单位会计报表是反映行政事业单位财务状况、运行情况以及预算执行情况等信息的书面文件，由财务会计报表和预算会计报表构成。各级各类行政事业单位应当根据《政府会计制度——行政事业单位会计科目和报表》的规定编制并提供真实、完整的会计报表。

第一节　财务会计报表

行政事业单位财务会计报表包括资产负债表、收入费用表、净资产变动表和现金流量表。

一、资产负债表

（一）资产负债表的概念和模式

资产负债表是反映行政事业单位在某一特定日期全部资产、负债和净资产情况的报表。

行政事业单位资产负债表应当分别反映资产、负债和净资产相应组成项目期末余额和年初余额的信息，采用的平衡等式为：资产＝负债＋净资产。行政事业单位资产负债表的格式如表10－1所示。表中数字作为释例，均为假设。其他会计报表的情况也是如此。

表 10-1　资产负债表

编制单位：某行政单位　　　　20××年 12 月 31 日　　　　单位：元

资产	期末余额	年初余额	负债和净资产	期末余额	年初余额
流动资产：			流动负债：		
货币资金	150	（略）	短期借款		（略）
短期投资			应交增值税		
财政应返还额度	370		其他应交税费		
应收票据			应缴财政款		
应收账款净额			应付职工薪酬	360	
预付账款	470		应付票据		
应收股利			应付账款	200	
应收利息			应付政府补贴款		
其他应收款净额			应付利息		
存货	670		预收账款		
待摊费用			其他应付款		
一年内到期的非流动资产			预提费用		
其他流动资产			一年内到期的非流动负债	320	
流动资产合计	1 660		其他流动负债		
非流动资产：			流动负债合计	880	
长期股权投资			非流动负债：		
长期债券投资			长期借款		
固定资产原值	36 600		长期应付款	660	
减：固定资产累计折旧	8 500		预计负债		
固定资产净值	28 100		其他非流动负债		
工程物资			非流动负债合计	660	
在建工程	6 500		受托代理负债		
无形资产原值	18 600		负债合计	1 540	
减：无形资产累计摊销	6 500				
无形资产净值	12 100				
研发支出					
公共基础设施原值					

续表

资产	期末余额	年初余额	负债和净资产	期末余额	年初余额
减：公共基础设施累计折旧（摊销）					
公共基础设施净值					
政府储备物资					
文物文化资产					
保障性住房原值					
减：保障性住房累计折旧			净资产：		
保障性住房净值			累计盈余	46 820	
长期待摊费用			专用基金		
待处理财产损溢			权益法调整		
其他非流动资产			无偿调拨净资产*		
非流动资产合计	46 700		本期盈余*		
受托代理资产			净资产合计	46 820	
资产总计	48 360		负债和净资产总计	48 360	

注："*"标识的项目为月报项目，年报中不需列示。

按照规定，行政事业单位的资产负债表应当按月度和年度编制。

（二）资产负债表的列报方法

在资产负债表中，"期末余额"栏各项目的填列方法如下。

（1）根据有关会计科目的期末余额直接填列。例如，在资产项目中，"短期投资""财政应返还额度""应收票据""预付账款""应收股利""应收利息""待摊费用""长期股权投资""固定资产原值""固定资产累计折旧""工程物资""在建工程""无形资产原值""无形资产累计摊销""研发支出""公共基础设施原值""公共基础设施累计折旧（摊销）""政府储备物资""文物文化资产""保障性住房原值""保障性住房累计折旧""待处理财产损溢"等项目，应当根据相应的会计科目期末余额填列。其中，"固定资产原值""无形资产原值""公共基础设施原值""保障性住房原值"项目，应当根据"固定资产""无形资产""公共基础设施""保障性住房"科目的期末余额填列。

再如，在负债和净资产项目中，"短期借款""应交增值税""其他应交税费""应缴财政款""应付职工薪酬""应付票据""应付账款""应付政府补贴款""应付利息""预收账款""其他应付款""预提费用""预计负债""受托代理负债""累计盈余""专用基金""权益法调整""无偿调拨净资产""本期盈余"等项目，应当根据相应的会计科目期末余额填列。

（2）根据有关会计科目的期末余额计算填列。例如，“货币资金”项目应当根据“库存现金”“银行存款”“零余额账户用款额度”“其他货币资金”科目的期末余额的合计数填列；若单位存在通过“库存现金”“银行存款”科目核算的受托代理资产，还应当按照前述合计数扣减“库存现金”“银行存款”科目下“受托代理资产”明细科目的期末余额后的金额填列。“应收账款净额”项目应当根据“应收账款”科目的期末余额，减去“坏账准备”科目中对应收账款计提的坏账准备的期末余额后的金额填列。“其他应收款净额”项目应当根据“其他应收款”科目的期末余额减去“坏账准备”科目中对其他应收款计提的坏账准备的期末余额后的金额填列。“存货”项目应当根据“在途物品”“库存物品”“加工物品”科目的期末余额的合计数填列。

再如，“固定资产净值”项目应当根据“固定资产”科目期末余额减去“固定资产累计折旧”科目期末余额后的金额填列。“无形资产净值”项目应当根据“无形资产”科目期末余额减去“无形资产累计摊销”科目期末余额后的金额填列。“公共基础设施净值”项目应当根据“公共基础设施”科目期末余额减去“公共基础设施累计折旧（摊销）”科目期末余额后的金额填列。“保障性住房净值”项目应当根据“保障性住房”科目期末余额减去“保障性住房累计折旧”科目期末余额后的金额填列。“受托代理资产”项目应当根据“受托代理资产”科目的期末余额与“库存现金”“银行存款”科目下“受托代理资产”明细科目的期末余额的合计数填列。

（3）根据有关会计科目的期末余额分析填列。例如，“一年内到期的非流动资产”项目应当根据“长期债券投资”等科目的明细科目的期末余额分析填列。“长期债券投资”项目应当根据“长期债券投资”科目的期末余额减去其中将于一年内（含一年）到期的长期债券投资余额后的金额填列。“长期待摊费用”项目应当根据“长期待摊费用”科目的期末余额填列。

再如，“一年内到期的非流动负债”项目应当根据“长期应付款”“长期借款”等科目的明细科目的期末余额分析填列。“长期借款”项目应当根据“长期借款”科目的期末余额减去其中将于一年内（含一年）到期的长期借款余额后的金额填列。“长期应付款”项目应当根据“长期应付款”科目的期末余额减去其中将于一年内（含一年）到期的长期应付款余额后的金额填列。

二、收入费用表

（一）收入费用表的概念和格式

收入费用表是反映单位在某一会计期间内发生的收入、费用及当期盈余情况的报表。

行政事业单位收入费用表应当分别反映本期收入、本期费用和本期盈余相应组成项目本月数和本年累计数的信息，采用的计算公式为：本期收入－本期费用＝本期盈余。

行政事业单位收入费用表的格式如表 10－2 所示。

表 10－2　收入费用表

编制单位：某行政单位　　20××年×月　　单位：元

项目	本月数	本年累计数
一、本期收入	（略）	4 050
（一）财政拨款收入		3 950
其中：政府性基金收入		
（二）事业收入		
（三）上级补助收入		
（四）附属单位上缴收入		
（五）经营收入		
（六）非同级财政拨款收入		100
（七）投资收益		
（八）捐赠收入		
（九）利息收入		
（十）租金收入		
（十一）其他收入		
二、本期费用		5 980
（一）业务活动费用		5 840
（二）单位管理费用		
（三）经营费用		
（四）资产处置费用		130
（五）上缴上级费用		
（六）对附属单位补助费用		
（七）所得税费用		
（八）其他费用		10
三、本期盈余		－1 930

按照规定，行政事业单位的收入费用表应当按月度和年度编制。

（二）收入费用表的列报方法

在收入费用表中，“本月数”栏各项目应当按照相应会计科目的本期发生额填列。其中，“政府性基金收入”项目应当根据“财政拨款收入”相关明细科目的本期发生额填列。“本期盈余”项目应当根据“本期收入”项目金额减去“本期费用”项目金额后的金额填列，如为负数，以“－”号填列。

三、净资产变动表

（一）净资产的变动表的概念和格式

净资产变动表是反映单位在某一会计期间内净资产项目变动情况的报表。

行政事业单位净资产变动表采用矩阵的格式，即一方面列示净资产的组成部分，如列示累计盈余、专用基金、权益法调整等，另一方面列示净资产各组成部分增减变动的具体原因，如列示本年盈余、无偿调拨净资产、归集调整预算结转结余、提取或设置专用基金、使用专用基金等，净资产各组成部分的增减变动原因与净资产的相应组成部分形成对应。行政事业单位净资产变动表的格式如表 10－3 所示。

表 10－3　净资产变动表

编制单位：某行政单位　　　　20××年　　　　单位：元

项目	本年数				上年数			
	累计盈余	专用基金	权益法调整	净资产合计	累计余额	专用基金	权益法调整	净资产合计
一、上年年末余额	48 610			48 610			（略）	
二、以前年度盈余调整（减少以“—”号填列）		—	—			—	—	
三、本年年初余额	48 610			48 610				
四、本年变动金额（减少以“—”号填列）	−1 790			−1 790				
（一）本年盈余	−1 930	—	—	−1 930		—	—	
（二）无偿调拨净资产	160	—	—	160		—	—	
（三）归集调整预算结转结余	−20	—	—	−20		—	—	
（四）提取或设置专用基金			—				—	
其中：从预算收入中提取	—		—		—		—	
从预算结余中提取			—				—	
设置的专用基金	—		—		—		—	
（五）使用专用基金			—				—	
（六）权益法调整	—	—			—	—		
五、本年年末余额	46 820			46 820				

注：“—”标识单元格不需填列。

按照规定，行政事业单位的净资产变动表应当按年度编制。

（二）净资产变动表的列报方法

在净资产变动表中，“本年数”栏各项目的填列方法如下。

（1）“上年年末余额”行，应当根据“累计盈余”“专用基金”“权益法调整”科目上年年末余额填列。

（2）“以前年度盈余调整”行，“累计盈余”项目应当根据本年度“以前年度盈余调整”科目转入“累计盈余”科目的金额填列。

（3）“本年年初余额”行，应当根据其各自在“上年年末余额”和“以前年度盈余调整”行对应项目金额的合计数填列。

（4）“本年变动金额”行，应当根据其各自在“本年盈余”“无偿调拨净资产”“归集调整预算结转结余”“提取或设置专用基金”“使用专用基金”“权益法调整”行对应项目金额的合计数填列。

（5）“本年盈余”行，“累计盈余”项目应当根据年末由“本期盈余”科目转入“本年盈余分配”科目的金额填列。

（6）“无偿调拨净资产”行，“累计盈余”项目应当根据年末由“无偿调拨净资产”科目转入“累计盈余”科目的金额填列。

（7）“归集调整预算结转结余”行，“累计盈余”项目应当根据“累计盈余”科目明细记录分析填列。

（8）“提取或设置专用基金”行，“累计盈余”项目应当根据“从预算结余中提取”行“累计盈余”项目的金额填列，“专用基金”项目应当根据“从预算收入中提取”“从预算结余中提取”“设置的专用基金”行“专用基金”项目金额的合计数填列。“从预算收入中提取”“从预算结余中提取”“设置的专用基金”行，应当通过对“专用基金”科目明细账记录的分析，根据相应内容的金额填列。

（9）“使用专用基金”行，“累计盈余”“专用基金”项目应当通过对“专用基金”科目明细账记录的分析，根据本年按规定使用专用基金的金额填列。

（10）“权益法调整”行，“权益法调整”项目应当根据“权益法调整”科目本年发生额填列。

（11）“本年年末余额”行，“累计盈余”“专用基金”“权益法调整”项目应当根据其各自在“本年年初余额”“本年变动金额”行对应项目金额的合计数填列。

四、现金流量表

（一）现金流量表的概念和格式

现金流量表是反映单位在某会计期间内现金流入和流出信息的报表。

行政事业单位现金流量表应当包括日常活动产生的现金流量、投资活动产生的现金流量和筹资活动产生的现金流量，反映现金流入和现金流出的信息，采用的计算公式为：现金流入－现金流出＝现金流量净额。行政事业单位现金流量表的格式如表 10－4 所示。

表 10－4　现金流量表

编制单位：某行政单位　　20××年　　单位：元

项目	本年金额	上年金额
一、日常活动产生的现金流量：		
财政基本支出拨款收到的现金	1 200	（略）
财政非资本性项目拨款收到的现金	950	
事业活动收到的除财政拨款以外的现金		
收到的其他与日常活动有关的现金	60	
日常活动的现金流入小计	2 210	
购买商品、接受劳务支付的现金	1 130	
支付给职工以及为职工支付的现金	880	
支付的各项税费		
支付的其他与日常活动有关的现金	50	
日常活动的现金流出小计	2 060	
日常活动产生的现金流量净额	150	
二、投资活动产生的现金流量：		
收回投资收到的现金		
取得投资收益收到的现金		
处置固定资产、无形资产、公共基础设施等收回的现金净额	45	
收到的其他与投资活动有关的现金		
投资活动的现金流入小计	45	
购建固定资产、无形资产、公共基础设施等支付的现金	1 800	
对外投资支付的现金		
上缴处置固定资产、无形资产、公共基础设施等净收入支付的现金	45	
支付的其他与投资活动有关的现金		
投资活动的现金流出小计	1 845	
投资活动产生的现金流量净额	－1 800	

续表

项目	本年金额	上年金额
三、筹资活动产生的现金流量：		
财政资本性项目拨款收到的现金	1 800	
取得借款收到的现金		
收到的其他与筹资活动有关的现金		
筹资活动的现金流入小计	1 800	
偿还借款支付的现金		
偿还利息支付的现金		
支付的其他与筹资活动有关的现金	100	
筹资活动的现金流出小计	100	
筹资活动产生的现金流量净额	1 700	
四、汇率变动对现金的影响额		
五、现金净增加额	50	

按照规定，行政事业单位的现金流量表应当按年度编制。

（二）现金流量表的列报方法

现金流量表所指的现金，是指行政事业单位的库存现金以及其他可以随时用于支付的款项，包括库存现金、可以随时用于支付的银行存款、其他货币资金、零余额账户用款额度、财政应返还额度以及通过财政直接支付方式支付的款项。行政事业单位应当采用直接法编制现金流量表。

在现金流量表中，“本年金额”栏各项目的填列方法如下。

1. 日常活动产生的现金流量

（1）相关现金流入项目，应当根据“零余额账户用款额度”“财政拨款收入”“银行存款”“库存现金”“其他货币资金”“应收账款”“应收票据”“预收账款”“事业收入”“上级补助收入”“附属单位上缴收入”“经营收入”“非同级财政拨款收入”“捐赠收入”“利息收入”“租金收入”“其他收入”等科目的记录分析填列。

（2）相关现金流出项目，应当根据“库存现金”“银行存款”“财政拨款收入”“零余额账户用款额度”“预付账款”“在途物品”“应付账款”“应付票据”“业务活动费用”“单位管理费用”“经营费用”“应付职工薪酬”“应交增值税”“其他应交税费”“所得税费用”“其他应付款”“其他费用”等科目的记录分析填列。

2. 投资活动产生的现金流量

（1）相关现金流入项目，应当根据“零余额账户用款额度”“财政拨款收入”“银行存款”“库存现金”“其他货币资金”“应收账款”“应收票据”“预收账款”“事业收入”“上级补助收入”“附属单位上缴收入”“经营收入”“非同级财政拨款收入”“捐赠收入”“利息收入”“租金收入”“其他收入”等科目的记录分析填列。

（2）相关现金流出项目，应当根据“库存现金”“银行存款”“固定资产”“工程物资”“在建工程”“无形资产”“研发支出”“公共基础设施”“保障性住房”“短期投资”“长期股权投资”“长期债券投资”“应缴财政款”等科目的记录分析填列。

3. 筹资活动产生的现金流量

（1）相关现金流入项目，应当根据“银行存款”“零余额账户用款额度”“财政拨款收入”“短期借款”“长期借款”等科目的记录分析填列。

（2）相关现金流出项目，应当根据“库存现金”“银行存款”“短期借款”“长期借款”“应付利息”“长期应付款”等科目的记录分析填列。

五、财务会计报表附注

财务会计报表附注是对在会计报表中列示的项目所做的进步说明，以及对未能在会计报表中列示项目的说明。财务会计报表附注是财务会计报表的重要组成部分。凡对报表使用者的决策有重要影响的会计信息，行政事业单位均应当在会计报表附注中进行充分披露。

根据现行政府会计制度的规定，财务会计报表附注主要包括单位的基本情况，会计报表编制基础，遵循政府会计准则、制度的声明，重要会计政策和会计估计，会计报表重要项目说明，本年盈余与预算结余的差异情况说明，其他重要事项说明等内容。

以本年盈余与预算结余的差异情况说明为例，为了反映单位财务会计和预算会计因核算基础和核算范围不同所产生的本年盈余数与本年预算结余数之间的差异，单位应当按照重要性原则，对本年度发生的各类影响收入（预算收入）和费用（预算支出）的业务进行适度归并和分析，披露将年度预算收入支出表中“本年预算收支差额”调节为年度收入费用表中“本期盈余”的信息。有关披露格式如表 10－5 所示。

表 10－5　本年预算收支差额和本期盈余调节表

单位：元

项目	金额
一、本年预算结余（本年预算收支差额）	130
二、差异调节	
（一）重要事项的差异	
加：1. 当期确认为收入但没有确认为预算收入	
（1）应收款项、预收账款确认的收入	
（2）接受非货币性资产捐赠确认的收入	

续表

项目	金额
2. 当期确认为预算支出但没有确认为费用	2 300
（1）支付应付款项、预付账款的支出	470
（2）为取得存货、政府储备物资等计入物资成本的支出	310
（3）为购建固定资产等的资本性支出	1 520
（4）偿还借款本息支出	
减：1. 当期确认为预算收入但没有确认为收入	
（1）收到应收款项、预收账款确认的预算收入	
（2）取得借款确认的预算收入	
2. 当期确认为费用但没有确认为预算支出	4 380
（1）发出存货、政府储备物资等确认的费用	1 150
（2）计提的折旧费用和摊销费用	3 080
（3）确认的资产处置费用（处置资产价值）	150
（4）应付款项、预付账款确认的费用	
（二）其他事项差异	
三、本年盈余（本年收入与费用的差额）	−1 950

第二节　预算会计报表

行政事业单位预算会计报表包括预算收入支出表、预算结转结余变动表和财政拨款预算收入支出表。

一、预算收入支出表

（一）预算收入支出表的概念和格式

预算收入支出表是反映单位在某一会计年度内各项预算收入、预算支出和预算收支差额情况的报表。

行政事业单位预算收入支出表应当分别本年预算收入、本年预算支出和本年预算收支差额反映相应组成项目本年数和上年数的信息，采用的计算公式为：本年预算收入－本年预算支出＝本年预算收支差额。行政事业单位预算收入支出表的格式如表 10－6 所示。

表 10-6 预算收入支出表

编制单位：某行政单位　　20××年　　单位：元

项目	本年数	上年数
一、本年预算收入	4 050	（略）
（一）财政拨款预算收入	3 950	
其中：政府性基金收入		
（二）事业预算收入		
（三）上级补助预算收入		
（四）附属单位上缴预算收入		
（五）经营预算收入		
（六）债务预算收入		
（七）非同级财政拨款预算收入	100	
（八）投资预算收益		
（九）其他预算收入		
其中：利息预算收入		
捐赠预算收入		
租金预算收入		
二、本年预算支出	3 920	
（一）行政支出	3 910	
（二）事业支出		
（三）经营支出		
（四）上缴上级支出		
（五）对附属单位补助支出		
（六）投资支出		
（七）债务还本支出		
（八）其他支出	10	
其中：利息支出		
捐赠支出		
三、本年预算收支差额	130	

按照规定，行政事业单位的预算收入支出表应当按年度编制。

（二）预算收入支出表的列报方法

在预算收入支出表中，“本年数”栏各项目应当按照相关会计科目的本年发生额填列，“政府性基金收入”项目，应当根据“财政拨款预算收入”相关明细科目的本年发生额填列。“本年预算收支差额”项目，应当根据本表中“本期预算收入”项目金额减去“本期预算支出”项目金额后的金额填列；如相减后金额为负数，以“—”号填列。

二、预算结转结余变动表

（一）预算结转结余变动表的概念和格式

预算结转结余变动表是反映单位在某一会计年度内预算结转结余变动情况的报表。

行政事业单位预算结转结余变动表应当分别财政拨款结转结余、其他资金结转结余反映年初余额、年初余额调整、本年变动金额和年末余额的信息，采用的计算公式为：年初预算结转结余±年初余额调整±本年变动金额＝年末预算结转结余。行政事业单位预算结转结余变动表的格式如表 10-7 所示。

表 10-7 预算结转结余变动表

编制单位：某行政单位　　20××年　　单位：元

项目	本年数	上年数
一、年初预算结转结余	80	（略）
（一）财政拨款结转结余	80	
（二）其他资金结转结余		
二、年初余额调整（减少以“—”号填列）		
（一）财政拨款结转结余		
（二）其他资金结转结余		
三、本年变动金额（减少以“—”号填列）	110	
（一）财政拨款结转结余	100	
1. 本年收支差额	120	
2. 归集调入		
3. 归集上缴或调出	—20	
（二）其他资金结转结余	10	
1. 本年收支差额	10	
2. 缴回资金		
3. 使用专用结余		
4. 支付所得税		

续表

项目	本年数	上年数
四、年末预算结转结余	190	
（一）财政拨款结转结余	180	
1. 财政拨款结转	165	
2. 财政拨款结余	15	
（二）其他资金结转结余	10	
1. 非财政拨款结转	10	
2. 非财政拨款结余		
3. 专用结余		
4. 经营结余（如有余额，以“—”号填列）		

按照规定，行政事业单位的预算结转结余变动表应当按年度编制。

（二）预算结转结余变动表的列报方法

在预算结转结余变动表中，“本年数”栏各项目的内容和填列方法如下。

1. 年初预算结转结余

（1）“财政拨款结转结余”项目，应当根据“财政拨款结转”“财政拨款结余”科目本年年初余额合计数填列。

（2）“其他资金结转结余”项目，应当根据“非财政拨款结转”“非财政拨款结余”“专用结余”“经营结余”科目本年年初余额的合计数填列。

2. 年初余额调整

（1）“财政拨款结转结余”项目，应当根据“财政拨款结转”“财政拨款结余”科目下“年初余额调整”明细科目的本年发生额的合计数填列。

（2）“其他资金结转结余”项目，应当根据“非财政拨款结转”“非财政拨款结余”科目下“年初余额调整”明细科目的本年发生额的合计数填列。

3. 本年变动金额

（1）“财政拨款结转结余”项目，应当根据本项目下“本年收支差额”“归集调入”“归集上缴或调出”项目金额的合计数填列。

①“本年收支差额”项目，应当根据“财政拨款结转”科目下“本年收支结转”明细科目本年转入的预算收入与预算支出的差额填列。

②“归集调入”项目，应当根据“财政拨款结转”科目下“归集调入”明细科目的本年发生额填列。

③“归集上缴或调出”项目，应当根据“财政拨款结转”“财政拨款结余”科目下

“归集上缴”明细科目，以及“财政拨款结转”科目下“归集调出”明细科目本年发生额的合计数填列。

（2）“其他资金结转结余”项目，应当根据本项目下“本年收支差额”“缴回资金”“使用专用结余”“支付所得税”项目金额的合计数填列。

①“本年收支差额”项目，应当根据“非财政拨款结转”科目下“本年收支结转”明细科目、“其他结余”科目、“经营结余”科目本年转入的预算收入与预算支出的差额的合计数填列。

②“缴回资金”项目，应当根据“非财政拨款结转”科目下“缴回资金”明细科目本年发生额的合计数填列。

③“使用专用结余”项目，应当根据“专用结余”科目明细账中本年使用专用结余业务的发生额填列。

④“支付所得税”项目，应当根据“非财政拨款结余”明细账中本年实际缴纳企业所得税业务的发生额填列。

4. 年末预算结转结余

（1）“财政拨款结转结余”项目，应当根据本项目下“财政拨款结转”“财政拨款结余”项目金额的合计数填列。其中，“财政拨款结转”“财政拨款结余”项目，应当分别根据“财政拨款结转”“财政拨款结余”科目的本年年末余额填列。

（2）“其他资金结转结余”项目，应当根据本项目下“非财政拨款结转”“非财政拨款结余”“专用结余”“经营结余”项目金额的合计数填列。其中，“非财政拨款结转”“非财政拨款结余”“专用结余”“经营结余”项目，应当分别根据“非财政拨款结转”“非财政拨款结余”“专用结余”“经营结余”科目的本年年末余额填列。

三、财政拨款预算收入支出表

（一）财政拨款预算收入支出表的概念与格式

财政拨款预算收入支出表是反映单位本年财政拨款预算资金收入、支出及相关变动具体情况的报表。

行政事业单位财政拨款预算收入支出表应当分别基本支出和项目支出反映年初结转结余数、本年增减变动数和年末结转结余数。本年增减变动数包括调整年初结转结余数、本年归集调入数、本年归集上缴或调出数、单位内部调剂数、本年财政拨款收入数、本年财政拨款支出数。同时有一般公共预算财政拨款和政府性基金预算财政拨款的，应当分别一般公共预算财政拨款和政府性基金预算财政拨款反映上述相关信息。行政事业单位财政拨款预算收入支出表的格式如表 10－8 所示。

表 10-8　财政拨款预算收入支出表

编制单位：某行政单位　　　　　　　　20××年　　　　　　　　单位：元

项目	年初财政拨款结转结余		调整年初财政拨款结转结余	本年归集调入	本年归集上缴或调出	单位内部调剂		本年财政拨款收入	本年财政拨款支出	年末财政拨款结转结余	
	结转	结余				结转	结余			结转	结余
一、一般公共预算财政拨款	80				−20			3 950	3 830	165	15
（一）基本支出	30							1 200	1 210	20	
1. 人员经费											
2. 日常公用经费											
（二）项目支出	50				−20			2 750	2 620	145	15
1.××项目											
2.××项目											
……											
二、政府性基金预算财政拨款											
（一）基本支出											
1. 人员经费											
2. 日常公用经费											
（二）项目支出											
1.××项目											
2.××项目											
……											
总计	80				−20			3 950	3 830	165	15

按照规定，行政事业单位的财政拨款预算收入支出表应当按年度编制。

（二）财政拨款预算收入支出表的列报方法

在财政拨款预算收入支出表中，各栏及其对应项目的内容和填列方法如下。

（1）“年初财政拨款结转结余”栏中各项目，应当根据“财政拨款结转”“财政拨款结余”及其明细科目的年初余额填列。

（2）“调整年初财政拨款结转结余”栏中各项目，应当根据“财政拨款结转”“财政拨款结余”科目下“年初余额调整”明细科目及其所属明细科目的本年发生额填列。

（3）“本年归集调入”栏中各项目，应当根据“财政拨款结转”科目下“归集调入”明细科目及其所属明细科目的本年发生额填列。

（4）“本年归集上缴或调出”栏中各项目，应当根据“财政拨款结转”“财政拨款结余”科目下“归集上缴”科目和“财政拨款结转”科目下“归集调出”明细科目，及其所属明细科目的本年发生额填列。

（5）“单位内部调剂”栏中各项目，应当根据“财政拨款结转”和“财政拨款结余”科目下的“单位内部调剂”明细科目及其所属明细科目的本年发生额填列。

（6）“本年财政拨款收入”栏中各项目，应当根据“财政拨款预算收入”科目及其所属明细科目的本年发生额填列。

（7）“本年财政拨款支出”栏中各项目，应当根据“行政支出”“事业支出”等科目及其所属明细科目本年发生额中的财政拨款支出数的合计数填列。

（8）“年末财政拨款结转结余”栏中各项目，应当根据“财政拨款结转”“财政拨款结余”科目及其所属明细科目的年末余额填列。

课程思政

1. 政府会计报表编制的思政元素

编制财务报告要手脑并用，处理票据业务要细心精确，审核原始单据要独立公正，编制记账凭证要规范，完成账簿的登记要及时，编制会计报表要没有水分。通过这些做法培养会计人员相关的职业品质。

2. 政府会计报表列报的思政元素

会计报表信息披露需充分可信，言务清，言务尽。通过这些做法让会计人员明确会计是用数据说话、靠证据做事的职业，会计人员需要具备对虚假信息说“不”的能力和勇气。

热点思考题

1. 政府单位资产负债表中受托代理负债项目应依据什么平衡公式填写列报？

2. 政府单位现金流量表中的现金包括哪些项目？

3. 政府单位现金流量表中的财政应返还额度及财政直接支付下形成的现金流量如何填报？

4. 预算会计报表中的预算结余与现金流量表中的现金净增加额有何区别？

5. 如果本年盈余与预算结余有差异说明什么？

课后习题

一、单项选择题

1. 下列各项中不属于行政事业单位财务会计报表的是（　　）。

A. 现金流量表　　B. 净资产变动表

C. 财政拨款收入支出表　　D. 收入费用表

2. 反映累计盈余、专用基金和权益法调整等年度变动情况的报表是（　　）。

A. 预算结转结余变动表　　B. 现金流量表

C. 会计报表附注　　D. 净资产变动表

二、多项选择题

1. “货币资金”项目应当根据“银行存款”（　　）“其他货币资金”科目的期末余额的合计数填列。

A. “商业汇票”　　B. “银行汇票”

C. “微信支付宝存款”　　D. “零余额账户用款额度”

2. 收入费用表是反映单位在某一会计期间内发生的（　　）情况的报表。

A. 收入　　B. 费用　　C. 利润　　D. 当期盈余

三、判断题

1. 年初预算结转结余±年初余额调整±本年变动金额=年末预算结转结余。（　　）

2. 政府单位资产负债表中“公共基础设施净值”项目应当根据“公共基础设施”科目期末余额减去“公共基础设施累计折旧（摊销）”科目期末余额后的金额填列。（　　）

附 录 1

民间非营利组织会计实务概览

内容要点

（一）民间非营利组织会计
（二）民间非营利组织捐赠业务的核算
（三）民间非营利组织受托代理业务的核算
（四）民间非营利组织会费业务的核算
（五）民间非营利组织业务活动成本业务的核算
（六）民间非营利组织净资产业务的核算
（七）民间非营利组织其他业务的核算

第一节　民间非营利组织会计

一、民间非营利组织的概念

民间非营利组织是指民间出资举办、不以营利为目的，从事教育、科技、文化、卫生、宗教等社会公益事业，提供公共产品的社会服务组织。它是与政府、企业并列的“第三部门”。它的存在可以有效弥补政府公共财政资金提供公共产品的不足，同时又可以避免企业的趋利倾向，在一定程度上解决政府失灵和市场失灵的问题，为促进社会各项事业综合、协调发展做出积极贡献。截至 2018 年底全国登记的社会组织共 81.7 万个，年均增长率近 8%。

民间非营利组织主要包括：

（一）社会团体

社会团体指学术性、行业性、专业性等按章程开展社会活动的组织，如中国会计学会。

（二）基金会

基金会指非经济类的专项事业，以基金会、协会命名。

【延伸思考】中国福利彩票是民间非营利组织吗?

解读：不属于“民间”机构，中国福利彩票发行管理中心是民政部直属正厅级事业单位，经民政部授权，对全国福利彩票发行和销售业务负全责，实施业务领导。其主要职责是：根据国家有关制度、规定，制定福利彩票发行、销售、开奖、兑奖等具体规则，制定专业标准和技术规范，提供技术支持和技术服务，调整发行销售计划，组织联合销售，负责资金结算，检查督促各地完成民政部下达的销售任务，受财政部监督。

（三）民办非企业单位

民办非企业单位是一个新概念。它是于1996年中央和国务院针对以往的民办事业单位这一概念所做出的修正。即事业单位是国家举办的，而民间不应再称事业单位。1998年10月，国务院颁布《民办非企业单位登记管理暂行条例》，将民办非企业单位界定为：企业事业单位、社会团体和其他社会力量以及公民个人利用非国有资产举办的，从事非营利性社会服务活动的社会组织。民办非企业单位较为集中和活跃的主要领域有：

（1）民办教育，如民办幼儿园、小学、中学、高校等；

（2）民办卫生事业，如民办门诊部（所）、医院、体检中心、疗养院等；

（3）民办文化事业，如民办艺术表演团体、文化馆（活动中心）、图书馆（室）、博物馆（院）、美术馆、画院、名人纪念馆、收藏馆、艺术研究院（所）等；

（4）科技事业，如民办科学研究院（所、中心），民办科技传播或普及中心、科技服务中心、技术评估所（中心）等；

（5）体育事业，如民办体育俱乐部，民办体育场、馆等；

（6）劳动事业，如民办职业培训学校或中心，民办职业介绍所等；

（7）民政事业，如民办福利院、敬老院、托老所、老年公寓，民办婚姻介绍所，民办社区服务中心（站）等。

【延伸思考】独立学院一定是民间非营利组织吗?

解读：不一定。转设成公办高校的不再是民办非企业单位，是事业单位属性，适用政府会计制度。

（四）寺院、宫观、清真寺、教堂

寺院、宫观、清真寺、教堂等也属于民间非营利组织。

二、民间非营利组织的特征

（一）该组织为公益目的或者其他非营利目的成立（非营利性）

这是民间非营利组织与营利性组织之间的本质区别，即该组织开展业务活动的目的和宗旨不是赚得利润，而是按照资金提供者的期望和要求，为社会带来更多的服务或商品。

但是强调民间非营利组织的非营利性，并不排除其因提供商品或社会服务而获取相应收入或者收取合理费用，只要这些营利活动的所得最终用于组织的非营利事业即可。

（二）该组织不向出资人、设立人或者会员分配所取得利润

民间非营利组织的资源主要来源于社会捐赠和缴纳会费。除此之外，提供商品和服务收入、政府补助收入等也是资源的来源渠道。如果获取回报，应当视为企业，适用企业会计准则和企业会计制度。

（三）出资人对投入该组织的财产不保留或享有任何财产权利

这一特征强调资金或者其他资源提供者在将资源投入民间非营利组织后不再享有相关所有者权益，如与所有者权益有关的资产出售、转让、处置权以及清算时剩余财产的分配权等，这一特征将民间非营利组织与企业区分开来，也将其与各行政事业单位区分开来。因为行政事业单位尽管也属于非营利组织，但是国家对这些组织及其净资产拥有所有权。

【延伸思考】民办非企业性质的学校一般采用什么会计制度？

解读：正式批准设立的非营利性民办学校符合《民办非企业单位登记管理暂行条例》登记为民办非企业单位法人的，执行《民间非营利组织会计制度》；登记为事业单位法人的执行政府会计制度；又营利又在工商局登记的，就是企业，执行企业会计制度。

【经典例题·判断题】民间非营利组织因提供商品或社会服务而获取相应收入或者收取合理费用，违背了不以营利为宗旨和目的的特征。（　　）

【答案解析】错误。民间非营利组织的非营利性，并不排除其因提供商品或社会服务而获取相应收入或者收取合理费用，只要这些营利活动的所得最终用于组织的非营利事业。

三、民间非营利组织会计

（一）民间非营利组织会计的概念

民间非营利组织会计是对民间非营利组织的财务收支活动进行连续、系统、综合的记录、计量和报告，以价值指标客观地反映业务活动过程，从而为业务管理和其他相关的管理工作提供信息。

（二）民间非营利组织会计的特点

（1）以权责发生制为会计核算基础。

（2）在采用历史成本计价的基础上，引入公允价值计量基础；公允价值的引入是由民间非营利组织的特殊业务活动所决定的，如通过接受捐赠等业务取得的资产，可能很难或者根本无法确定其实际成本，此时按照历史成本原则就无法满足对资产计量的要求，采用公允价值则可以解决资产计量问题。

（3）由于民间非营利组织的资源提供者既不享有组织的所有权，也不取得经济回报，因此，其会计要素不应包括所有者利益和利润，而是设置了净资产这一要素。

（4）由于民间非营利组织采用权责发生制作为会计核算基础，因此设置了费用要素，而没有使用行政、事业单位的支出要素。

【经典例题·单选题】下列关于民间非营利组织会计核算特点的表述中，错误的有（　　）。

A. 以权责发生制为会计核算基础　　B. 只采用历史成本计价

C. 设置了净资产这一要素　　D. 设置了费用要素

【正确答案】B

【答案解析】在采用历史成本计价的基础上，可以引入公允价值计量基础。

（三）民间非营利组织会计要素

1. 反映财务状况的会计要素

（1）资产（按其流动性分为流动资产、长期投资、固定资产、无形资产和受托代理资产等）。

（2）负债（按其流动性分为流动负债、长期负债和受托代理负债等）。

（3）净资产（资产－负债＝净资产），净资产应当按照其是否受到限制，分为限定性净资产和非限定性净资产等。

2. 反映业务活动情况的会计要素

（1）收入（按照其来源分为捐赠收入、会费收入、提供服务收入、政府补助收入、投资收益、商品销售收入等主要业务活动收入和其他收入等）。

（2）费用（按照其功能分为业务活动成本、管理费用、筹资费用和其他费用等）。

会计等式为：

收入－费用＝净资产变动额

【经典例题·多选题】下列各项中属于民间非营利组织会计要素的有（　　）。

A. 资产　　B. 费用　　C. 利润　　D. 所有者权益

【正确答案】AB

【答案解析】民间非营利组织的会计要素划分为反映财务状况的会计要素和反映业务活动情况的会计要素。反映财务状况的会计要素包括资产、负债和净资产；反映业务活动情况的会计要素包括收入和费用。

第二节　民间非营利组织捐赠业务的核算

一、捐赠的概念和特征

（一）捐赠的概念

捐赠属于非交换交易的一种，通常是指某个单位或个人（捐赠人）自愿地将现金或其他资产无偿地转让给另一单位或个人（受赠人），或者无偿地清偿或取消该单位或个人（受赠人）的负债。

这里的其他资产包括：债券、股票、产品、材料、设备、房屋、无形资产和劳务等。在实务中，民间非营利组织既可能作为受赠人，接受其他单位或个人的捐赠；也可能作为捐赠人，对其他单位和个人做出捐赠。

（二）捐赠的特征

（1）捐赠是无偿地转让资产或者取消负债，属于非交换交易。

（2）捐赠是自愿地转让资产或者取消负债，从而将捐赠与纳税、征收罚款等其他非交换交易区分开来。

（3）捐赠交易中资产或劳务的转让不带有商业目的，不属于所有者的投入或向所有者的分配。

（三）捐赠的实务判断注意事项

（1）应当将捐赠与受托代理交易等类似交易区分开来。

（2）可能某项交易的一部分属于捐赠交易，另一部分属于其他性质的交易。

（3）应当将政府补助收入与捐赠收入区分开来，分别核算和反映。

（4）民间非营利组织对于捐赠承诺不应确认，对于其接受的劳务捐赠，也不予确认，但应当在会计报表附注中作相关披露。

二、捐赠资产的确认与计量

（一）接受捐赠的现金资产

应当按照实际收到的金额入账。

（二）接受捐赠的非现金资产

接受捐赠的短期投资、存货、长期投资、固定资产和无形资产等，捐赠方提供了有关凭据（如发票、报关单、有关协议等）的，应当按照凭据上标明的金额作为入账价值；如果凭据上标明的金额与受赠资产公允价值相差较大，受赠资产应当以其公允价值作为其入账价值。捐赠方没有提供有关凭据的，受赠资产应当以其公允价值作为入账价值。

三、捐赠收入的核算案例

（一）核算原理

捐赠收入是指民间非营利组织接受其他单位或者个人捐赠所取得的收入，应当根据相关资产提供者对资产的使用是否设置了限制，划分为限定性收入和非限定性收入分别进行核算。

一般情况下，对于无条件的捐赠，民间非营利组织应当在捐赠收到时确认收入；对于附条件的捐赠，应当在取得捐赠资产控制权时确认收入，但当民间非营利组织存在需要偿还全部或部分捐赠资产或者相应金额的现时义务时，应当根据需要偿还的金额同时确认一项负债和费用。

（二）核算分录

1. 接受捐赠时，按照应确认的金额记账

借：现金/银行存款/短期投资/存货/长期股权投资/长期债权投资等

　贷：捐赠收入——限定性收入/捐赠收入——非限定性收入

对于接受的附条件捐赠，如果存在需要偿还全部或部分捐赠资产或者相应金额的现时义务时（如因无法满足捐赠所附条件而必须将部分捐赠款退还给捐赠人时），按照需要偿还的金额：

借：管理费用

　贷：其他应付款

2. 限定性捐赠转为非限定性捐赠

如果限定性捐赠收入的限制在确认收入的当期得以解除，应当将其转为非限定性捐赠收入。

借：捐赠收入——限定性收入

　贷：捐赠收入——非限定性收入

3. 期末

借：捐赠收入——限定性收入

　贷：限定性净资产

借：捐赠收入——非限定性收入

　贷：非限定性净资产

期末结转后“捐赠收入”科目应无余额。

【延伸思考】什么是限定性净资产？

举例解读：某捐赠组织于 2020 年向当地民间非营利医院捐赠 50 万元，但要求该医院只能在 2021 年后才能用于特定目的。可见，捐赠者为该医院什么时间使用此项捐款设置了时间性限定。若捐赠者捐赠的资金是为了扶持当地民间非营利医院抗击新冠肺炎疫情，要求资金只能用于医疗设备的购置，那么捐赠者为该医院如何使用此项捐款设置了用途限定。时间和用途限制会随着时间流逝，具有暂时性，一旦满足了规定条件，限制就消失了。

【经典例题·实操题】某儿童基金会 2021 年发生如下经济业务：

(1) 8 月 24 日，与某企业签订一份捐赠协议，协议规定，该企业向该基金会捐赠 5 000 万元，其中 4 000 万元用于资助贫困地区的儿童教育，1 000 万元用于此次捐赠活动的宣传和管理，款项将在协议签订后的 10 日内汇至该儿童基金会银行账户。

(2) 根据此协议，9 月 2 日，该基金会收到捐款 5 000 万元，款项存入银行。

(3) 9 月 4 日，该基金会将 4 000 万元用于资助贫困地区的儿童教育，并发生了 30 万元的管理费用。

(4) 9 月 14 日，该基金会与该企业又签订一份补充协议，协议规定，此次捐赠活动结余款项中的 100 万元由该儿童基金会自由支配。至年末此结余未支出。

(5) 10 月 30 日，该儿童基金会收到政府补助款 100 万元，已转入该基金会的银行账户，此款项专门用于某市儿童流感疫苗相关款项支付。

(6) 11 月 30 日，儿童基金会接受某企业捐赠的 3 600 万元，未限定用途，相关款项已收存银行。

要求：

(1) 编制该儿童基金会上述业务的相关会计分录；

(2) 不考虑期初余额的影响，计算2020年限定性净资产、非限定性净资产的金额，并编制相关的会计分录。

【解析】

(1) 编制该儿童基金会上述业务的相关会计分录。

①8月24日，不满足捐赠收入的确认条件，不需要进行账务处理。

②9月2日，按照收到的捐款金额，确认捐赠收入（单位：万元，下同）。

借：银行存款　5 000

　贷：捐赠收入——限定性收入　5 000

③9月4日，使用捐款。

借：业务活动成本　4 000

　　管理费用　30

　贷：银行存款　4 030

借：捐赠收入——限定性收入　4 030

　贷：捐赠收入——非限定性收入　4 030

④9月14日，结余款项转为非限定性收入。

借：捐赠收入——限定性收入　100

　贷：捐赠收入——非限定性收入　100

⑤10月30日，收到政府补助收入。

借：银行存款　100

　贷：政府补助收入——限定性收入　100

⑥11月30日，接受企业捐赠。

借：银行存款　3 600

　贷：捐赠收入——非限定性收入　3 600

(2) 不考虑期初余额的影响，计算2020年限定性净资产、非限定性净资产的金额，并编制相关的会计分录。

限定性净资产＝5 000－4 030－100＋100＝970（万元）

非限定性净资产＝－4 030＋4 030＋100＋3 600＝3 700（万元）

借：捐赠收入——限定性收入（5 000－4 030－100）　870

　　政府补助收入——限定性收入　100

　贷：限定性净资产　970

借：捐赠收入——非限定性收入（4 030＋100＋3 600）　7 730

　贷：业务活动成本　4 000

　　　管理费用　30

　　　非限定性净资产　3 700

第三节　民间非营利组织受托代理业务的核算

一、受托代理业务的概念

受托代理业务是指民间非营利组织从委托方收到受托资产并按照委托人的意愿将资产转赠给指定的其他组织或者个人的受托代理过程。

民间非营利组织在业务活动中，有时会充当中间人的角色，帮助捐赠人将款项或其他资产转赠给其他单位或个人。在这种业务活动中，民间非营利组织通常只是从委托方取得现金或其他资产，然后按照委托人的意愿将这些资产转赠给委托人指定的第三方，或者按照有关规定将资产转交给指定的其他组织或者个人。民间非营利组织本身在此业务活动过程中只是起中介作用，没有权力改变上述资产的用途或者变更受益人。

二、受托代理业务界定的四项规则

民间非营利组织的受托代理业务与其通常从事的捐赠活动存在本质上的差异。

其一，在受托代理业务中，民间非营利组织并不是受托代理资产的最终受益人，只是代受益人保管这些资产。而对于接受捐赠的资产，民间非营利组织对于资产以及资产带来的收益具有控制权。

其二，在受托代理业务中，民间非营利组织只是起到中介的作用，帮助委托人将资产转赠或转交给指定的受益人，并没有权力改变受益人和受托代理资产的用途。受托代理业务与资产提供者设置了用途限制的捐赠有时候看起来很类似。但是，在限定性捐赠中，民间非营利组织在按照资产提供者要求使用这些受赠资产的前提下，具有一定的自主权，可以在资产提供者的限定范围内选择具体的受益人。

其三，在受托代理业务中，委托人通常需要明确指出具体受益人的姓名或受益单位的名称，才能称为“指定的”受益人。委托人有时会从民间非营利组织提供的名单中指定一个或若干个受益人，也符合受托代理业务的概念。比如，在希望工程中，基金会向社会公布有哪些失学儿童需要资助，捐赠人就可以从中认领一名或多名儿童，资助他们上学。

其四，受托代理业务通常应当签订明确的书面协议，而且通常是委托方、受托方和受益人三方共同签订的。但在有些情况下也可能没有书面协议，这时，民间非营利组织应当结合具体情况，根据受托代理业务的概念进行判断。比如，民间非营利组织可能为某个具体的个人或单位举办一场慈善活动，声明在此次活动中收到的款项将由组织转交给该个人或单位，那么这些款项就应当被确认为该组织的受托代理资产，并同时确认相应的受托代理负债。

三、受托代理业务的核算

民间非营利组织收到受托代理资产时：

借：受托代理资产

　贷：受托代理负债

收到的受托代理资产如果为现金、银行存款或其他货币资金，可以不通过“受托代理资产”科目核算：

借：现金——受托代理资产

　　银行存款——受托代理资产

　　其他货币资金——受托代理资产

　贷：受托代理负债

在转赠或者转出受托代理资产时，应当按照转出受托代理资产的账面余额：

借：受托代理负债

　贷：受托代理资产

【经典例题·实操题】

(1) 2×21 年 12 月 10 日，甲民间非营利组织、乙民间非营利组织与丙企业共同签订一份捐赠协议，协议规定：丙企业将通过甲民间非营利组织向乙民间非营利组织下属的 10 家儿童福利院（附有具体的受赠福利院名单）捐赠全新的台式电脑 100 台，每家福利院 10 台。每台电脑的账面价值为 1 万元。丙企业应当在协议签订后的 10 日内将电脑运至甲民间非营利组织。甲民间非营利组织应当在电脑运抵后的 20 日内派志愿者将电脑送至各福利院，并负责安装。2×21 年 12 月 18 日，丙企业按照协议规定将电脑运至甲民间非营利组织。假设截至 2×21 年 12 月 31 日，甲民间非营利组织尚未将电脑送至各福利院。

要求：根据上述资料做出甲民间非营利组织的相关账务处理。

【解析】首先根据协议规定判断，此项交易对于甲民间非营利组织属于受托代理交易。2×21 年 12 月 18 日，收到电脑时（单位：万元）：

借：受托代理资产——电脑（100×1）　　100

　贷：受托代理负债　　100

另外，甲民间非营利组织应当在 2×21 年 12 月 31 日资产负债表中单设“受托代理资产”和“受托代理负债”项目，金额均为 100 万元。同时，应当在会计报表附注中披露该受托代理业务的情况。

(2) 2×21 年 12 月 1 日，甲基金会与乙企业签订一份捐赠合作协议，协议规定：乙企业将通过甲基金会向丙学校捐款 200 万元，乙企业应当在协议签订后的 10 日内将款项汇往甲基金会银行账户，甲基金会应当在收到款项后的 10 日内将款项汇往丙学校的银行账户。2×20 年 12 月 8 日，乙企业按照协议规定将款项汇至甲基金会账户。

2×21年12月15日，甲基金会按照协议规定将款项汇至丙学校账户。假设不考虑其他因素和税费。

要求：根据上述资料做出甲基金会的相关账务处理。

【解析】首先根据协议规定判断，此项交易对于甲基金会属于受托代理交易。

①2×21年12月8日，收到银行存款时（单位：万元，下同）。

借：银行存款——受托代理资产　　200

　贷：受托代理负债　　200

②2×21年12月15日，转出银行存款时。

借：受托代理负债　　200

　贷：银行存款——受托代理资产　　200

第四节　民间非营利组织会费业务的核算

一、会费收入的概念

会费收入是指民间非营利组织根据章程等的规定向会员收取的会费。一般情况下，民间非营利组织的会费收入为非限定性收入，除非相关资产提供者对资产的使用设置了限制。民间非营利组织的会费收入通常属于非交换交易收入。

二、会费收入业务的确认

在民间非营利组织中，会费收入可能属于交换性交易收入，也可能属于非交换性交易收入。如果会员与民间非营利组织在缴纳会费的业务上存在等价交换关系，如民间非营利组织需要向会员提供相应的服务或物品，那么，这种会费收入属于交换性交易收入。如果会员与民间非营利组织在缴纳会费的业务上不存在等价交换关系，如会员纯粹是为了帮助民间非营利组织实现组织目标，那么，这种会费收入属于非交换性交易收入。属于交换性交易收入的会费收入，可以参照提供服务收入或商品销售收入的收入确认方法进行确认。属于非交换性交易的会费收入，可以参照捐赠收入的收入确认方法进行确认。

三、会费收入业务的核算

会费收入分为限定性收入与非限定性收入，按团体会费和个人会费设置明细核算。

【经典例题·实操题】根据下列资料做出甲社会团体的相关账务处理。

（1）按照甲社会团体会员代表大会通过的会费收缴办法的规定，单位会员应当按照上年度主营业务收入的2‰缴纳当年度会费，个人会员应当每年缴纳500元会费，每年度会费应当在当年度1月1日至12月31日缴纳；当年度不能按时缴纳会费的会员，将在下一年度的1月1日自动取消会员资格。假设2×21年1—12月，甲社会团体每月分别收到单位会员会费400万元（均以银行转账支付），个人会员会费10万元（均以邮局汇款支付）。

【解析】会计分录如下（单位：万元）：

借：银行存款	400	
现金	10	
贷：会费收入——非限定性收入		410

（2）2×21年12月31日，假设甲社会团体“会费收入”科目的账面余额为180万元，均属于非限定性收入。将“会费收入”科目明细科目的余额转入非限定性净资产。

【解析】会计分录如下（单位：万元）：

借：会费收入——非限定性收入	180	
贷：非限定性净资产		180

【经典例题·单选题】甲社会团体的个人会员每年应缴纳会费200元，缴纳期间为每年1月1日至12月31日，当年未按时缴纳会费的会员下年度自动失去会员资格。该社会团体共有会员1 000人。至2021年12月31日，800人缴纳当年会费，100人缴纳2021—2023年度的会费，100人尚未缴纳当年会费，该社会团体2021年度应确认的会费收入为（　　）万元。

A. 17　　B. 18　　C. 25　　D. 26

【正确答案】B

【答案解析】会费收入体现在“会费收入”科目中，反映的是当期会费收入的实际发生额。有100人的会费没有收到，不符合收入确认条件。应确认的会费收入＝200×(800＋100)/10 000＝18(万元)。

第五节　民间非营利组织业务活动成本业务的核算

一、业务活动成本的概念

业务活动成本是指民间非营利组织为了实现其业务活动目标、开展某项目活动或者提供服务所发生的费用。

如果民间非营利组织从事的项目、提供的服务或者开展的业务比较单一，可以将相关费用全部归集在“业务活动成本”项目下进行核算和列报；如果民间非营利组织从事的项目、提供的服务或者开展的业务种类较多，应当在“业务活动成本”项目下分项目、服务或者业务大类进行核算和列报。民间非营利组织的业务活动成本应当在实际发生时按其发生额计入当期费用。

【延伸思考】与管理费用相比，业务活动成本的特点是民间非营利组织直接为服务对象发生的费用；而管理费用是民间非营利组织为组织和管理业务活动发生的费用。例如，慈善基金会的业务活动项目可能会有儿童康复项目、安老服务项目、慈善培训服务项目等；红十字会的业务活动项目可能会有赈济活动项目、社区活动项目、中小学活动项目等。

二、业务活动成本的核算

民间非营利组织为了核算其因实现业务活动目标、开展项目活动或者提供服务所发生的费用，应当设置“业务活动成本”科目。业务活动成本的主要账务处理如下：

（1）发生的业务活动成本。

借：业务活动成本

　　贷：现金、银行存款、存货、应付账款

（2）会计期末，将“业务活动成本”科目的余额转入非限定性净资产。

借：非限定性净资产

　　贷：业务活动成本

【经典例题·实操题】根据下列资料做出相关账务处理。

（1）2×21 年 8 月 5 日，某社会团体对外售出杂志 4 万份，每份售价 5 元，款项已于当日收到（假定均为银行存款），每份杂志的成本为 2 元。假定销售符合收入确认条件，暂不考虑相关税费。

【解析】按照配比原则，在确认销售收入时，应当结转相应的成本（单位：万元）：

借：银行存款　20

　　贷：商品销售收入　20

借：业务活动成本——商品销售成本　8

　　贷：存货　8

（2）某民间非营利组织按月计提乙项目业务活动使用的固定资产折旧费用 1 930 元。

【解析】民间非营利组织应编制如下会计分录：

借：业务活动成本——乙项目　1 930

　　贷：累计折旧　1 930

（3）2×21 年 12 月 31 日，某民间非营利组织“业务活动成本”科目的借方余额为 160 万元。

【解析】该民间非营利组织的年末结转业务活动成本时，应做如下账务处理（单位：万元）：

借：非限定性净资产　160

　　贷：业务活动成本　160

【经典例题·单选题】2021年6月，某民办医院销售药品，价款30万元，药品成本为25万元，价款已经存入银行，不考虑增值税等因素。下列有关会计处理的说法中，不正确的是（　　）。

A. 借记“银行存款”科目30万元，贷记“商品销售收入”科目30万元

B. 期末，“业务活动成本”科目余额转入“限定性净资产”科目

C. 借记“业务活动成本”科目25万元，贷记“存货”科目25万元

D. 期末，“业务活动成本”科目余额转入“非限定性净资产”科目

【正确答案】B

【答案解析】“业务活动成本”科目借方反映当期业务活动成本的实际发生额。在会计期末，应当将该科目当期借方发生额转入“非限定性净资产”科目，期末结转后该科目应无余额。

第六节　民间非营利组织净资产业务的核算

按照是否受到限制，民间非营利组织的净资产分为限定性净资产和非限定性净资产。

一、限定性净资产

（一）限定性净资产的概念

在民间非营利组织中，如果资产或者资产所产生的经济利益，如投资收益等的使用受到资产提供者或者国家有关法律、行政法规所设置的时间限制或用途限制，那么由此形成的净资产为限定性净资产。国家有关法律、行政法规对净资产的使用直接设置限制的，该受限制的净资产也为限定性净资产。

（二）期末结转限定性收入

（1）民间非营利组织限定性净资产的主要来源是获得的限定性收入（主要是限定性捐赠收入和政府补助收入）。期末，民间非营利组织应当将当期限定性收入的贷方余额转为限定性净资产。

借：捐赠收入——限定性收入

　　政府补助收入——限定性收入

　贷：限定性净资产

（2）限定性净资产的重分类——如果限定性净资产的限制已经解除，应当对净资产进行重新分类，将限定性净资产转为非限定性净资产。

借：限定性净资产

贷：非限定性净资产

【经典例题·实操题】根据下列资料做出相关账务处理。

（1）2×21 年 11 月 5 日，某捐资举办的民办学校获得一笔 60 万元的捐款，捐款人要求将款项用于奖励该校 2×22 年度科研竞赛的前十名学生。

【解析】该民办学校应做如下账务处理：

①2×21 年 11 月 5 日，收到捐款时（单位：万元，下同）。

借：银行存款 60

贷：捐赠收入——限定性收入 60

②2×21 年 12 月 31 日，将捐赠收入结转到限定性净资产。

借：捐赠收入——限定性收入 60

贷：限定性净资产 60

（2）该民办学校在 2×21 年 12 月 7 日，又得到一笔 200 万元的政府实拨补助款，要求用于资助贫困学生。

【解析】该民办学校的账务处理如下：

①2×21 年 12 月 7 日，收到补助款（单位：万元，下同）。

借：银行存款 200

贷：政府补助收入——限定性收入 200

②2×21 年 12 月 31 日，将政府补助收入结转到限定性净资产。

借：政府补助收入——限定性收入 200

贷：限定性净资产 200

（3）假设该民办学校在 2×22 年 10 月将 2×21 年收到的 60 万元捐款以现金的形式奖励给了科研比赛的前十名学生。

【解析】该民办学校的账务处理如下（单位：万元）：

借：业务活动成本 60

贷：现金 60

借：限定性净资产 60

贷：非限定性净资产 60

二、非限定性净资产

（一）非限定性净资产的概念

在民间非营利组织中，非限定性净资产是指除了限定性净资产之外的其他净资产。尽管非限定性净资产没有直接明确的使用限制条件，但非限定性净资产的使用仍然需要与民间非营利组织的使命或运行目的或总体目标相符合，而不能随意使用在不符合民间非营利组织运行目的的活动上。

（二）非限定性净资产的核算

1. 期末结转非限定性收入和成本费用项目

借：捐赠收入——非限定性收入
　　会费收入——非限定性收入
　　提供服务收入——非限定性收入
　　政府补助收入——非限定性收入
　　商品销售收入——非限定性收入
　　投资收益——非限定性收入
　　其他收入——非限定性收入
　贷：非限定性净资产

同时，

借：非限定性净资产
　贷：业务活动成本
　　　管理费用
　　　筹资费用
　　　其他费用

“非限定性净资产”科目的期末贷方余额，反映民间非营利组织历年积存的非限定性净资产金额。

【经典例题·实操题】根据下列资料做出相关账务处理。

（1）某民间非营利组织年终结转“非限定性收入”科目贷方余额。其中，“捐赠收入——非限定性收入”56 840元，“会费收入——非限定性收入”7 540元，“提供服务收入——非限定性收入”14 750元，“政府补助收入——非限定性收入”39 740元，“商品销售收入——非限定性收入”6 580元，“投资收益——非限定性收入”4 650元，“其他收入——非限定性收入”800元。民间非营利组织应编制如下会计分录：

借：捐赠收入——非限定性收入	56 840	
会费收入——非限定性收入	7 540	
提供服务收入——非限定性收入	14 750	
政府补助收入——非限定性收入	39 740	
商品销售收入——非限定性收入	6 580	
投资收益——非限定性收入	4 650	
其他收入——非限定性收入	800	
贷：非限定性净资产		130 900

（2）某民间非营利组织年终结转费用类科目借方余额。其中，“业务活动成本”88 420元，“管理费用”22 450元，“筹资费用”8 960元，“其他费用”570元。民间非营利组织应编制如下会计分录：

借：非限定性净资产	120 400	

贷：业务活动成本　　88 420
　　管理费用　　22 450
　　筹资费用　　8 960
　　其他费用　　570

2. 限定性净资产的重分类

如果限定性净资产的限制已经解除，应当对净资产进行重新分类。

【经典例题·实操题】2×20 年 2 月 4 日，某基金会取得一项捐款 300 万元，捐赠人限定将该款项用于购置医疗设备。2×21 年 1 月 12 日，某基金会购入设备，价值 280 万元。2×21 年 2 月 19 日，经与捐赠人协商，捐赠人同意将剩余的款项 20 万元留归该基金会自主使用。

【解析】该基金会应做如下账务处理：

（1）2×20 年 2 月 4 日，取得捐赠（单位：万元，下同）。

借：银行存款　　300
　贷：捐赠收入——限定性收入　　300

（2）2×20 年 12 月 31 日，将捐赠收入结转到限定性净资产。

借：捐赠收入——限定性收入　　300
　贷：限定性净资产　　300

（3）2×21 年 1 月 12 日，购入设备。

借：固定资产　　280
　贷：银行存款　　280

由于该捐赠的限定条件已经满足，应当记录限定性净资产的重分类。

借：限定性净资产　　280
　贷：非限定性净资产　　280

（4）2×21 年 2 月 19 日，将限定性净资产进行重分类。

借：限定性净资产　　20
　贷：非限定性净资产　　20

3. 调整以前期间非限定性收入、费用项目

如果因调整以前期间非限定性收入、费用项目而涉及调整非限定性净资产的，应当就需要调整的金额，借记或贷记有关科目，贷记或借记“非限定性净资产”科目。

【经典例题·实操题】2×21 年 6 月 30 日，某基金会发现上一年度的一项无形资产摊销 8 000 元未记录。该基金会应当追溯调整 2×20 年度业务活动表中的管理费用（调增 8 000 元），减少非限定性净资产期初数 8 000 元。

【解析】该基金会的账务处理如下：

借：非限定性净资产（期初数）　　8 000
　贷：无形资产　　8 000

第七节　民间非营利组织其他业务的核算

一、关于长期待摊费用

（1）民间非营利组织应当增设“1801 长期待摊费用”科目，核算已经发生但应由本期和以后各期负担的分摊期限在 1 年以上（不含 1 年）的各项费用，如以经营租赁方式租入的固定资产发生的改良支出等。

（2）民间非营利组织发生长期待摊费用时，借记“长期待摊费用”科目，贷记“银行存款”等科目。摊销长期待摊费用时，借记“业务活动成本”“管理费用”等科目，贷记“长期待摊费用”科目。

（3）“长期待摊费用”科目期末借方余额，反映民间非营利组织尚未摊销完毕的长期待摊费用。

（4）民间非营利组织应当在资产负债表资产部分“无形资产”项目与“受托代理资产”项目之间增加“长期待摊费用”项目。本项目应当根据“长期待摊费用”科目的期末余额填列。

二、关于注册资金

（1）民间非营利组织设立时取得的注册资金，其使用受到时间限制、用途限制的，在取得时直接计入限定性净资产；其使用没有受到时间限制、用途限制的，在取得时直接计入非限定性净资产。

（2）民间非营利组织变更登记注册资金，不涉及资金变动的，无须进行会计处理；涉及接受资金投入的，应当记入“捐赠收入”等科目。

（3）民间非营利组织设立时取得的注册资金，应当在现金流量表“收到的其他与筹资活动有关的现金”项目中填列。

三、关于以前年度净资产调整

民间非营利组织应当增设“3201 以前年度净资产调整”科目，核算本年度发生的调整以前年度净资产的事项，包括本年度发生的重要前期差错更正等涉及调整以前年度净资产的事项。本科目应当设置“非限定性净资产”“限定性净资产”明细科目，分别核算调整非限定性净资产、限定性净资产的金额。调整增加以前年度收入时，借记有关科目，贷记本科目；调整减少以前年度收入时，作相反会计分录。调整增加以前年度费用时，借记本科目，贷记有关科目；调整减少以前年度费用时，作相反会计分录。经上述调整后，应将本科目的余额转入净资产，分别借记或贷记“非限定性净资产”“限定性净资产”科目，贷记或借记本科目相关明细科目。

民间非营利组织如果发生了因前期差错更正等调整以前年度净资产的事项，应当对资产负债表“年初数”栏中的有关项目金额进行相应调整，并在会计报表附注中说明以前年度净资产调整的情况。

四、关于承接政府购买服务取得的收入

民间非营利组织对于从政府取得的收入，应当区分交换交易所形成的收入和非交换交易所形成的收入。承接政府购买服务属于交换交易，取得的相关收入应记入“提供服务收入”等科目，不记入“政府补助收入”科目。

五、关于收入退回

一般情况下，退回属于本年度的收入，借记相关收入科目，贷记“现金”“银行存款”等科目；退回属于以前年度的收入，借记“以前年度净资产调整”科目，贷记“现金”“银行存款”等科目。

对于接受的附条件捐赠，存在需要偿还全部或部分捐赠资产或者相应金额的现时义务时（比如因无法满足捐赠所附条件而必须将部分捐赠款退还给捐赠人时），应当区分情况进行处理：因管理不善造成的收入退回应当记入“管理费用”科目，并非因管理不善造成的收入退回（比如具体捐助对象不再满足捐助条件、执行捐助项目节约资金等）应当按照一般情况下收入退回进行会计处理。

六、关于存款利息收入

民间非营利组织取得的存款利息，属于在借款费用应予资本化的期间内发生的与购建固定资产专门借款有关的存款利息，应当冲减在建工程成本；除此以外的存款利息应当计入其他收入，不再冲减筹资费用。

七、关于涉税业务

（1）民间非营利组织应当增设“5501 税金及附加”一级科目，核算其业务活动发生的消费税、城市维护建设税、资源税、教育费附加、房产税、城镇土地使用税、车船税、印花税等相关税费。发生相关纳税义务时，借记本科目，贷记“应交税金”等科目。期末，将本科目本期发生额转入非限定性净资产，借记“非限定性净资产”科目，贷记本科目。

（2）民间非营利组织应当增设“5601 所得税费用”一级科目，核算有企业所得税

缴纳义务的民间非营利组织按规定缴纳企业所得税所形成的费用。发生所得税缴纳义务时，借记本科目，贷记“应交税金”等科目。期末，将本科目本期发生额转入非限定性净资产，借记“非限定性净资产”科目，贷记本科目。

（3）民间非营利组织涉及的增值税业务，应当参照《增值税会计处理规定》（财会〔2016〕22 号），在“应交税金”科目下设置相关明细科目，并进行账务处理。

（4）民间非营利组织应当在业务活动表费用部分“业务活动成本”项目与“管理费用”项目之间增加“税金及附加”项目。本项目应当根据“税金及附加”科目的本期发生额分析填列。

（5）民间非营利组织应当在业务活动表费用部分“其他费用”项目与“费用合计”项目之间增加“所得税费用”项目。本项目应当根据“所得税费用”科目的本期发生额分析填列。

八、关于资产减值损失

（1）民间非营利组织应当增设“5701 资产减值损失”一级科目，核算民间非营利组织各项资产减值准备所形成的损失，不再通过“管理费用”科目核算。

（2）民间非营利组织对于因提取短期投资、应收款项、存货、长期投资、固定资产、无形资产等资产减值准备而确认的资产减值损失，借记“资产减值损失”科目，贷记相关资产减值准备科目。冲减或转回资产减值准备，借记相关资产减值准备科目，贷记“资产减值损失”科目。

九、关于长期股权投资和合并会计报表

（1）对于因接受股权捐赠形成的表决权、分红权与股权比例不一致的长期股权投资，民间非营利组织应当根据经济业务实质判断是否对被投资单位具有控制、共同控制或重大影响。

（2）民间非营利组织对外投资，对被投资单位具有控制权的，应当视管理需要编制合并会计报表。

十、关于出资设立其他民间非营利组织

（1）民间非营利组织按规定出资设立其他民间非营利组织，不属于《民间非营利组织会计制度》规定的长期股权投资，应当计入当期费用。设立与实现本组织业务活动目标相关的民间非营利组织的，相关出资金额记入“业务活动成本”科目；设立与实现本组织业务活动目标不相关的民间非营利组织的，相关出资金额记入“其他费用”科目。

（2）民间非营利组织出资设立其他民间非营利组织并将出资金额计入长期股权投资

的，应当自 2020 年 6 月 15 日起，将原“长期股权投资”科目余额中对其他民间非营利组织的出资金额转入“非限定性净资产”科目（以前年度出资）或“业务活动成本”“其他费用”科目（本年度出资）。

热点思考题

1. 民办非企业性质的学校一般采用什么会计制度？

2. 限定性净资产与非限定性净资产有何区别？

3. 民间非营利组织会计要素与政府会计要素、企业会计要素有何不同？

4. 民间非营利组织取得的存款利息与政府会计取得的利息核算有何不同？

5. 民间非营利组织承接政府购买服务属于交换交易，取得的相关收入应当记入“提供服务收入”科目还是“政府补助收入”科目？

课后习题

一、单项选择题

1. 甲社会团体的个人会员每年应缴纳会费 200 元，缴纳期间为每年 1 月 1 日—12 月 31 日，当年未按时缴纳会费的会员下年度自动失去会员资格。该社会团体共有会员 1 000 人。至 2019 年 12 月 31 日，800 人缴纳当年会费，150 人缴纳 2019—2021 年度的会费，50 人尚未缴纳当年会费，该社会团体 2019 年度应确认的会费收入为（　　）元。

A. 190 000　　B. 200 000　　C. 250 000　　D. 260 000

2. 对于因无法满足捐赠所附条件而必须退还给捐赠人的部分捐赠款项，民间非营利组织应将该部分需要偿还的款项确认为（　　）。

A. 管理费用　　B. 其他费用　　C. 筹资费用　　D. 业务活动成本

二、多项选择题

1. 某民办眼科医院 2020 年 12 月 6 日收到甲公司 100 万元的现金捐赠，甲公司要求该款项用于资助 60 岁以上老人白内障手术。2021 年 1 月用该款项资助 60 岁以上老人白内障手术支出 20 万元。假定年末结转净资产。下列会计处理正确的有（　　）。

A. 2020 年 12 月 6 日，收到现金捐赠贷记“捐赠收入——限定性收入”100 万元

B. 2020 年 12 月 31 日，将捐赠收入转入“限定性净资产”科目的贷方

C. 2021 年 1 月，支出 20 万元计入业务活动成本

D. 2021 年 1 月，将限定性净资产转为非限定性净资产

2. 下列各项中属于民间非营利组织应确认为捐赠收入的有（　　）。

A. 接受劳务捐赠　　B. 接受有价证券捐赠

C. 接受公用房捐赠　　D. 接受货币资金捐赠

三、判断题

1. 民间非营利组织受托代理的非现金资产，如果资产凭据上标明的金额与其公允价值相差较大，应以该资产的公允价值作为入账价值。 （ ）

2. 民间非营利组织的限定性净资产的限制即使已经解除，也不应当对净资产进行重新分类。 （ ）

四、实务操作题

资料：2020 年 12 月 6 日，A 基金会取得一笔捐赠款 600 万元，捐赠人限定将该款项用于购置某设备；2021 年 1 月 6 日，A 基金会购入该设备，价值为 590 万元；2021 年 1 月 31 日，经与捐赠人协商同意将剩余款项 10 万元留归 A 基金会。

要求：根据上述业务分别编制 A 基金会下列分录：

（1）2020 年 12 月 6 日 A 基金会取得捐赠款 600 万元。

（2）2020 年 12 月 31 日 A 基金会结转取得捐赠款 600 万元。

（3）2021 年 1 月 6 日购入该设备。

（4）由于该捐赠的限定条件已经满足，应当对净资产进行重新分类，将限定性净资产转为非限定性净资产。

（5）2021 年 1 月 31 日将剩余款项 10 万元留归 A 基金会。

附 录 2

“十四五”时期政府会计改革展望[①]

财政是国家治理的基础和重要支柱，政府及非营利组织会计是财政管理的一项重要基础工作。《会计改革与发展“十四五”规划纲要》（以下简称《规划纲要》）紧密围绕财政中心工作和经济社会发展需要，站在会计改革与发展全局高度，提出了“十四五”时期政府及非营利组织会计改革的总体目标和主要任务，为新阶段政府及非营利组织会计改革工作指明了方向，是做好今后一段时期政府及非营利组织会计准则制度建设工作的行动纲领。

一、“十三五”时期政府及非营利组织会计改革成果丰硕

“十三五”期间，财政部按照党中央、国务院决策部署，立足中国国情，坚持问题导向，积极、稳妥、有序推进政府会计改革，基本建成具有中国特色的政府会计准则制度体系并推动其全面有效实施，同时不断完善非营利组织及基金（资金）类会计标准，圆满完成《会计改革与发展“十三五”规划纲要》确定的各项任务，在服务财政中心工作和促进经济社会健康发展等方面取得积极成效。

（一）政府会计准则制度体系基本建成

按照国务院批转财政部的《权责发生制政府综合财务报告制度改革方案》的要求，在2015年出台的《政府会计准则——基本准则》基础上，相继印发了存货、投资、固定资产、无形资产、公共基础设施、政府储备物资、负债、会计调整、财务报表编制和列报、政府和社会资本合作项目合同等10项具体准则及2项具体准则应用指南，1项统一适用于行政事业单位的《政府会计制度——行政事业单位会计科目和报表》（以下简称《政府会计制度》），7项行业事业单位执行《政府会计制度》的补充规定及11项新旧会计制度衔接规定，3项政府会计准则制度解释以及事业单位成本核算基本指引，构建了政府预算会计和财务会计适度分离又相互衔接的政府会计核算模式，基本建立起一套与我国现代财政制度相适应的具有中国特色的政府会计准则制度体系。此外，积极参与国际公共部门会计准则建设，不断提升我国在国际公共部

---

① 财政部：深化政府及非营利组织会计改革 夯实现代财政制度基础．中工网，2021-12-17.

门会计标准制定中的话语权和影响力。

（二）政府会计准则制度全面实施并取得积极成效

政府会计准则制度自 2019 年 1 月 1 日起在全国各级各类行政事业单位全面实施，实施工作总体有序、平稳、顺利，并取得积极成效：一是更加准确地反映预算执行情况，提高了部门决算编报质量；二是更加完整地反映政府财务状况，为政府财务报告编制奠定了核算基础；三是进一步摸清了政府资产负债“家底”，夯实了行政事业性国有资产报告的编制基础；四是准确反映成本费用信息，为预算单位推进成本核算、完善绩效管理提供了支撑；五是显著提升了行政事业单位财务会计人员的专业素质，促进了单位财务管理水平的提升。

在此过程中，财政部通过印发实施通知、组织宣传培训、联合部门开展调研等方式，多措并举推动政府会计准则制度贯彻实施；同时，建立健全政府会计准则委员会咨询专家机制和工作联系点单位机制，促进准则制度高质量实施。

（三）非营利组织和基金（资金）类会计标准更加健全

为促进社会组织健康发展，制定发布《〈民间非营利组织会计制度〉若干问题的解释》，进一步明确民间非营利组织有关经济业务或事项的会计处理；配合我国社会保障体系建设需要，修订发布《社会保险基金会计制度》，为更加准确、完整记录“民生账本”提供制度依据；制定发布《住宅专项维修资金会计核算办法》，进一步规范维修资金的会计核算，促进维修资金的规范管理和安全有效使用；审核批准印发《北京 2022 年冬奥会和冬残奥会组织委员会会计核算办法》，以规范北京冬奥组委的会计核算；对工会会计、土地储备资金会计和职业年金基金会计执行情况等进行深入调查研究，为修订完善相关会计标准奠定基础。

二、“十四五”时期政府及非营利组织会计改革面临的形势和挑战

政府及非营利组织会计是我国会计体系的重要组成部分，建立健全并有效实施政府及非营利组织会计准则制度是我国会计标准建设与实施的重要内容。“十三五”时期，政府及非营利组织会计改革取得积极进展，但随着国家财税体制改革的不断深入和经济社会的不断发展，政府及非营利组织会计改革面临更多机遇和挑战。

（一）财税体制改革不断深化，政府会计准则制度体系建设与实施有待进一步加强

1. 预算管理制度改革要求政府会计改革持续向深推进

2021 年初，国务院印发《关于进一步深化预算管理制度改革的意见》，就进一步深化预算管理制度改革，更好发挥财政在国家治理中的基础和重要支柱作用提出要求。意见指出，要“推动预算单位深化政府会计改革，全面有效实施政府会计标准体系，完善

权责发生制会计核算基础”，这就需要进一步完善政府会计准则制度体系，扎实推进政府会计准则制度全面有效实施，更好地为深化预算管理制度改革、推进权责发生制政府综合财务报告制度等工作奠定基础。

2. 深化国有资产管理对加强政府资产核算提出更高要求

近年来，随着国有资产报告工作的深入开展和《行政事业性国有资产管理条例》等法规制度的出台，对于准确核算和完整反映政府资产“家底”信息提出更高要求。这就需要进一步推进交通、水利和市政等公共基础设施的会计核算，确保增量和存量公共基础设施资产“应计尽计”；深入研究自然资源资产、文物文化资产等传统上仅按照实物量进行统计的资产的计量计价问题，适时出台相关会计准则规范其会计处理，为进一步加强行政事业性国有资产管理提供支撑，不断夯实政府财务报告和国有资产报告编制基础。

3. 全面实施预算绩效管理对政府成本核算提出新要求

2018年中共中央、国务院发布了《关于全面实施预算绩效管理的意见》，提出力争用3～5年时间基本建成全方位、全过程、全覆盖的预算绩效管理体系。随着全面预算绩效管理的建立和实施，政府成本核算问题亟待研究解决。目前，我国尚未建立一套完整的政府成本核算指引体系，需要以事业单位成本核算指引体系建设为基础，积极研究推进政府行政成本核算。

4. 财会监督对政府会计准则制度的建设与实施提出新要求

会计准则制度是财会监督的重要依据和准绳，更是党和国家财经纪律在会计领域的具体体现。健全完善政府会计准则制度并推动其全面有效实施，有利于贯彻落实财会监督的相关要求，准确反映财税政策落实情况及政府财务状况，为更好发挥财会监督效能提供制度保障。

（二）社会组织改革与发展深入推进，对非营利组织会计改革提出迫切要求。

1.《民间非营利组织会计制度》亟待修订

《民间非营利组织会计制度》（以下简称《民非制度》）自2005年1月1日实施以来，对规范民非组织会计行为、提高民非组织会计信息质量发挥了积极的作用。但是，《民非制度》实施前我国社会组织数量不足29万家，截至2020年底其注册数量已达89.4万家。在数量增加的同时，非营利组织的体量也在不断增长，业务模式也越来越灵活多样，随着非营利组织自身不断发展壮大，对加强和完善会计核算提出更高要求。此外，随着近年来《中华人民共和国民法典》《中华人民共和国慈善法》《中华人民共和国民办教育促进法》《宗教事务条例》《境外非政府组织境内活动管理法》等法律法规的出台或修订，非营利组织各行业领域改革工作不断推进，客观上也需要对《民非制度》做出针对性的调整，以更好地实现与相关上位法和各项改革措施的协调。

2.《工会会计制度》亟待修订

《工会会计制度》自2009年印发以来，在加强工会预算管理、规范工会核算工作、提高工会会计信息质量等方面发挥了重要作用。随着我国工会事业的发展，工会财务管理体制发生较大变化，先后修订或制定了多项涉及工会经费收支管理、工会预决算管理等的制度办法等，原制度已不能满足工会会计核算的新要求。另外，在工会组织方面，不同层级的工会组织在业务类型和财务管理要求方面存在较大差异，财政部门、上级工会、工会主席、工会会员也存在不同的信息需求，这就要求对《工会会计制度》进行全面修订，以适应工会组织的发展和各方面会计信息需求。

（三）社会保障制度及有关社会事业的改革与发展，对基金（资金）会计信息质量提出更高要求

一是在养老保险制度改革方面，我国已经建立并实施机关事业单位工作人员职业年金制度。近年来职业年金基金相关管理政策不断完善，基金规模快速增长，基金全面投入委托运营，原《社会保险基金会计制度》已经不能完全适应职业年金基金会计核算的需要，亟须对相关会计处理规定作出针对性的调整。

二是在医疗保障制度改革方面，国务院办公厅印发的《“十四五”全民医疗保障规划》明确指出，“十四五”期间，将持续健全完善以基本医疗保险为主体，医疗救助为托底，补充医疗保险、商业健康保险、慈善捐赠、医疗互助等共同发展的多层次医疗保障制度。同时，关于医疗保障的法规制度也在不断健全和完善，《医疗保障法（征求意见稿）》已向社会公开征求意见。因此，亟须跟进医疗保障制度改革进程，适时对《社会保险基金会计制度》进行修订或作出补充规定。

三是随着土地储备、住房公积金、道路交通事故社会救助基金等改革及相关管理政策的调整和完善，需要适时修订完善《土地储备资金会计核算办法（试行）》《住房公积金会计核算办法》，制定道路交通事故社会救助基金等会计核算办法，以满足相关社会事业改革与发展的需要。

三、“十四五”时期政府及非营利组织会计改革工作重点及具体举措

《规划纲要》在总结成绩、分析形势的基础上，提出了继续深化政府及非营利组织会计改革的目标和任务，从健全完善政府会计准则制度体系并推进全面有效实施、修订完善非营利组织会计制度、进一步建立健全基金（资金）类会计标准等方面明确了“十四五”期间政府及非营利组织会计准则制度体系建设的主要举措。

（一）继续健全完善政府会计准则制度并推动其全面有效实施

1. 全面系统梳理政府会计准则制度体系并确立体系维护机制

立足当前，着眼长远，坚持问题导向和系统思维，全面梳理现存的各类政府会计标

准，及时清理已实质失效或不再适用的政府会计标准文件，确立政府会计准则制度体系整体框架及各类会计标准的维护机制，形成“建设-实施-修订”的完整闭环，确保各类准则制度内容完整、相互协调、功能明确、定位清晰。在准则制度体系框架下，持续完善各类会计标准。

2. 研究制定有关政府会计具体准则

在立足我国国情、借鉴国际公共部门会计准则基础上，结合国务院有关部门对自然资源资产和文物文化资产管理的规定和相关改革需要，深入研究自然资源资产、文物文化资产的确认、计量和报告问题，适时出台相关具体会计准则，进一步规范会计科目和账务处理，妥善处理存量资产的新旧会计政策衔接，积极推进自然资源资产、文物文化资产入账核算。进一步研究财务会计中政府收入的分类问题，以及权责发生制原则下各类收入的确认和计量问题，适时制定出台政府收入会计准则。根据改革需要制定或修订其他政府会计具体准则。

3. 研究制定行政事业单位成本核算具体指引

在《事业单位成本核算基本指引》基础上，研究制定针对公立医院、高等学校、科学事业单位等行业的成本核算具体指引，就相关行业的成本核算对象、成本项目、成本范围、成本归集和分配方法、成本报告内容等作出具体规定，以提高成本核算指引的指导性和操作性。会同有关行业主管部门扎实推进事业单位开展成本核算，推动有关各方加强对单位成本会计信息的分析应用。同时，积极探索研究行政单位成本核算的相关问题，为准确核算机关运行经费，全面反映行政成本奠定基础。

4. 做好政府会计准则制度解释和咨询工作

政府会计准则制度解释是及时回应和解决政府会计准则制度实施相关问题、健全完善政府会计准则制度体系的必要举措，根据工作需要每年至少发布 1 项。在制定政府会计准则制度解释时，需要通过多种渠道、广泛收集整理政府会计准则制度实施过程中的问题，分析研究后对影响面广、现有准则制度尚未明确的问题及时作出具体规定，以确保政府会计准则制度平稳有效实施。对于未纳入政府会计准则制度解释的其他问题，建立咨询问题库，适时通过财政部网站“实施问答”栏目予以明确。同时，积极做好日常电话咨询问题和网民留言咨询问题的答复工作。

5. 扎实推动公共基础设施入账核算

针对存量公共基础设施入账难的现实情况，在深入开展调查研究基础上，根据《政府会计准则第 5 号——公共基础设施》和其他相关政府会计准则制度规定，会同有关行业主管部门研究制定进一步加强水利基础设施、市政基础设施和其他公共基础设施政府会计核算的通知，进一步明确核算范围、记账主体、资产分类及明细核算、存量资产初始入账方法等，积极推动交通、水利、市政等公共基础设施在“十四五”期间全部入账核算。

6. 持续推动政府会计准则制度全面有效实施

在总结政府会计准则制度实施经验基础上，进一步加强对准则制度的宣传培训和实务指导，着力解决会计人员学习不及时、理解有偏差、操作不规范等问题，切实提高政府会计准则制度实施的全面和有效性。一是加强培训。按年度设置培训计划，通过线上培训等方式扩大培训范围，积极支持各级财政部门和有关行业主管部门开展政府会计准则制度培训工作。二是加强宣传。以会计司有关负责人答记者问的形式及时对有关新准则制度进行解读，加深会计人员对准则制度的理解；总结提炼政府会计准则制度实施过程中的典型案例和先进经验，通过会计司官网、报刊杂志等媒体进行宣传，为部门单位加强政府会计工作提供参考和借鉴。三是加强调研。通过书面调研、实地调研等方式及时了解准则制度实施过程中的问题，根据实务需要适时发布有关应用案例和实施问答，设置具体业务场景，帮助会计人员正确理解、使用会计准则制度。四是加强指导。对于有关特殊行业因体制机制等问题影响政府会计准则制度实施的，会同有关行业主管部门进行针对性地指导；对于县级及以下单位存在的实施问题，积极指导地方财政部门通过预算管理一体化建设等手段帮助基层单位做好准则制度实施工作。

7. 健全完善政府会计准则制度建设与实施机制

一是根据工作需要调整政府会计准则委员会组成人员，适时编发简报，继续发挥委员会在准则制度建设和实施中的协调机制作用。二是做好政府会计准则委员会咨询专家选聘和日常管理、评价工作，完善工作机制，充分发挥咨询专家的“智库”作用。三是调整充实政府会计准则制度建设和实施工作联系点单位，加强调研和互动，充分发挥联系点单位的辐射引领作用。四是建立政府会计准则制度建设和实施部门沟通联系机制，合力推进准则制度在各部门、各行业领域全面有效实施。五是加强与各地会计管理机构的沟通与联系，积极指导各地做好准则制度实施工作。通过上述措施，形成部门紧密协作、财政上下联动、单位点面结合、社会广泛参与的政府会计准则制度建设与实施机制。

（二）适应非营利组织改革发展需要，修订完善非营利组织会计制度

1. 修订《民间非营利组织会计制度》

在充分梳理相关法律法规要求，听取有关主管部门、各类民非组织意见建议，借鉴国际先进经验基础上，稳步有序推进《民非制度》修订和实施工作。2021 年组织召开《民非制度》修订座谈会，建立包括主管部门、民非组织、中介机构和研究机构等在内的工作团队，正式启动修订工作。2022 年充分开展调查研究，通过组织研究课题、广泛开展实地调研和组织座谈等方式，充分了解制度执行情况和会计核算需求，研究形成《民非制度》修订征求意见稿。2023 年就征求意见稿向社会公开征求意见，根据反馈意见修改完善后修订印发《民非制度》，配套出台制度新旧衔接规定，并做好宣传培训、政策解读等工作。2024 年会同有关主管部门做好修订后《民非制度》的贯彻实施工作，

及时回应执行过程中的问题。

2. 修订《工会会计制度》

结合工会组织财务管理体制改革要求、工会会计实务发展现状和会计信息使用需求，会同全国总工会对各级工会组织广泛开展调研及座谈，确定《工会会计制度》的修订方向及具体方案，在广泛征求各方意见的基础上，修订印发《工会会计制度》。制定发布工会新旧会计制度的衔接规定，选取部分工会开展新旧衔接模拟测试，确保新旧制度衔接顺畅、过度平稳。会同全国总工会印发贯彻实施《工会会计制度》的通知，指导各级工会组织扎实做好新制度实施的准备工作。加强对新制度的政策解读和宣传培训，积极指导各级财政部门和工会组织开展的培训工作，使各级工会财会干部尽快熟悉和掌握新制度。持续跟踪《工会会计制度》实施情况，及时研究和回应制度实施过程中发现的问题。

（三）进一步建立健全基金（资金）类会计标准，满足改革发展需要

1. 制定机关事业单位职业年金基金相关业务会计处理规定

结合职业年金基金相关管理政策规定，在调查了解会计核算现状及问题基础上，制定印发《机关事业单位职业年金基金相关业务会计处理规定》，同步做好政策解读。会同人社部门加强宣传培训，确保新旧衔接有序进行，推动规定有效实施。持续跟踪规定的执行情况，及时研究和回应实施过程中发现的问题。

2. 适时研究修订或制定相关基金（资金）会计核算办法

顺应医疗保障制度改革需要，适时对《社会保险基金会计制度》进行修订或作出补充规定，进一步明确新增险种、新增业务的会计处理规定。顺应土地储备、住房公积金、道路交通事故社会救助基金等改革需要，结合有关财务和资产管理规定，适时修订完善《土地储备资金会计核算办法（试行）》《住房公积金会计核算办法》，制定道路交通事故社会救助基金等会计核算办法。在全面梳理现行基金（资金）类会计核算标准基础上，研究探索建立我国统一的基金会计标准体系。

四、密切配合，确保“十四五”时期各项任务取得实效

（一）高度重视，压实政府及非营利组织主体责任

各级各类行政事业单位和非营利组织负责人要认真落实《中华人民共和国会计法》关于“单位负责人对本单位的会计工作和会计资料的真实性、完整性负责”的规定，高度重视本单位的会计工作，积极推进准则制度全面有效贯彻落实。各单位要把建立高素质的会计人员队伍摆在重要位置，要完善会计机构、充实会计人员，支持、鼓励本单位会计人员参加培训，及时跟进、认真学习贯彻各项政府及非营利组织会计准则制度，提

高会计人员的专业胜任能力。要积极促进业财融合，加强会计核算与预算管理、决算管理、资产管理、政府采购、合同管理和工资发放等数据的连接，推动会计核算为单位管理提供信息支撑。要畅通信息传递渠道，加强会计人员采集业务活动信息的准确性和便捷性，为资产成本确定、单位成本核算等提供数据支撑。

（二）紧密协作，充分发挥行业主管部门的协调作用

有关行业主管部门要高度重视本行业领域的会计工作，加强与财政部门的沟通协调，积极配合财政部门开展准则制度宣贯工作。要结合本行业特定业务场景探索多元化的宣传培训模式，及时总结行业内的先进经验和做法并加以推广，推动会计人员深刻领会政府及非营利组织会计准则制度的有关规定。要加强对本部门（单位）、本领域政府及非营利组织会计准则制度实施情况的调查研究，对于本部门（单位）、本领域发现的实施问题，根据问题类型及时回复或反馈财政部会计司进行研究，协力推进政府及非营利组织会计准则制度建设。

（三）上下联动，充分发挥各地财政部门的推动作用

会计准则制度的贯彻实施，离不开各级财政部门特别是会计管理机构的大力推动。省以下各级财政部门要采取切实措施，向社会有关方面广泛宣传依法加强会计工作和遵循国家统一的会计制度的重要意义，引导社会有关方面重视和支持会计工作。要多措并举加强宣传培训，及时宣讲政府及非营利组织会计准则制度的制定背景、主要内容等，加强师资力量培养，确保本地区准则制度落地不留死角、不走形变样。要加强与同级相关主管部门和单位的沟通与协调，以联系机制、工作小组等形式，因地制宜提出在行业内贯彻落实准则制度的方案和举措，齐抓共管形成合力。要加大调查研究和督查力度，及时发现本地区准则制度实施存在的问题，加强对各单位贯彻实施国家统一的会计制度的督促指导。要加强与财政部会计司的沟通和联系，及时反映准则制度实施情况及问题。各地财政部门之间要加强经验交流与分享，互通有无，共同推动会计准则制度全面有效实施。

（四）社会参与，营造会计准则制度建设实施的良好氛围

政府及非营利组织会计准则制度高质量建设和实施离不开社会各方面的参与和支持。鼓励社会各界积极参与准则制度研究、征求意见、模拟测试、实施等各个阶段，积极反馈问题，提出政策建议。鼓励专家学者、高等学校或研究机构等加强前瞻性的学术研究，突出问题导向，为政府及非营利组织会计改革提供理论支持和政策储备。鼓励社会各界加强对实务经验的总结和分享，发挥辐射引领作用。鼓励各类专家利用工作平台和各种机会宣传准则制度并推动其有效实施，营造准则制度实施的良好氛围。

参考文献

[1] 政府会计制度编审委员会．政府会计制度详解与实务．北京：人民邮电出版社，2020.

[2] 王晨明，周欣．政府会计准则制度重点难点精解：政府会计实务有问必答．北京：中国财政经济出版社，2021.

[3] 中华人民共和国财政部．政府会计制度．北京：中国财政经济出版社，2018.

[4] 王彦，王建英．政府会计．2版．北京：中国人民大学出版社，2021.

[5] 闫邹先．新编政府会计．北京：人民邮电出版社，2019.

[6] 曾尚梅．政府会计．北京：中国财政经济出版社，2018.

[7] 赵建勇．政府与非营利组织会计．北京：人民邮电出版社，2019.

[8] 韩俊壮，郭靖，许娟．政府会计制度要点解读与案例精讲．北京：企业管理出版社，2019.

[9] 彭志芳．政府会计．北京：高等教育出版社，2020.

[10] 中华人民共和国财政部．关于印发《〈民间非营利组织会计制度〉若干问题的解释》的通知．财会〔2020〕9号，2020-06-15.

后　记

政府会计核算的主要对象是预算资金，支撑的是财政预算管理，服务的是国家治理和经济社会发展，意义重大，使命光荣。

“十三五”期间，财政部建立起包括政府会计准则、政府会计制度、政府会计准则制度解释等在内的具有中国特色的政府会计准则制度体系，制定了新旧制度衔接的处理规定等，为编制政府综合财务报告奠定了坚实基础。同时，制定了事业单位成本核算基本指引，为政府成本核算和绩效管理提供了便利。

不可否认的是，当前我国政府会计标准体系仍存在一些不足，需要在未来一段时期内着重解决。例如，在资产方面，特殊资产的核算问题有待进一步研究，如历史遗迹、自然资源、公共基础设施等。上述未解难题产生的可能原因，有些是会计标准的不健全，但更多的情况则是相关制度、规范滞后。换言之，政府会计改革的超前性与财务规则、制度的滞后性，以及行政事业单位管理的粗放化产生了冲突。如果说“十三五”时期是政府会计准则制度的基础建设期，那么“十四五”时期就是政府会计准则制度的起航发力期。

“十四五”期间，应该研究并实施政府会计信息验证及审计的具体方法、综合财务报告信息化应用的具体途径和方法、信息公开的具体方式方法，预算会计系统、财务会计系统和成本会计系统衔接的具体方式和方法，以及分行业及分项目的成本会计方法、分政府层级的中长期财政可持续性分析方法等。“十四五”时期，在我国推进国家治理体系和治理能力现代化的进程中，政府会计改革面临难得的发展机遇，也面临诸多挑战。特别是政府会计标准体系的建设与财政管理之间的交互影响。政府会计如何服务于预算管理、绩效评价、内部控制、财会监督等财政中心工作，是一个非常值得思考和研究的新课题。

政府会计能否如期发挥应有作用，在很大程度上取决于政府会计学科发展和政府会计人才建设。希望能极大发挥现有政府会计人员的作用，逐渐将政府会计学科（专业）发展起来，将政府会计人才队伍壮大起来。

未来，在高校会计核心课程设置、社会会计职称考试和注册会计师考试中将加大政府会计知识和能力的分量。在公务员考试中也会适当增加政府会计基本知识和能力的考察，并进行政府会计基本知识普及。

一位好教师不仅要讲好一门课，而且应该编著出一本高质量的教材。讲好一门课，只能使几百位甚至几千位学生受益。编写出一本好的教材，则可以使几万、几十万甚至几百万读者受益。好的教材使教师易教、学生易学，可以启发学生思维、引导学生创新，会给学生留下深刻的印象。

教师参与教材建设是百年树人的践行，比起发几篇论文影响力更为深远。

一本好教材包含编写者的思想、观点，是其对专业学科体系的深刻领悟，是专业知识的逻辑性、规范性和语言通俗性、流畅性的深度融合，需要在教学第一线的长期教学积累，需要长期辛勤付出。

一本好的教材能影响不少人的一生。而教材的编写人员组成很重要，决定了教材的先进性和权威性。参加编写的人员不能太多，太多难以形成统一的风格和深厚的理论基础。

现在师生们对教材的要求越来越高，我们力争做到承上启下，保持教材的风格和特色。而要保持教材的先进性，需要编写人员有深厚的理论基础和敏锐的洞察力。

写教材不是为编写而编写，而是着眼于写出具有特色的高质量教材。与同类教材相比，一定要有独到之处。教材内容取舍的基本依据是遵循课程教学大纲中的基本要求，体现课程对学生的要求，将知识、能力和正确价值观的培养有机结合，要仔细斟酌，反复推敲，这也是体现教材质量的重要指标。教材不是参考资料，无须把本学科涉及的所有理论、技术、方法、模型等都收罗进去，更不是收集的资料越丰富、越具体就越好。

编写教材是一项遗憾的工作。作者无论怎样努力，怎样精雕细琢，最后出版的教材依然会存在缺陷和不足，依然需要不断完善和修正。即使当时满意，随着岁月的流逝、环境的变化和阅历的增加，对内容的领悟和对问题的洞察，也会生出许多不满来。不少教师数十年都在修订自己的教材，但仍难以做到尽善尽美。选择编写教材，就是选择接受遗憾。无论怎样尽力，无论怎样付出，那个最后的句号都无法画圆，都存在缺陷和不足。

我们明白这个道理。这正是我们必须继续努力下去的理由。读者是最好的裁判，希望读者对本教材提出修改和改进的意见、建议。让我们共同努力，为发展中国特色的政府会计理论与实践做出自己的贡献。

中国人民大学出版社　管理分社

教师教学服务说明

中国人民大学出版社管理分社以出版工商管理和公共管理类精品图书为宗旨。为更好地服务一线教师，我们着力建设了一批数字化、立体化的网络教学资源。教师可以通过以下方式获得免费下载教学资源的权限：

- 在中国人民大学出版社网站 www.crup.com.cn 进行注册，注册后进入“会员中心”，在左侧点击“我的教师认证”，填写相关信息，提交后等待审核。我们将在一个工作日内为您开通相关资源的下载权限。

- 如您急需教学资源或需要其他帮助，请加入教师 QQ 群或在工作时间与我们联络。

中国人民大学出版社　管理分社

教师 QQ 群： 648333426（工商管理）　114970332（财会）　648117133（公共管理）
教师群仅限教师加入，入群请备注（学校＋姓名）

联系电话： 010-62515782，82501868，82501048，62514760

电子邮箱： glcbfs@crup.com.cn

通讯地址： 北京市海淀区中关村大街甲 59 号文化大厦 1501 室（100872）

管理书社　　人大社财会　　公共管理与政治学悦读坊